# La educación intercultural bilingüe en Ecuador: historia, discursos y prácticas cotidianas

Elena Perino

Publicado por
Latin America Research Commons
www.larcommons.net
larc@lasaweb.org

FLACSO Ecuador
La Pradera E7-174 y Diego de Almagro, Quito-Ecuador
Telf.: (593-2) 294 6800 Fax: (593-2) 294 6803
www.flacso.edu.ec

© Elena Perino 2022
Primera edición: 2022
Diseño de tapa: Editorial FLACSO Ecuador
Foto de portada: Ammit Jack/Shutterstock
Diagramación de versión impresa: Equipo de diseño FLACSO Ecuador
Diagramación de versión digital: Equipo de diseño FLACSO Ecuador
Digitalización ebook: Siliconchips Services Ltd.
Cuidado de la edición: Editorial FLACSO Ecuador

ISBN (Físico): 978-1-951634-25-4
ISBN (PDF): 978-1-951634-26-1
ISBN (EPUB): 978-1-951634-27-8
ISBN (Mobi): 978-1-951634-28-5
ISBN (PDF FLACSO Ecuador): 978-9978-67-601-1
DOI: https://10.25154/book9

Esta obra tiene permiso para ser publicada bajo la licencia internacional Creative Commons Attribution CC BY-NC 4.0. Para ver una copia de este permiso, visite https://creativecommons.org/licenses/by-nc/4.0/ o envíe una carta a Creative Commons, 444 Castro Street, Suite 900, Mountain View, California, 94041, Estados Unidos. Esta licencia permite el uso de cualquier parte del trabajo mientras se lo cite de forma correspondiente y restringe su uso con fines comerciales.

El texto completo de este libro ha recibido evaluación por pares de doble ciego para asegurar altos estándares académicos. Para ver nuestra política de evaluación, ingrese a www.larcommons.net/site/alt-research-integrity

Cita sugerida:
Perino, E. 2022. *La educación intercultural bilingüe en Ecuador: historia, discursos y prácticas cotidianas*. Pittsburgh, Estados Unidos / Quito, Ecuador: Latin America Research Commons / FLACSO Ecuador.
DOI: https://10.25154/book9. Licencia: CC BY-NC 4.0

Para leer la versión libre en acceso abierto de este libro digital, visite https://10.25154/book9 o escanee el código QR con su dispositivo móvil.

Mientras la violencia de los opresores hace de los oprimidos personas a quienes se les prohíbe ser, la respuesta de estos a la violencia de aquellos se encuentra infundida del anhelo de búsqueda del derecho de ser. Los opresores, violentando y prohibiendo que los otros sean, no pueden a su vez ser; los oprimidos, luchando por ser, al retirarles el poder de oprimir y de aplastar, les restauran la humanidad que habían perdido en el uso de la opresión. Es por esto por lo que solo los oprimidos, liberándose, pueden liberar a los opresores.

—Paulo Freire, *La pedagogia degli oppressi*

# Contenidos

| | |
|---|---|
| Lista de figuras | VII |
| Agradecimientos | IX |
| Siglas | XI |
| **Introducción** | 1 |
| **Capítulo 1. Unificar su propia historia con la Historia. El movimiento indígena ecuatoriano: identidad, autonomía y asimilación al Estado en construcción** | 11 |
| 1. Hablar de identidad | 11 |
| 2. Las comunidades como bases del movimiento indígena serrano | 14 |
| 3. Las reformas agrarias y la colonización: producción del territorio nacional y nacimiento del movimiento amazónico | 19 |
| 4. El fracaso de la modernización, la violencia y la consolidación organizativa | 24 |
| 5. Los levantamientos y el multiculturalismo neoliberal: de la etnicidad funcional a la dominación | 31 |
| 6. La Revolución Ciudadana y las dos caras del socialismo del siglo XXI | 37 |
| **Capítulo 2. Estrategias de existencia. Imaginarios (re)productores de diferencia, regímenes de representación y estrategias educativas en la pos-Colonia** | 45 |
| 1. El inmenso trabajo ideológico: construir el sujeto indígena entre remoción e inclusión | 46 |
| 2. La letra y los cuerpos sometidos | 57 |
| 3. Construir la ciudadanía ecuatoriana a partir del sistema escolar | 65 |
| 4. Desde las escuelas clandestinas hasta la EIB | 75 |

5. La EIB: tensiones entre las potencialidades de un programa
decolonial y la crisis del proyecto cultural indígena ... 84

**Capítulo 3. La interculturalidad aplicada. Desafíos
y problemáticas desde la observación de la práctica educativa** ... 93

1. La EIB en práctica: observaciones de campo
y cuestiones abiertas ... 93
2. Sisid o la interculturalidad como lucha ... 125
3. Bosco Wisuma: la EIB entre resistencias y malentendidos ... 140
4. Notas conclusivas ... 162

**Capítulo 4. La ambigüedad del discurso étnico.
La educación bilingüe entre memoria, olvido y
construcciones identitarias** ... 177

1. De la reivindicación identitaria ... 177

**Conclusiones** ... 195

Sobre la autora ... 203

Referencias ... 205

Índice de nombres y temas ... 217

Sobre Latin America Research Commons ... 223

Sobre FLACSO Ecuador ... 224

Sobre la colección Región Andina ... 225

# Lista de figuras

**Figura 1.** Dibujos preparados en ocasión del Día de la Raza　　97
**Figura 2.** Unidad Educativa Comunitaria Intercultural Sisid　　127
**Figura 3.** Saludo a la bandera　　127
**Figura 4.** Observación de un curso de Cosmovisión　　131
**Figura 5.** Instalaciones escolares abandonadas, Sisid　　135
**Figura 6.** Unidad Educativa Guardiana de la Lengua Bosco Wisuma　　142
**Figura 7.** Aulas de la escuela Bosco Wisuma　　142
**Figura 8.** Documento con número de estudiantes por grados　　142
**Figura 9.** Vista desde las alturas del proyecto Mirador　　146
**Figura 10.** Letreros que invitan a respetar el medio ambiente　　146

# Agradecimientos

La investigación para este libro fue posible gracias a un financiamiento de la Università degli Studi di Torino. Esta fue precedida por una estancia en la Universidad de Cuenca para investigar acerca del contexto ecuatoriano, de la historia del movimiento indígena y de su proyecto educativo. Posteriormente, efectué las visitas y las permanencias en seis unidades educativas gracias a la colaboración con la Unidad Nacional de Educación (UNAE), con cuyos docentes dialogué constantemente. Por medio de la institución, también participé en el Primer Festival de Interculturalidad y Plurinacionalidad y en el VI Foro Regional de Responsabilidad Social Territorial; en ambas ocasiones profundicé el conocimiento del proyecto intercultural bilingüe. En particular, mi permanencia en la Unidad del Milenio de Sagrado Corazón coincidió con la práctica docente de los estudiantes de la Carrera de Educación Intercultural Bilingüe. La colaboración que pusimos en marcha me permitió acercarme a la perspectiva de los docentes-investigadores en formación, con los cuales compartí ideas y experiencias, y revisé parte de mis conclusiones en un taller que organicé en noviembre de 2018. En cambio, la investigación en la Unidad Educativa Sisid me dio la posibilidad de participar activamente en la Asamblea de los Pueblos del Sur, organizada por los dirigentes de la CONAIE y la ECUARUNARI de las provincias Azuay, Loja, Zamora y Cañar, un encuentro de un día orientado a definir estrategias para fortalecer la educación intercultural bilingüe, que me permitió profundizar en el conocimiento de los objetivos del movimiento indígena acerca de su programa educativo.

Quiero agradecer al profesor Roberto Beneduce, de la Università di Torino, por dirigir mi investigación, y a la profesora Sofia Venturoli, por sus valiosos comentarios. Agradezco al cuerpo docente y estudiantil de la UNAE y en particular a Javier González Díez, sin él mi instancia no hubiera sido posible. Mis agradecimientos van igualmente a Roxana Auccahuallpa Fernández, Diana Patricia Pauta Ortiz, Daysi Chuquimarca Flores, y a todas y todos los estudiantes, por el tiempo compartido en la práctica preprofesional en la Escuela Bosco Wisuma. Agradezco también a todas y todos los directores y profesores de las escuelas que visité, por su disponibilidad y su tiempo; a Domingo Rómulo Antun por la paciencia en nuestros cursos de lengua shuar, y a Odalys Fraga Luque y a Patricia Faicán por haberme recibido en sus casas. Por último, agradezco a mi familia y a Santiago, por haberme apoyado y por continuar haciéndolo.

# Siglas

| | |
|---|---|
| CONFENIAE | Confederación de Nacionalidades Indígenas de la Amazonía Ecuatoriana |
| CONAIE | Confederación de Nacionalidades Indígenas del Ecuador |
| CONACNIE | Consejo de Coordinación de las Nacionalidades Indígenas |
| CODENPE | Consejo de Desarrollo de las Nacionalidades y Pueblos Indígenas del Ecuador |
| CUCOMITAE | Confederación Unitaria de Comerciantes Minoristas y Trabajadores Autónomos del Ecuador |
| DINEIB | Dirección Nacional de Educación Intercultural Bilingüe |
| EBI | Educación Bilingüe Intercultural (hoy EIB) |
| ECUARUNARI | Confederación de Pueblos de la Nacionalidad Kichwa del Ecuador |
| EIB | Educación intercultural bilingüe |
| FEI | Federación Ecuatoriana de Indios |
| FEINE | Federación Ecuatoriana de Indígenas Evangélicos |
| FENOCIN | Federación Nacional de Organizaciones Campesinas e Indígenas y Negras de Ecuador |
| FUT | Frente Unitario de Trabajadores |
| GTZ | Deutsche Gesellschaft für Technische Zusammenarbeit (Sociedad Alemana de Cooperación Internacional) |
| IERAC | Instituto Ecuatoriano de Reforma Agraria y Colonización |
| ILV | Instituto Lingüístico de Verano |
| LOEI | Ley Orgánica de Educación Intercultural |
| LOC | Ley Orgánica de Comunicación |
| LOPC | Ley Orgánica de Participación Ciudadana |
| MEC | Ministerio de Educación del Ecuador |
| MOSEIB | Modelo del Sistema de Educación Intercultural Bilingüe |
| OEA | Organización de los Estados Americanos |
| PRODEPINE | Proyecto de Desarrollo de los Pueblos Indígenas y Negros del Ecuador |
| SEIB | Sistema de Educación Intercultural Bilingüe |
| SENESCYT | Secretaría de Educación Superior, Ciencia, Tecnología e Innovación |
| TLC | Tratado de Libre Comercio |
| UNE | Unión Nacional de Educadores |

# Introducción

En 1988 se institucionalizaba en Ecuador el primer modelo educativo bilingüe en Latinoamérica manejado de manera autónoma por un movimiento social indígena. La voluntad era desafiar a las jerarquías del saber y a una sociedad excluyente. Desde el periodo colonial, se había confinado a la población indígena, sus idiomas, conocimientos y prácticas a una condición subalterna y de invisibilidad. Se lo había hecho mediante discursos y medidas que imaginaron y fabricaron 'el otro en cuanto otro', y lo redujeron al espacio del no humano, para legitimar la explotación y la opresión. El movimiento indígena, creador del proyecto, irrumpió en la historia con el levantamiento de 1990, y se presentó como fuerza subversiva cuyo fin era descolonizar el imaginario racista ecuatoriano. Propuso un reto político y epistemológico, para construir lo que el pensamiento crítico latinoamericano ha llamado 'interculturalidad crítica'. Esta propuesta, diferente al multiculturalismo, se forja en un contradiscurso que se fundamenta en crear un grupo ('nosotros, los indígenas') ligado por siglos de discriminación, y una cultura 'ancestral' y 'milenaria', que se recrea y se reinventa al reivindicar una nueva identidad.

Ilustraré cómo el movimiento, cuando se presentó a la población ecuatoriana en junio de 1990, no era improvisado o nuevo, sino que tenía sus raíces en décadas de silenciosa organización y de constante resistencia a la subordinación. En el campo educativo, las emblemáticas escuelas de Dolores Cacuango representaron esta organización y esta resistencia. Se trataba de pequeños centros clandestinos bilingües, donde se enseñaba el castellano a niños y niñas kichwahablantes sujetos al sistema de servidumbre de las haciendas. En ellas, se creaba la conciencia de que la liberación tenía que pasar por conocer al otro y sus armas, entre las cuales el monopolio de la escritura se imponía en toda su magnitud. El movimiento indígena se iba conformando en los intersticios de la sociedad republicana, comprometida con otra obra de construcción: el Estado nación ecuatoriano.

En este libro analizo las razones históricas por las cuales emergió el proyecto de Educación Intercultural Bilingüe (EIB) en Ecuador. Además, las tensiones entre este, orientado a descolonizar el saber y a subvertir las jerarquías racializadas, y cómo se aplicó en un Estado que se declara 'intercultural y plurinacional'. Mediante un análisis históricamente fundado y sólidamente anclado en el trabajo de campo, trataré de responder a las múltiples cuestiones que se plantean en la práctica cotidiana del proyecto.

En un primer momento, indagaré los orígenes del movimiento indígena ecuatoriano, las motivaciones que lo llevaron a plantear reivindicaciones en el campo educativo, y las relaciones de estas con las políticas de la alteridad puestas en marcha por el gobierno desde el primer periodo republicano. A continuación, y sin abandonar una postura que privilegie una perspectiva diacrónica y sincrónica, me centraré en el corazón de la investigación. Intentaré responder a aquellas preguntas que se imponen al mirar la interculturalidad en la práctica: ¿cuáles son las potencialidades de una educación cuya finalidad es democratizar y reconocer el saber, así como valorar la diversidad cultural en las políticas educativas del Estado? Si el sistema de EIB está destinado a implementar el Estado plurinacional e intercultural, ¿hasta qué punto reconocer la diferencia y la diversidad cultural en las políticas públicas educativas del Estado ecuatoriano es correlativo con las prácticas de EIB? ¿Qué conflictos sociales se encuentran al desarrollar ese tipo de educación y de qué modo permiten construir la interculturalidad crítica como la planteó el movimiento indígena? ¿En qué medida este proyecto de creación de nuevos modos de pensar y vivir bajo este marco se concreta más allá del discurso? ¿Cuáles son las problemáticas que atraviesan a la EIB, entre derivas identitarias, apropiación estatal de la agenda indígena y ambivalencia de las familias y del estudiantado hacia este proyecto educativo?

Para estudiar el movimiento indígena ecuatoriano desde la perspectiva de su proyecto educativo, es necesario relacionarlo con los estudios poscoloniales. Estos abordan temas como el encuentro con grupos colonizadores; los efectos sociales y psicológicos del conflicto entre la cultura indígena y la cultura impuesta (entre fascinación e imitación, toma de distancia y rechazo radical); las tentativas de rastrear orígenes inalterados; la opresión colonial y construcción continua de una alteridad funcional a la dominación; la lucha por la identidad cultural, individual y colectiva; el sentimiento de alienación (vinculado a la herencia de una mala imagen del sí dejada por los colonizadores) y, finalmente, el sentimiento doble e inestable del sí: la sensación de estar entre dos mundos, atrapados o encerrados en dos culturas. Mostraré cómo investigar las políticas educativas constituye un terreno delicado, pues se trata de proyectos y prácticas que oscilan entre tentativas de resistencia o de recuperar la memoria colectiva, olvidos impuestos, derivas esencialistas y faltas de reconocimiento.

Delinearé una perspectiva histórica, a partir de la necesidad de comprender el contexto y el tipo de organización en la que reivindicar una educación propia ha tomado forma. Evidenciaré la situación de aquellos a quienes Fassin (1999) denomina "los hombres sin derechos" en los diversos momentos históricos del Estado ecuatoriano. Distinguiré aquellas estrategias que han puesto en práctica el Estado y el movimiento indígena para definir, negociar, exigir o negar una forma de ciudadanía que no deja de ser constantemente cuestionada, redefinida y ampliada.

He dividido el tema en distintas fases, consciente de que los diversos factores se encuentran fuertemente articulados y a veces son concomitantes. Describiré la educación bilingüe o cómo se implementa en diferentes contextos, pero sin limitarme a esto. Estudiaré, mediante el análisis histórico, aquellos acontecimientos (aún controversiales) en los que se ha tratado de que la historia nacional coincida con 'la historia de las nacionalidades indígenas', así como los rechazos a esta historia oficial y los contradiscursos que representan la naturaleza conflictiva de la memoria social. Analizaré las primeras condiciones para que el proyecto intercultural bilingüe se pusiera realmente en práctica, y para que las reivindicaciones del movimiento indígena surgieran también como demandas educativas, además de las consecuencias y los costos de estas.

En el segundo capítulo partiré desde la premisa de Tallé (2010, 50), acerca de que el proceso de descolonización que lleva al nacimiento de los Estados latinoamericanos puede entenderse como "un proceso en muchos aspectos análogo al que, según Bourdieu, ha caracterizado la génesis de la forma-Estado occidental". Tallé se refiere a aquellas prácticas fundamentadas en el ideal de unidad cultural, lingüística y territorial. Ilustraré estas prácticas a partir del trabajo de Radcliffe y Westwood (1999), en diálogo con los planteamientos teóricos de Anderson ([1983] 1993). Emplearé la célebre definición de nación de este último autor, es decir, una "comunidad política imaginada como inherentemente limitada y soberana" (Anderson [1983] 1993, 23) para describir este trabajo de imaginación del nosotros y del otro que, como se descubrirá, cada vez resulta más problemático.

Producir un territorio nacional y una ciudadanía legítima es una empresa de conquista, en la que se fabrica y se plasma a la población y al ambiente según las necesidades de homogeneidad, docilidad y utilidad imprescindibles para la nación. Encuentra así sentido la construcción del 'otro interno', que legitima las políticas estatales del 'gobierno de población'. Lo indígena, construido de manera constante, estará en el centro de un régimen de representación que oscila entre la total invisibilización y la urgencia de asimilación que caracteriza al primer periodo republicano. Analizaré el "capitalismo impreso" (Anderson [1983] 1993) en la literatura, los libros escolares, los discursos actuales y algunos artículos periodísticos, e indagaré estas representaciones –y sus sucedáneos–, partiendo de la consideración de Weismantel (2005) de que la nación se construye a través de "poemas y políticas".

Investigar cómo se ha producido la imagen indígena dentro de la "narración de la nación" (Bhabha 1990) y con cuáles medios se reproduce me servirá para comprender por qué surgieron algunas reivindicaciones y por qué han cobrado una forma particular. Tomaré en cuenta que las ideologías de la identidad son la base de la intervención estatal para administrar a la población, y que el imaginario de las poblaciones indígenas hacia las instituciones y acerca de su rol dentro de la nación se contaminan mutuamente, una moldeando a la otra. Examinaré las tácticas de representación y de construcción simultáneas de la diferencia; así, ilustraré cómo las prácticas de representación son fundamentales para construir y reproducir las identidades y las supuestas diferencias dentro de una sociedad.

Las formas de representar al otro en el contexto que analizo están arraigadas en la época colonial, en la cual se definieron las identidades sociales a partir de principios raciales. Sobre la base de este modelo colonial, se ha representado a las personas mestizas como encarnación de la ciudadanía ecuatoriana moderna, y a las personas indígenas como mentes y cuerpos en los cuales civilizar y socializar los valores de la patria. Se los configura como ciudadanos potenciales; así se construye y se justifica la ideología del mestizaje, que legitima y reproduce las lógicas coloniales. Mediante estas estrategias de representación, se han construido imágenes jerárquicas y racializadas de la diversidad que invisibilizan las relaciones de poder; de esta manera, se naturalizan las posiciones asimétricas de los diversos grupos sociales. Al racializar al otro se racializa el espacio: se lo divide entre lo urbano (mestizo, moderno y civilizado) y lo rural (indígena, salvaje, atrasado). En esta sección establezco un paralelismo entre el indígena (Tallé 2009) y el inmigrado (Sayad 2002). Ilustraré cómo aquella persona indígena que atraviesa este límite territorial y rompe las fronteras espaciales y raciales es potencialmente peligrosa y subversiva, y cómo su misma existencia problemática evidencia el límite del proyecto del Estado nación.

A continuación, me centraré en las estrategias de la escuela secular estatal para 'fabricar' ciudadanos y ciudadanas. En estas, al disciplinar las mentes y los cuerpos de los estudiantes se replicaban los programas estatales (las 'misiones culturales') orientados a domesticar a los indígenas para modificar progresivamente las formas de cuidado y las prácticas higiénicas de los hogares, sobre todo en relación con el cuerpo de la mujer. Ambas instituciones –escuela y misiones culturales– se apoyaban en dos pilares: castellanizar y transmitir reglas higiénicas cuya finalidad era transformar, mediante un trabajo continuo de inculcar un *ethos* particular, a la población indígena en ciudadana, a través de la producción cultural de la persona educada (Levinson y Holland 1996). En muchos casos, se trató de hacer un imponente trabajo por cambiar los estilos de vida y las formas de pensamiento de las poblaciones indígenas. Esto ocurrió, sobre todo, en aquellos territorios escasamente integrados a la nación, como la región Amazónica, caracterizada por una organización territorial dispersa (por ejemplo, el pueblo shuar). Ahí, el Estado y las misiones salesianas unieron esfuerzos para disciplinar a los salvajes. Instituyeron internados que imponían una abrupta y definitiva separación entre niños, niñas y su familia, para lograr aquel cambio definitivo del carácter mediante "una larga frecuentación de la escuela, que proceda paralelamente a la instrucción religiosa" (Skolaster citado en Beneduce 2010a, 130).

Junto con este análisis histórico, afrontaré el nacimiento de los proyectos bilingües. Además, esbozaré un breve panorama de las primeras instituciones interculturales a partir de las cuales se construyó el actual sistema de EIB. Este sistema es fruto de aquel discurso de reapropiación y de resignificación identitaria del movimiento social para superar un concepto de escuela como instrumento de homologación y de estandarización cultural. Revisaré cómo, desde un principio, la idea de escuela intercultural bilingüe –incluso cuando parte de una estrategia estatal o de sus delegados para lograr objetivos de integración o homogeneización– lleva intrínseca una carga subversiva. Al demostrar la necesidad de enseñar prácticas, idiomas y conocimientos indígenas, esta desvela un sistema disciplinar arbitrario y una jerarquía de saberes antes naturalizados. De aquí la noción de 'revolución epistemológica' que autores ligados a la teoría crítica latinoamericana asocian a las reivindicaciones del movimiento indígena.

Estudiar el proyecto EIB permitirá también comprender cómo, al demandar una educación propia, se repiensa a la institución escolar en cuanto instrumento que las comunidades pueden manipular. De esta manera, les es posible reconsiderar sus contenidos, sus funciones y sus roles, reapropiarse de su propia historia y transmitir memorias y saberes por tanto tiempo rechazados e invisibilizados. Esto parte de tomar conciencia de que "las temáticas, las teorías, las metodologías, las acciones y los discursos constituyen el núcleo de los procesos de significación y de construcción de los individuos y de la sociedad: controlarlos significa contar con instrumentos para reapropiarse de su destino" (Cuturi 2010, 82).

En el tercer capítulo, me centraré en mi investigación de campo. Previamente, revisaré la literatura reciente sobre las críticas a la EIB en Ecuador, las consecuencias de la pérdida de autonomía del movimiento indígena sobre esta y los efectos de una política educativa que, bajo el lema de la 'eficacia' y la 'eficiencia', continúa la tendencia de excluir a los más marginalizados de los estudios superiores. Consideraré dos contextos, en los cuales la continuidad de la observación me ha permitido elaborar unas reflexiones más completas: la Unidad Educativa Comunitaria Intercultural Bilingüe Sisid y la Unidad Educativa Intercultural Bilingüe Guardiana de la Lengua Bosco Wisuma. Los contextos rurales presentan algunos rasgos en común: existe un alto porcentaje de migración; se tiende a enviar a hijos e hijas a estudiar en un contexto urbano y en una 'escuela hispana'; se desvaloriza o se rechaza abiertamente a la lengua nativa; se reproducen prejuicios y se discrimina dentro de la institución, y se percibe a la EIB como 'de segunda clase' o como una educación para los pobres.

La Unidad Educativa Sisid está situada en el medio rural serrano, en la provincia meridional del Cañar. La historia peculiar de cómo se formó este instituto en una comuna dividida me sirve de ejemplo emblemático para investigar aquella "frontera étnica […] construida de ambos lados: indígena y mestizo, [justificada] con base en diferencias culturales asumidas" de la que habla Carola Lentz (2000, 203). Mediante conversaciones con docentes, integrantes de la comuna y familiares, así como observaciones de clase, exploro cómo las dificultades de una escuela bilingüe escasamente apoyada por las instituciones locales y nacionales se articulan con la fuerte tendencia al abandono en favor de las instituciones hispanas, en un escenario marcado por la experiencia migratoria. Sin embargo, la presencia fuerte del movimiento indígena en la región y en la escuela hace que los proyectos y las iniciativas de esta constituyan un baluarte para defender unas memorias y unos saberes a los que se les ha negado legitimidad. Una memoria que se trata de transmitir con infinita paciencia y esperanza, aun frente a la falta de reconocimiento y la ambivalencia del estudiantado hacia el idioma, los conocimientos y las prácticas impartidas.

El segundo sitio en el cual enfoco mi investigación es, en apariencia, muy distinto. Se trata de la Unidad Educativa Bosco Wisuma, una de las unidades del milenio: instituciones educativas emblemáticas de la Revolución Ciudadana correísta, megaplanteles modernos y perfectamente equipados, que contrastan con la modestia de los poblados que los acogen. Esta institución se encuentra en la pequeña parroquia de Sagrado Corazón, en la provincia amazónica de Morona Santiago. La historia de su fundación recalca y replica las historias de toda la región, afligida por las consecuencias de feroces políticas extractivistas que hacen de la Amazonía uno de los territorios más conflictivos y hostigados del país. Las interrogaciones sobre memoria y olvido adquieren en este contexto un giro particular, debido a la presencia en la zona de los internados salesianos. Estos, en la historia reciente, han impuesto que se abandonen los idiomas y las prácticas culturales autóctonas, por lo que el programa bilingüe sigue siendo considerado con recelo.

Al estudiar el modelo intercultural desde la práctica de las unidades educativas, evidenciaré las dificultades y los desafíos del proyecto bilingüe alrededor de las diversas maneras en que los actores sociales representan a la escuela y a su papel en la vida de las comunidades. Analizaré cómo las representaciones de docentes, estudiantes, padres y madres se entrelazan con las políticas estatales que no dejan de imponerse sobre un proyecto originariamente manejado por el movimiento indígena. Las relacionaré con el contexto histórico lejano y actual, para que emerjan, en lo posible, aquellas cuestiones que quedan todavía por resolver, que hablan de la relación conflictiva entre las poblaciones indígenas y el Estado ecuatoriano.

Aparte de las personas que integran las escuelas de Sisid y Bosco Wisuma, y con la intención de confrontar diversos sistemas educativos, dialogué con el personal docente de otras dos unidades educativas rurales y de dos escuelas urbanas, todas serranas. Las conclusiones del capítulo son fruto de estas visitas, combinadas con datos que recopilé durante mis dos estancias más prolongadas. En estas, seguiré las trayectorias del estudiantado fuera de los establecimientos bilingües. Dejaré, además, algunas preguntas abiertas y observaciones acerca de las contradicciones, encarnadas en las experiencias de estudiantes indígenas al formular una identidad propia, que, lejos de ser problemática, puede representar a los asuntos irresueltos de varias generaciones.

En el último capítulo completaré varias cuestiones planteadas a lo largo del libro. Analizaré los lazos entre un discurso étnico portador de memorias reprimidas acudiendo a un esencialismo estratégico que ha permitido alcanzar un apoyo a nivel internacional y crear una plataforma de lucha común. También, el multiculturalismo neoliberal estatal, en el que se reconoce el potencial de la alteridad cultural como recurso; los desafíos de una educación que ha de encargarse de los conflictos inherentes a la historia, entre invisibilización y negación de la pluralidad de la sociedad ecuatoriana, y la demanda por una renovada memoria de saberes y prácticas víctimas de esta imposición del olvido. Finalmente, presentaré a la EIB como un proyecto en el que se funden visiones esencializadas de la cultura indígena, proyectos emancipadores y conflictos al transmitir universos simbólicos de discriminación y violencia. Sin embargo, se ha pretendido que esta educación sea, desde el principio, un medio de lucha; un instrumento político que descolonice el imaginario y desmantele las jerarquías y las lógicas racistas y excluyentes. Un proyecto que, aunque no exento de contradicciones y de aspectos ambiguos, se orienta a construir una educación liberadora.

**Notas sobre la metodología**

Antes de empezar, subrayaré algunos puntos críticos que tuve en cuenta mientras elaboraba este libro. El primero concierne al empleo del lenguaje y de los términos clasificatorios. La elección de las palabras, dada la importancia crucial de cada una, fue fruto de una reflexión importante. En las conversaciones con docentes, integrantes de las familias o habitantes de las zonas de mi investigación, se puede reconocer un uso amplísimo de aquellas categorías propias o empleadas por el saber antropológico (raza, etnia, grupo étnico…), mezcladas y reinterpretadas de forma diferente por cada interlocutor (no fueron nada extrañas referencias como 'los de tu raza', 'tu etnia', y palabras como 'el indígena', empleada como sinónimo del idioma kichwa).

Junto a estas tendencias, se hacía también una desmesurada referencia (que reforzaba aún más el sentido de extravío que empezaba a sentir) a todo tipo de vocablo vinculado a una particular categoría de persona: indígena, indio, mestizo, blanco, *mishu*, longo, longuito, chola…, cada uno de los cuales llevaba en sí significados específicos. Inspirada por el excelente trabajo de Weismantel (2001), decidí utilizar las palabras como las usaban mis interlocutores e interlocutoras. Así, prefiero hablar de categorías raciales y de población racializada, desde la necesidad ya planteada por varios autores[1] de regresar a un estudio a propósito de la raza, pues evitarlos debido a su carácter ficticio raramente ayuda a minar a la reproducción de su poder (de clasificar, de explotar, de dominar). Weismantel (2001, 30) indica que

---

[1] Como anota Bello (2016), a propósito del contexto latinoamericano actual, eliminar la categoría de raza como base del análisis social genera que estas categorías continúen reproduciéndose en las prácticas concretas de los sujetos. El uso cotidiano de categorías raciales, como formas de clasificación social, y las prácticas y discursos raciales y racistas de los sujetos parecen tener plena actualidad en el mundo contemporáneo.

la raza naturaliza la desigualdad económica y establece una jerarquía social que se extiende por el continente. En el seno de contextos sociales específicos, esta opera no solo como principio negativo –el ritual de calumniar su supuesta inferioridad, sino también como una expresión de confianza que sella cada consolidación exitosa de la propiedad y del poder con el nombre 'blanco'–. [...] Tal como la raza conecta a las regiones de las Américas, también incorpora a los Andes dentro de la historia mundial. Las élites andinas hacen uso de sus afirmaciones de superioridad racial para reivindicar su adhesión a un orden global de dominación. En los lugares aislados y sin importancia sobre los cuales escriben la mayoría de los etnógrafos, tales afirmaciones a la superioridad blanca son de una inmensa importancia. Estas permiten a los choferes de autobuses, propietarios de tiendas, alcaldes y profesores de pequeñas comunidades en lo alto de las montañas reescribir la miseria que infligen sobre sus vecinos rurales en otro triunfo de la raza blanca.

Al contrario de esta autora, que prefiere evitar el término "mestizo" en lugar de la categoría de "blancos", en cuanto grupo "que se posiciona a sí mismo como el absoluto y hostil contrario del indio" (Weismantel 2001, 31), yo lo utilizaré para dar coherencia a la elección de mantener los términos de mis interlocutores e interlocutoras. Por la misma necesidad, me referiré a los dos sistemas escolares presentes en Ecuador con los términos de 'educación intercultural bilingüe' (EIB) y 'educación hispana', aunque este último no corresponda al verdadero nombre del proyecto estatal ('escuela intercultural'). Me referiré también a los conocimientos que se transmiten en el contexto bilingüe como 'saberes ancestrales', consciente de que esta terminología contiene los gérmenes del esencialismo y de ahistoricidad que se tratan de erradicar. En cualquier caso, hago mío el asunto fundamental de Weismantel, que consiste en tomar conciencia de que al evitar utilizar las categorías raciales, es decir, no hablar de 'indios', 'raza', 'blancos y mestizos', se corre el riesgo de contribuir a una suerte de estrategia de evasión. Mediante esta estrategia se evita exponerse a estas cuestiones incómodas, que deben evidenciarse en lugar de invisibilizarse: solo al subrayarlas se puede comenzar a desmantelarlas.

Para recopilar los datos, participé en la vida de las unidades educativas, en las observaciones de las clases, y en las conversaciones casuales y entrevistas con la comunidad y con el cuerpo docente. Al respecto, me parece necesario al menos evocar una situación. Trabajar desde un enfoque crítico de la antropología de la educación, como han indicado Levinson y Holland (1996), implica vivir siempre en una contradicción. En la investigación y en la escritura, anotan los autores, quien investiga puede valorar el saber y los valores 'populares', enfocándose en la riqueza de conocimientos y prácticas 'otras' y convertirlas en un discurso contrahegemónico. Sin embargo, trabajan o estudian en instituciones educativas dominantes que hacen todo excepto valorar estos conocimientos. Esta consideración se enlaza con la conciencia de que la escritura y la recopilación de información conllevan el riesgo de ser concebidas como funcionales al proyecto de quien investiga y dejar en el trasfondo a las personas que concurren a producir estos conocimientos.

Estas reflexiones son fruto de la realidad que he observado en el contexto de mi investigación y del comentario de un shuar. Él, al contarme que en su comunidad ya se habían presentado varios investigadores, me comentó que no había hablado con nadie, porque el saber que hubiera transmitido, así como sus informaciones, opiniones o afirmaciones hubieran contribuido a la 'fortuna de otro', sin que él tuviera nada a cambio. Me explicó cómo "se tiene que ser celosos de sus propios conocimientos". Lo que se tendría que hacer, y he tratado de hacer (sin superar del todo la contradicción), es colaborar con quienes he trabajado. Así se construye un conocimiento útil para quienes están involucrados en el enfoque de la investigación participativa. Este enfoque pretende superar la división entre el sujeto que conoce y el objeto por conocer, hacia una relación horizontal entre sujetos que construyen conocimientos de forma conjunta.

Es necesario precisar cómo en mi trabajo de campo, siguiendo la recomendación de Olivier de Sardan (2009), no he concebido las entrevistas como "minas para extraer informaciones", sino como relaciones y encuentros a partir de los puntos de vista del interlocutor y la investigadora. De aquí la importancia de reflexionar sobre sus límites para descifrar mejor los significados subyacentes a la información proporcionada. Me interrogué también sobre mi posición en la observación mediante el concepto de objetivación participante, "una de las condiciones de una auténtica objetividad científica" indicada por Bourdieu (2003) para colocar la actividad de investigación dentro de la dimensión de poder en la cual forzosamente se desarrolla. Según esta postura, es necesario objetivar y explicitar también el mundo social que forma quien investiga y el tipo de conocimiento que concurre a reproducir. No solo se trata de reflexionar sobre su *background* sociocultural, sino también, y sobre todo, acerca de su posicionamiento y de las categorías que utiliza dentro del discurso nacional, de los modelos de enseñanza y de educación.

CAPÍTULO 1

# Unificar su propia historia con la Historia. El movimiento indígena ecuatoriano: identidad, autonomía y asimilación al Estado en construcción

> El control, manipulación y representación del pasado, la producción y celebración de símbolos y santuarios nacionales, así como una figuración del "otro" mayoritario, se convierten en un proceso central en el establecimiento de la nación-estado.
>
> —Blanca Muratorio, *Discursos y silencios sobre el indio en la conciencia nacional*

## 1. Hablar de identidad

La historia del movimiento indígena ecuatoriano es, como señala Larrea Maldonado (2004, 67), "la historia del proceso de construcción de un sujeto social que busca constituirse en sujeto político" y ha interpelado de manera permanente a una sociedad profundamente racista y excluyente. El indígena, a quien en el mundo colonial se le negaba incluso la condición de ser humano, al luchar por su reconocimiento –para salirse de la invisibilidad, para existir– trata de entrar en la historia, de constituirse como sujeto, saliendo de la posición de objeto de explotación. Ernesto de Martino (1949, 441) escribía que para la clase dominante el mundo popular subalterno era "un mundo de cosas más que de personas, un mundo natural que se confunde con la naturaleza domable y explotable". Esta lucha por el reconocimiento tomará forma en reivindicaciones de tipo étnico y clasista estrechamente ligadas a la defensa de una autonomía territorial y a una educación propia.

La historia de este movimiento se entrelaza también con aquella de la formación de un Estado nación que debe lidiar con la multiplicidad que caracteriza a su sociedad y que se expresará, sobre todo, mediante una suerte de obsesión identitaria, unas veces para negar esta multitud y otras para exasperarla.

Esa obsesión se refleja en las numerosas políticas para reconocer y gobernar la alteridad, es decir, en las "administraciones de poblaciones"[1] (Guerrero 2000). El Estado es pensado como una institución, un campo de lucha para gobernar a los grupos sociales percibidos como diferentes y un instrumento para lograr la unificación nacional (De l'Estoile, Neiburg y Sigaud 2005, 5). A menudo, los privados se ocuparán de la alteridad, antes excluida de la ciudadanía y después incluida forzosamente mediante varios intentos de hacer de las personas indígenas ciudadanas ecuatorianas.

Retomo la invitación de Weismantel (2005) a concentrar la atención en hablar de las ideologías de la identidad como base de la intervención estatal para integrar a la población indígena, tan esenciales al Estado nación en cuanto comunidad imaginada (Anderson [1983] 1993), y de su relación con las experiencias de las poblaciones marginadas de la sociedad –los sujetos de esas ideologías–, fantasías del imaginario metropolitano. Esta relación implica una influencia recíproca, que va más allá de describir las varias fantasías producidas por la intelectualidad sobre lo indígena –quizás pensando que por encima de estas exista un "verdadero indígena, más allá de lo que alcanzamos a ver" (Weismantel 2005, 185)– y que invita a concentrar la atención en las consecuencias de tales fantasías sobre el imaginario indígena. Es necesario reflexionar acerca de cómo esas imágenes racistas o piadosas se resignifican, se reinterpretan y se convierten en la substancia de un nuevo discurso étnico, propio del movimiento indígena. La forma en la que se ha hablado de ellos influencia en cómo hoy hablan de sí mismos.

Las identidades indígenas, rurales y de las clases populares, no nacen independientemente *de*, sino que toman forma y es este el punto fundamental del análisis de Weismantel (2005) en respuesta *a* las fantasías metropolitanas (sean racistas, nacionalistas o ambas cosas), a menudo proporcionadas por la antropología misma.[2]

> Las mentes indígenas han sido consumidoras de los mitos metropolitanos a propósito de la nación y a propósito de ellos mismos. Retrabajadas y re-imaginadas, las imágenes nacionalistas del indio estoico, noble, sucio y sumiso

---

[1] "El manejo por los ciudadanos particulares, bajo regímenes republicanos, de grupos demográficos (sobre todo en el siglo XIX) que no son considerados aptos para un trato cotidiano inherente a la igualdad ciudadana. Por lo general, se alude a poblaciones que son clasificadas de incivilizadas" (Guerrero 2000, 9).

[2] De l'Estoile analiza en profundidad las relaciones entre la producción del saber antropológico, el gobierno de las poblaciones y la construcción de los imperios y el Estado nación. Reflexiona sobre el trabajo antropológico en unos contextos donde el Estado necesita de una disciplina que produzca conocimiento sobre los pueblos indígenas, desde el cual comenzar a diseñar y aplicar políticas *ad hoc*. La antropología y la administración de las poblaciones llegan así a legitimarse recíprocamente (De l'Estoile, Neiburg y Sigaud 2005).

son parte de la herencia cultural indígena, dan forma e influencia al trabajo de los intelectuales, escritores y artistas indígenas (Weismantel 2005, 186).

Estas imágenes reinventadas (inventadas dos veces: por las élites blanco-mestizas y por el movimiento indígena) darán forma a las reivindicaciones y a los discursos de las organizaciones indígenas. Si bien las invenciones de las élites plasman las autoimágenes de la población subalterna, es verdad también lo opuesto: las imágenes del centro y de la periferia se influencian mutuamente en un flujo bidireccional.[3] Por tanto, el imaginario nacional incluye mucho de lo indígena y adopta algunos aspectos de sus culturas para crear lo auténticamente ecuatoriano, para construir la nación, esa comunidad imaginada. Parte de ese proceso es exaltar, de manera más o menos marcada, el glorioso pasado incaico, así como incluir danzas, gastronomía, vestimenta, artesanías y supuesto ambientalismo al promocionar la autenticidad de 'lo andino'.

En la praxis, la fagocitación de imágenes dispares y tal vez romantizadas se traduce, entre otras cosas, al mercantilizar ese imaginario: se vende una fantasía. Estas imágenes, que funcionan de forma efectiva, a menudo son adoptadas por líderes indígenas que buscan apoyos en la comunidad internacional para sus luchas sociales o ambientales, y por las comunidades insertadas en el negocio del turismo internacional. Una última advertencia de Canessa (2005) resulta esencial para interpretar los discursos sobre la identidad que todos los exponentes de la sociedad producen incansablemente.

> La particularidad de la cultura y de la lengua indígena puede entonces volverse, y se vuelve en los hechos, alternativamente lo que demarca lo genuinamente nacional o, según los lugares y las personas implicadas, un marcador icónico de la inferioridad social o racial. [...] la capacidad de hablar un idioma indígena puede ser altamente valorada entre los intelectuales urbanos [...], al mismo tiempo en el que esta marca el estatus social inferior de las personas 'rurales e ineducadas' [...]. Estas imágenes de la indigeneidad (*indigenity*), coloridas y exóticas, pueden de hecho no parecerse mucho a las vidas de las personas reales. Y pueden también ser utilizadas para dictar a los mismos indígenas lo que es realmente indígena y lo que no. Y pueden ser suficientemente lejanas de las reivindicaciones identitarias llevadas a cabo para los grupos políticos indígenas (Canessa 2005, 4).[4]

---

[3] Los márgenes y no solo el centro generan sus propios discursos sobre la nación y la identidad nacional. En este caso, se adopta la perspectiva de Taussig (citado en Canessa 2005), al no ver los márgenes como los límites de algo que emana desde un centro, sino como centros a partir de los cuales emanan los contradiscursos y las contraprácticas que reinterpretan y renegocian a los dominantes.
[4] Sin embargo, los mismos líderes utilizan estratégicamente estas imágenes de la '*indigenity*' en la comunicación con los diversos públicos, desarrollando una suerte de "multilingüismo discursivo estratégico" (Gow y Rappaport citados en Canessa 2005, 5).

## 2. Las comunidades como bases del movimiento indígena serrano

El movimiento indígena representa la voluntad de la clase subalterna de ingresar en la historia apropiándose de ella y así salir de la invisibilidad a la que fue relegada. Constituye un lugar de reexistencia, nacido de la determinación de narrarse y de plantear sus necesidades con su propia voz y sus propias categorías, para no ser ya representados perennemente por otros, superar las diferentes "formas ventrílocuas de representación" (Guerrero 2000) y reafirmar su presencia en la nación ecuatoriana. Este proceso de autoafirmación abarca al menos otros dos: construir el propio ser, al recuperar y reinterpretar las culturas indígenas, y formular una memoria paralela, en conflicto con la oficial, sin por eso estar desprovista de contradicción.

La construcción del movimiento indígena se caracteriza por el afán de buscar formas y estrategias para convivir y colaborar con el poder central (finalmente en el lugar de actor activo), y mantener un cierto grado de autonomía e independencia respecto a este. Para luchar contra el racismo cotidiano y la discriminación, así como para afirmar una identidad que sea algo más que una mera "refracción del discurso dominante" (Canessa 2005, 3), el movimiento, en su lucha por el reconocimiento, adopta una doble táctica: crea instituciones propias dentro de la institucionalidad oficial e instituciones de autogobierno paralelas a las estatales (Larrea Maldonado 2004, 71).[5]

La organización del movimiento indígena andino se remonta, según el análisis histórico-antropológico de José Sánchez-Parga (2010), a la Ley de Organización y Régimen de Comunas de 1937. En esta, el Estado reconoció la forma de organización tradicional indígena (*ayllu*[6] y *ajta*), y sentó las bases para una organización propia y sus demandas en el ámbito local. Este proceso culminará en la creación de las federaciones cantonales y provinciales indígenas, así como en la reivindicación histórica por la reconquista de la tierra. La Ley de Comunas representa una herramienta estratégica para articular a la población indígena serrana al funcionamiento estatal. Al crearse las comunas y estar sujetas a la legislación,[7] se instaura un nuevo vínculo institucionalizado con la población

---

[5] Bajo esa óptica se forman los parlamentos indígenas y populares en varias provincias del país y el consejo de las nacionalidades y pueblos del Ecuador, con el objetivo de participar en la institucionalidad pública.

[6] Según este análisis, a partir de la comunidad –en su doble dimensión: territorial (la comuna) y parental (el *ayllu*) como primer centro de la organización de la vida social, política y económica del mundo andino–, nació el modelo para formar y desarrollar el movimiento indígena.

[7] "[La ley] tenía como principal objetivo político y administrativo la sujeción de las poblaciones rurales dispersas" (Sánchez-Parga 2010, 21). Estas líneas evocan la yuxtaposición entre la sujeción y subjetivación en el sentido de Foucault: las comunas devienen sujetos de derecho y sus habitantes se preparan para ser *construidos como* ciudadanos.

indígena, que gradualmente dejará de ser objeto de (y sujeto a) la hacienda, hacia una progresiva ciudadanización y el inicio de una novedosa relación e interlocución con el poder central.

En ese momento también se inaugura la injerencia del Estado militar (Ortiz Batallas 2006, 79) en la vida de la población indígena y se inicia un proceso de formación nacional.[8] Se establecen las bases para administrar y controlar a los grupos de 'inimaginados' en la comunidad nacional que andaba formándose. Además, se conducirá aquel esfuerzo que caracteriza la construcción de la nación: convertir lo múltiple en único, uniformizar la diferencia, cristalizar la alteridad en aquella población racializada mediante los términos de 'indios', excluidos de la nación en el primer periodo republicano (Radcliffe y Westwood 1999).[9] Antes de la Ley de Comunas y a lo largo del siglo XIX, lo indígena era invisible, denegado, expulsado de la memoria nacional, confinado al externo del espacio civil y criollo (el urbano), para luego asociarlo exclusivamente con lo rural, lo bárbaro y lo 'natural'. Esa geografía racializada crea confines seguros dentro de los cuales la 'blancura' se considera intocada (Weismantel 2001).

De acuerdo con la reconstrucción de Guerrero (2000), el Estado, que ya en 1857 había proclamado la "igualación" legal de los indígenas, se desentiende de administrarlos. El autor evidencia un aspecto interesante de esta igualación al estudiar el rol de los censos. Señala que después de 1857 desaparece la palabra 'indio' de los documentos del Estado, "una amnesia de archivo: el olvido desvanece la memoria oficial del Estado" (Guerrero 2000, 40), táctica para delinear un "cuerpo nacional [...] sin diferencia y unitario" (41). Antes de eso, por el contrario, el censo utiliza las categorías de la "forma de padrones" de la época colonial. Mediante el censo,

> los 'blancos', representados por los encuestadores, se instituían en el grupo histórico que legítimamente se numeraba a sí mismo; por consiguiente, estaban en pleno derecho de identificar, cuantificar y jerarquizar a las otras poblaciones [...]. La actividad de contarse (en la doble acepción de numerarse y narrarse) para ensamblar los cuadros de la nación en cifras, otorga una existencia inmediata y sensible al grupo social que se numera y recuenta a los 'otros': construye a los ciudadanos del sentido común y traza la línea de diferencia de los 'sujetos'. El Estado y sus ciudadanos verifican la realidad imaginada (29-30).

---

[8] Según Ortiz Batallas (2006), los años de la Ley de Comunas fueron también los años en que las FF. AA. comenzaron a poner en práctica su propio proyecto de nación unitaria y culturalmente homogénea. Tuvieron desde ese momento un rol fundamental en la integración de la población indígena al Estado. Respecto a la misma temática y en relación con el Oriente, véase también Ortiz Batallas (2019).
[9] En esta categoría de los "inimaginados" las autoras incluyen también a los "negros, cholos, montubios y mestizos" (Radcliffe y Westwood 1999, 18).

En la periferia, al contrario, los términos para dividir a indígenas de blancos permanecerán, pues había una necesidad de distinguir entre quienes ejercen la verdadera ciudadanía y los indígenas 'sujetos', impensables como 'iguales' o 'similares'.

La tarea de administrar a estas poblaciones todavía se encontraba delegada sobre todo a los organismos privados de varios tipos. El primero de ellos fue la hacienda, un sistema de explotación y dominación ya consolidado en la época colonial y que se disolverá recién en la segunda mitad del siglo XX. El Estado le reconocía la soberanía total sobre un espacio y sobre las poblaciones que allí vivían (a las cuales consideraba partes integrantes de la naturaleza, al igual que el bosque, el río y el ganado). Al delegar su administración al espacio privado, la dominación entró a formar parte de la vida cotidiana, mediante los saberes heredados de la Colonia.[10] Estos se han integrado al "mundo del sentido común" (Guerrero 2000, 12), no dejan trazas en los archivos y dibujan una "forma implícita de subordinación llevada a efecto pragmáticamente" (13).

El cambio de paradigma del siglo XX, al adoptar el modelo del mestizaje, implicó solo limitadamente que el Estado volviera a manejar el problema indígena. Se trataba de crear, mediante una "biología ideológica de la identidad nacional" (Rahier 2019, 389), un nuevo sujeto: la ciudadanía ecuatoriana mestiza. Este sujeto se construirá mediante un mosaico que agrupa las diferentes representaciones e imaginarios sobre lo indígena, el pasado precolombino, y el país y su historia. Se crea un híbrido que abarca las variadas expresiones culturales y sociales pasadas y presentes, para crear una figura creíble que represente a la nación como un todo integrado y la proyecte en el futuro. Esa figura tenía que trascender a las diversas entidades que la habían constituido durante la historia del país y reunir, bajo una sola identidad ecuatoriana, a toda la ciudadanía en la historia de hibridación de españoles y nativos. Así se encuentra en lo indígena, o mejor dicho en las glorias indígenas estrictamente relegadas a un pasado lejano, una posibilidad de narración nacional.

La exigencia de crear la nación implicaba reconocer la pluralidad étnica y presentar unas acciones –justificadas, en el peor de los casos, por el racismo y, en el mejor, por una visión paternalista– destinadas a integrar lo 'diferente' dentro de la vida económica y social del país mediante el Instituto Indigenista Ecuatoriano. Esto, aunque las políticas indigenistas en el Ecuador fueron, en su mayoría, delegadas a entes privados, como la Misión Andina o la Iglesia católica. En un primer momento, esas acciones fueron brutalmente asimilacionistas, luego tomaron formas más atenuadas, basadas en insertar a la población indígena, de manera gradual, a la sociedad blanco-mestiza. Esto ocurre gracias a la capacidad absorbente de la cultura nacional dominante, que, de manera

---

[10] "[Saberes coloniales] erigidos en una estructura de *habitus*, 'hechos cuerpos' con una socialización de una generación a la siguiente y la transmisión de la experiencia de dominación durante siglos" (Guerrero 2000, 45).

racional, habría conducido a sustituir lo atrasado por lo moderno e involucrar de forma directa a esta población en su propio "mejoramiento" (Rivera Vélez 1998, 60). Al pasar del etnocidio a la etnofagia, ese discurso será fuertemente criticado por el movimiento indígena, y afirmará unas políticas neoindigenistas.

La creación de la nación mediante el mestizaje ve al indígena contemporáneo muy diferente respecto a sus ilustres antepasados (anacrónicos, miserables, bárbaros). Para que sea parte de la ciudadanía ecuatoriana mestiza, el Estado tiene que controlar, disciplinar y 'mejorar', la vida indígena; para esto se inserta en sus detalles más íntimos. Transformar a las personas en 'sujetos' y crear la ciudadanía mestiza de los futuros Estados modernos de Latinoamérica implica entrar en la intimidad de las casas y de las mentes, lugares recalcitrantes a la sistematización, al orden, a la obediencia.

Las prácticas cotidianas indígenas, desde curar a hijas e hijos hasta las relaciones conyugales, son espacios en los que no se produce una ciudadanía adecuada a la imagen mestiza nacional. El análisis de Canessa (2005) me resulta preciso para subrayar cómo el rol de la mujer, en cuanto madre de nuevos ciudadanos, es preocupante en ese sentido. Las buenas madres y amas de casa de la nueva nación no se parecen en lo absoluto a las mujeres reales. Entonces, los servicios indigenistas que visitarán las comunidades indígenas servirán para inculcar una particular domesticidad, femineidad y una específica ética de la higiene[11] y de la cura. Las "malas madres" deben transformarse en esas mujeres "sufridas, abnegadas e infinitamente pacientes que dominan las visiones de la sociedad metropolitana" (Canessa 2005, 16-17).

Estas políticas indigenistas prerreformistas tenían como objetivo resolver la cuestión indígena sin cuestionar las estructuras de poder ni el sistema latifundista de las haciendas. El estado de precariedad en que se hallaba la población subalterna no se asociaba con el dominio total del hacendado ni con la distribución desigual de la tierra, sino con su cultura, su aislamiento y su aptitud. Lo étnico, identificado con lo indígena, se vuelve sinónimo de 'lo atrasado'. Está ligado a la idea de que existían dos grupos de personas dentro del Estado: uno moderno, orientado hacia los valores universales (occidentales), y uno tradicional, destinado a desaparecer con el 'desarrollo' (pero que, mientras tanto, constituía una barrera a la modernización).

Ese afán por modernizarse y desarrollarse reflejaba las coyunturas internacionales de aquella época. En efecto, con el inicio de la Guerra Fría, toda la región latinoamericana se sujetó a la Doctrina de Seguridad Nacional estadounidense

---

[11] El cuerpo y el imaginario sobre el cuerpo de los demás está siempre ligado a las ideas sobre la identidad nacional de una manera problemática. El cuerpo representa un dilema, sobre todo el cuerpo indígena, y en especial el de la mujer ("más indígena" que el hombre, como enfatizaba Marisol de la Cadena en 1992), que encarna la diferencia más extrema y al mismo tiempo el sitio de la reproducción de esta diferencia que 'contamina' el cuerpo nacional mestizo.

(DSN), en la que 'seguridad' y 'desarrollo' asumen un rol clave. Esto se tradujo, entre otras cosas, en que los militares (que asumen un rol protagónico en la vida del país), en sinergia con los distintos actores dedicados a la cooperación al desarrollo, aplicaran políticas integracionistas desarrollistas basadas en la diferencia étnica. Se toleraban estas diferencias solo en cuanto premisas para construir un Estado unitario y homogéneo (Ortiz Batallas 2006).[12]

Con el mestizaje, la alteridad cultural era vista como una carga de la que había que liberarse mediante políticas específicas estudiadas por los 'expertos en los subalternos': antropólogos y sociólogos 'rurales'. Se asiste a un indigenismo que actúa para la integración forzada al Estado nacional.[13]

> En el fondo, las políticas indigenistas pretendían desindianizar a los indígenas, negar al final del proceso la alteridad cultural en aras de la construcción de una comunidad nacional imaginada (e imaginaria), a través de la inversión en una gama de insumos que podía abarcar (a veces) desde la dotación moderada de tierra hasta la escolarización, vías de comunicación, centros de asistencia sanitaria o capacitación técnica y profesional. [...] Ese tipo de indigenismo coincidía en el fondo con la versión más culturalista del campesinado presente en la obra de antropólogos norteamericanos de corte funcionalista. Estos enfoques ofrecían una visión de las sociedades rurales "tradicionales" como si de realidades aisladas, autárquicas y cerradas se tratase [...]. El proceso de modernización supondría, desde esta perspectiva, la apertura al exterior, la pérdida de la autonomía y, por fin, la liquidación de las propias formas de vida "tradicional" (Bretón 2013, 74).

El indígena no habla para sí, y el Estado no habla para él. La intermediación entre el uno y el otro en Ecuador será, hasta tiempos recientísimos, en gran medida gestionada por entes privados que traducen sus necesidades y sus supuestas voluntades. Se trata de las formas ventrílocuas de la representación (Guerrero 2000), que vuelven audibles las demandas indígenas únicamente mediante la interlocución con plataformas reconocidas por la sociedad hegemónica, entre las que se destacan los religiosos y las Fuerzas Armadas. Estas formas consisten en

> un organismo de mediación, de expresión y traducción (una ventriloquia política) de sujetos sociales, los *indios*, carentes de reconocimiento (legalidad

---

[12] Según Ortiz Batallas (2006), las políticas de educación, de lucha contra los abusos de los hacendados y el servicio militar obligatorio, instituido en 1938, se unen, mediante el trabajo de coordinación de los militares, con las actividades civilizadoras de los religiosos y de los múltiples 'activistas del desarrollo' para fabricar la ciudadanía ecuatoriana.

[13] Aunque no todos los indigenistas fueron culturalistas, la ideología que sostenía esos razonamientos acababa por reconocer la necesidad de sustituir un estilo de vida 'atrasado' por uno 'moderno'.

y legitimidad) y, por ende, de discurso reconocido y acceso directo al sistema político. Un organismo indigenista [será pues] una institución de ciudadanos-blancos que asume la mediación de *sujetos-indios*, reproduce aquel *quid pro quo* inherentes al Estado en su trato con *sujetos coloniales*: una población sin derechos reconocidos en el sistema jurídico y político del Estado-nación, cuya realidad aparece en recovecos de terceros intereses, en lenguajes dobles, en versiones deformadas de sí y de los otros (Guerrero citado en Bretón 2009, 79).

## 3. Las reformas agrarias y la colonización: producción del territorio nacional y nacimiento del movimiento amazónico

La comunidad que se creó con la Ley de Comunas no quedó indemne de esos impulsos hacia la integración nacional. José Sánchez-Parga (2010) subraya cómo esta, que al principio había pretendido servir para dar ímpetu al proceso organizativo serrano, se descubrió cada vez menos adaptada al contexto cambiante de la sociedad nacional y progresivamente perdió importancia. Este proceso, llamado por el autor "descomunalización", tuvo su apogeo en los años ochenta. Permitió la emergencia gradual de otras formas organizativas, como las federaciones de comunas, las organizaciones intercomunales a escala nacional, así como otras formas de asociacionismo que operan dentro de la comunidad, como las cooperativas. Estas últimas fraccionaron a la comunidad y la volverían cada vez menos eficaz como proveedora de una base desde la cual organizar las propias reivindicaciones y demandas.

Aparte de esta doble dinámica organizativa de fuerzas centrífugas y centrípetas respecto a la tradicional comuna, el factor tal vez más importante que contribuyó al lento declive de esta fue la integración del medio rural a la economía de mercado, que comenzó en los años sesenta. Esta integración violentó las estrategias de producción (y, por tanto, las relaciones sociales) de una comunidad basada hasta ese entonces en el autoconsumo, lógicas de intercambios, reciprocidad y redistribución. Además, produjo la proletarización, al integrar a los miembros de las comunidades al mercado laboral, seguida de una masiva migración (urbana y hacia la Costa). Esta transformó la cara de las comunidades andinas, sometidas a una cada vez más amplia integración al Estado mediante la administración pública y los gobiernos locales; una integración que se concretó solo como fuerza de trabajo.

A pesar de ese proceso de descomunalización, la tierra y la comuna siguieron siendo un fuerte referente identitario por el cual luchar. Aunque la población esté cada vez más integrada a la sociedad nacional, "o no logra tal identificación y reconocimiento o se siente rechazada por esta, o bien trata de reforzar una identidad y reconocimiento diferenciales al interior de aquella" (Sánchez-Parga 2010, 44). En este panorama complejo se inscribe la lucha por reconquistar la tierra. Esta lucha, en un contexto de exclusión y violencia, tomó unas formas beligerantes y reivindicativas que establecerían las estrategias futuras del movimiento indígena.[14]

Implementar estas reformas en el Ecuador responde a tácticas e intereses diversos dentro de la crisis del modelo agroexportador de los años sesenta. Esta crisis impone, simultáneamente, aplicar un nuevo modelo de desarrollo capitalista mediante la industrialización para sustituir las importaciones –objetivo que necesitaba una radical transformación del sistema de la hacienda y de la producción agrícola– e intervenir de manera masiva en el campo. Se conjuraba el riesgo de una sublevación campesina indígena influenciada por la Revolución cubana, al instaurar una serie de proyectos de corte desarrollista y reformista que tendían a controlarla y desmovilizarla (Ibarra Illanez 1992, 60). Mediante las reformas agrarias, el Ecuador se dispuso a generar un cambio hacia un modelo económico que obedecía a la necesidad de la acumulación monopólica y que tendría su apogeo en el auge petrolero. Así mismo, pretendía construir y plasmar, por medio de imponentes intervenciones, un territorio que pudiera, al fin, percibirse como nacional, como ecuatoriano, sobre el cual seguir con el proceso de construcción imaginaria de la identidad nacional.

El núcleo del "problema territorio" es planteado en los siguientes términos por Gondard y Mazurek (2001, 15):

> Se quería incorporar el campesinado marginado a la sociedad nacional y articular extensas zonas 'vacías' al territorio nacional. [...] había tierras demasiado cargadas de hombres y muchas tierras llamadas "baldías" aunque no fuesen realmente, pero con tan pocos habitantes [...] y que contaban tan poco [...] Se las podía, se las debía pues colonizar. En este sentido se dibujaba un cuadro ideológico similar al que fundamentó las prácticas de la segunda expansión colonial europea, en el siglo XIX: integrar a la modernidad y a la economía tierras desoladas cuyas sociedades, cuando se sabía algo de ellas, eran calificadas de 'atrasadas'.

La junta militar de 1963 fue la primera en aplicar un programa reformista desarrollista con la primera reforma agraria, en junio de 1964. Promulgó la Ley de Reforma Agraria y Colonización (11 de julio de 1964) y la de Tierras Baldías y Colonización (28 de septiembre de 1964), y creó el Instituto Ecuatoriano de Reforma Agraria y Colonización (IERAC). Este último, con el fin de articular

---

[14] Esta situación no escapa a esta administración particular de la diferencia según la cual el Estado se desentiende de las poblaciones indígenas y, por consiguiente, sus demandas se traducen en políticas indigenistas que hablan por o en nombre de ella. Esto no significa negar la capacidad de actuar a los indígenas, pero, al menos hasta los años noventa, a menudo ellos no llevaban sus peticiones al Estado, pues se los consideraba ciudadanos de 'segunda clase', dotados de baja legitimidad. Incluso, desde un punto de vista puramente estratégico, tener un representante más creíble hacía la diferencia entre ser escuchado o no.

la acción de reforma agraria con la colonización de las tierras amazónicas y del noroeste del país. El objetivo era "extender racionalmente las fronteras de la agricultura" y poner fin al sistema de la hacienda ya obsoleto. Se evitaba alterar el monopolio de la tierra al organizar las condiciones que habrían permitido una transición hacia el sistema capitalista.[15] Los resultados fueron limitados y el sistema basado en el huasipungo no desapareció, sino que a menudo se combinó con el sistema salarial. De esa manera, el capitalismo no se impuso en el agro de forma definitiva. En cambio, se consiguió imponer con éxito, en todas sus extensiones, un sistema de relaciones sociales de tipo capitalista (Ibarra Illanez 1992, 64).

Con la segunda reforma agraria, se impulsó nuevamente un proyecto para transformar las haciendas en empresas capitalistas modernas bajo la amenaza de expropiarlas. Al mismo tiempo, se desarrollaron iniciativas para favorecer la pequeña y mediana propiedad. De esa forma se estimuló el nacimiento de una burguesía rural capaz de neutralizar la presión campesina e indígena en la lucha por reivindicar la posesión de la tierra. En ese sentido, la ley de 1976, una versión de la anterior (que permaneció vigente hasta que se la abrogó en 1994 y se sustituyó con la Ley de Desarrollo Agrario), asignaba créditos, subsidios y tecnología a medianos y grandes propietarios (excluyendo al pequeño e indigente campesinado indígena y blanco-mestizo). Además, preveía graves medidas represivas hacia las organizaciones indígenas que no aceptaran las medidas paliativas propuestas por el gobierno, que sustituían la entrega de tierra con políticas campesinistas basadas en la alfabetización, salud y desarrollo rural. La 'modernización' y el 'desarrollo' servían, una vez más, para reproducir y profundizar las desigualdades dentro del Estado.

La penetración y la expansión de las relaciones capitalistas subsiguientes a las dos reformas tuvieron su expresión en la paulatina descomposición de las bases económicas de las comunidades, con el acentuado proceso de diferenciación social y de las formas organizativas tradicionales. A todo eso se suma la falta de tierra.[16] Este aspecto incide sobre la posibilidad material de una reproducción económica, social y cultural, que, combinada con un aumento general de la población, configura una inmensa masa de semiproletarios, subempleados y desocupados, cuya situación es cada vez más pauperizada.[17] Después de

---

[15] Los grandes grupos oligárquicos terratenientes no desaparecieron, más bien compartieron el poder con una burguesía que los favorecería en la medida en que podrían crear las condiciones para un proceso de modernización basado en la acumulación de capital.

[16] Según Chiriboga (citado en Ibarra Illanez 1992, 71), en 1974 los minifundios de menos de cinco hectáreas equivalían al 66,9 % de las posesiones, que ocupaban apenas el 6,8 % de la superficie total. Esto demuestra que, hasta ese año, solo el 7 % de las familias rurales se había beneficiado de las reformas agrarias.

[17] Esta estrategia les permitía mantenerse como campesinos, vendiendo su fuerza trabajo en determinados momentos o por un determinado número de horas y manteniendo

haber sido liberada de la servidumbre de la hacienda, la población campesina indígena serrana se encuentra involucrada en agudos procesos de explotación.[18]

Los efectos de las reformas agrarias fueron extremos. Si de un lado fortalecían a un pequeño sector privilegiado –la empresa agroindustrial, con mejores tierras y con garantías para la acumulación capitalista–, del otro pauperizaban a la población rural andina y promovían que se colonizara el Oriente. Esto último fue el único instrumento de redistribución de la tierra que se ejecutó de manera efectiva gracias a las reformas. En esas provincias, fueron muy graves las consecuencias socioambientales (en términos de las relaciones con las poblaciones amazónicas y de degradación del medio ambiente).

Si en la región Amazónica, al igual que en el noroccidente, no hubo casi intervención de la reforma agraria, la colonización consistió en que avanzara la frontera interna exclusivamente en las tierras bajas selváticas. Se trataba de tierras periféricas, poco habitadas y mucho menos integradas al territorio nacional, pero de altísimo valor simbólico, económico y estratégico.[19] Los colonizadores serranos llegaban a la Amazonía y pedían que se legalizara su ocupación, a través de los caminos abiertos para los petroleros. Se instalaban sobre todo a lo largo de las nacientes vías de comunicación. De esta manera, extendían la frontera agrícola, que implicaba hacer retroceder las formaciones vegetales naturales y una densificación poblacional. Los lotes ocupados por el campesinado serrano conformaban un cuadriculado que poco a poco iba llenando el 'vacío' territorial. La tala del bosque era la primera actividad que efectuaban los colonos, con el fin de demostrar su ocupación efectiva y así obtener la legalización, o sea que el IERAC les entregara los títulos de propiedad de la tierra que demostraban cultivar.

Al cambiar profundamente la cara del territorio selvático, la colonización transformó el espacio de manera radical y repentina. Actuó sobre la tierra salvaje, domesticándola y adaptándola al rol que debía desempeñar. Se plasmaban así el territorio y la identidad nacional relacionada con este: el territorio de un Estado nacional moderno y productivo, sostenido por un eficiente modelo agrícola y

---

la parcela, en una situación "doble, ambigua, paralela, en definitiva, adecuada para sobrevivir" (Ibarra Illanez 1992, 81).

[18] Según una lectura puramente (y limitadamente) económica, las consecuencias de la reforma agraria fueron modestas en relación con la redistribución de la tierra. Los resultados positivos aparecieron en estadísticas distorsionadoras (la mayor distribución de la tierra es casi exclusivamente fruto de la colonización de la Amazonía y no de una real intervención en las tierras sobreexplotadas en los Andes). Al contrario, en términos sociales, la reforma rompió con un sistema de dominación de los 'señores de la tierra' que se reproducía desde la segunda mitad del siglo XVII.

[19] El proceso de construcción del Estado nación ecuatoriano estuvo marcado, desde un principio, por un conflicto territorial con los países vecinos; las reivindicaciones peruanas sobre las tierras del sureste harían de la integración del Oriente una cuestión vital para el Estado en formación.

extractivo, que se desarrollaba sobre un espacio administrado por la autoridad central. Las reflexiones de Gondard y Mazurek resultan esclarecedoras.

> Hay una semejanza bastante grande entre los efectos espaciales de la colonización y de la reforma agraria. Ambas tendieron a colmar el territorio hasta los límites naturales asequibles. En ambos casos, el impacto en el medio natural ha sido drástico: se destruía la selva parar construir el ager. Del espacio natural al espacio agrícola, así avanza la construcción del nuevo territorio nacional, ampliado y densificado. Las dinámicas y los efectos territoriales de tres leyes agrarias que marcaron fuertemente esos treinta años tan esenciales en la construcción del Ecuador moderno (2001, 39).

Otra consecuencia de las reformas agrarias afecta directamente al movimiento indígena. En la Sierra, estas políticas, al erosionar el sistema de hacienda, dejan espacio a que surjan las organizaciones indígenas guiadas por un liderazgo que desarrolla y lleva a cabo unas reivindicaciones propias. Estas se fortalecerán con el fracaso de la modernización y los conflictos generados por las tentativas de integrar los pueblos indígenas a la nación como campesinos mestizos, disputas que facilitaron la politización de las comunidades.

En la Amazonía, en cambio, el movimiento indígena nació en circunstancias diferentes, forjado en la elaboración de unas demandas de autonomía de acción sobre un territorio reconocido como propio y amenazado por las varias colonizaciones que ha sufrido a lo largo de la historia. Unas demandas sin duda ambiguas y con sesgos ventrílocuos, sobre todo en relación con el estrecho vínculo entre el nacimiento del movimiento amazónico y la Iglesia católica. Se autorizó a esta institución –antes el gobierno colonial y después el Estado– a llevar a cabo un proyecto de administración basado en colonias militares y religiosas para conocer, ocupar y controlar el territorio.

Cruz Rodríguez ha denominado a este fenómeno como un secular "olvido" (2014, 94) de esos espacios por parte del Estado, que en realidad es una delegación a las instituciones religiosas para gestionar territorios por largo tiempo ingobernables. Esto sucedió a tal punto que la Federación del Centro Shuar indica que en 1955 todavía se firmaba entre el gobierno y la misión salesiana un convenio para la 'civilización de las tribus indígenas jíbaras' (Cruz Rodríguez 2014, 95); las poblaciones amazónicas se habrían encontrado con la sociedad nacional después de las colonizaciones producto de las reformas agrarias.[20]

---

[20] Para facilitar la misión de evangelización de la Amazonía, los salesianos organizaron al pueblo shuar en un sistema similar al de las comunas de la Sierra, los centros shuar. Según el trabajo de Altmann (2017a), consistían en grupos de familias shuar que vivían en el mismo lugar y que gradualmente desarrollaron instituciones políticas propias. Poco a poco, desplazaron a los religiosos del poder de sus organizaciones, adquirieron una mayor autonomía y empezaron a formar organizaciones de segundo grado.

Habrían descubierto que habitaban tierras oficialmente 'vacías' y que cualquiera hubiera podido reivindicar la propiedad de hasta 400 hectáreas de selva.

Después de los años setenta, el Oriente, antes olvidado, se vuelve la arena donde se encuentran y se enfrentan una serie de intereses. En primer lugar, el campesinado serrano buscaba mejorar sus propias condiciones de vida lejos de las penosas tierras sobreexplotadas de los altos Andes. En segundo lugar, las industrias petroleras, del turismo y del narcotráfico pretendían explotar los recursos. En tercer lugar, se encontraban los militares, con su afán de controlar una frontera todavía no definida y conflictiva. Finalmente, las comunidades indígenas, que, apoyadas por los salesianos (y sus intereses religiosos y económicos),[21] se agrupan en organizaciones locales y regionales, para luchar por sus territorios. Si bien la organización indígena tenía ya raíces a mediados de los años cincuenta, como resultado de las crisis de las políticas asimilacionistas, en este periodo el impulso organizativo llegó a su punto máximo.

En respuesta a las reformas agrarias, se asistía a un importante fortalecimiento de la organización indígena en el ámbito nacional y, pese a las diferentes y a menudo opuestas demandas del movimiento serrano y amazónico, fue posible articular los dos grupos, lo cual acabó formando uno de los movimientos más importantes y fuertes de Latinoamérica. La reforma agraria y la lucha por defender la tierra fraguaron a los más connotados líderes y personalidades políticas, que durante las dos décadas posteriores conducirían el movimiento indígena, sus organizaciones y movilizaciones y lo convertirían en el primer movimiento social del Ecuador.

## 4. El fracaso de la modernización, la violencia y la consolidación organizativa

Luego de 60 años de que se promulgara la primera Ley de Reforma Agraria, en 1964, la fisionomía del Ecuador y su realidad interna cambiaron profundamente. Desde el fin del periodo bananero hasta el auge petrolero, el país pasó de ser sobre todo rural a mayoritariamente urbano. La Amazonía estuvo cada vez más sujeta a la colonización serrana y a la explotación petrolera. En la Sierra, el proceso de la 'descomunalización' tuvo cada vez más consecuencias en un panorama muy cambiado por la masiva migración. El territorio nacional moldeado por años de políticas neoliberales inscritas en la Alianza por el Progreso presenta huellas profundas. La integración violenta del espacio y de las personas 'inimaginadas' dentro de la vida del Estado ecuatoriano tendrá una

---

[21] Hendricks, basándose en la perspectiva de Salazar (1977), recuerda cómo los salesianos optaron por la organización de las comunidades shuar frente a la posibilidad de que la colonización engendrara su huida o su exterminación. En ambos casos, "los misioneros perderían conversos y mano de obra" (Hendricks 1993, 8).

consecuencia esencial para comprender el humus a partir del cual se han forjado las reivindicaciones actuales del movimiento.

Es indispensable considerar esa violencia en relación con el neoliberalismo, pues la integración, la adaptación o la asimilación de la sociedad comunitaria indígena no ocurren solo en relación con la sociedad nacional. Mientras la comunidad entra directamente en el mundo globalizado, sufre durante el proceso los dispositivos de exclusión del actual paradigma socioeconómico, al que se suman el racismo que impregna las relaciones sociales en el país. Esta integración violenta podría explicar, según Sánchez-Parga (2010), tanto la particular violencia que el movimiento tomaría en su siguiente fase de protesta contra el Estado, como la violencia menos visible, la que se reproduce dentro de las familias: la violencia filial, de género y generacional. Fassin (1989) describe a las poblaciones indígenas ecuatorianas como hombres y mujeres sin derechos, puesto que la integración a la nación tiene lugar exclusivamente en una proletarización de los indígenas, todavía "ciudadanos de segunda clase".

> El hombre, y aún más la mujer sin derechos, no tienen recursos sociales, legales, ni económicos, lo cual saben muy bien aquellos que les dominan o les explotan. Por esto son presas ideales para empleos duros, mal pagados, sin seguridad social y representan una fuerza de trabajo dócil y barata, que se puede reducir a una condición casi servil. […] En la esfera doméstica, el poder centrado en el hombre se ejerce sin límites, como se refleja en la violencia conyugal dentro de las familias indígenas lo que hace más trágica esta condición de los sin derechos es el sentimiento de vivir una existencia sin sentido, de no tener valor para el mundo social (1999, 184).[22]

Al imponerse una economía de mercado que transforma a los hombres y a las mujeres en fuerza de trabajo dócil, y en un sistema social sostenido para intercambiar y producir principalmente para el autoconsumo, se rompen las solidaridades, los vínculos de reciprocidad y se degradan los vínculos familiares, comunales y sociales.[23] Estas sociedades ya habían sido duramente atacadas y obstaculizadas por la colonización española y por el sistema de la hacienda.

---

[22] Weismantel, al referirse a un caso analizado por Canessa (2005), explica la violencia doméstica como consecuencia de una interiorización dramática de las imágenes relacionadas con el indio: el marido pega a su mujer porque es "demasiado india", y la llama "india sucia", "infligiendo dolor sobre ese otro desdeñado, despreciado porque es demasiado parecido a lo que de uno mismo teme y rechaza. […] La utilización verbal de insultos raciales, sexuales o de género acompaña los golpes reales, la dolorosa percepción de la propia inadecuación racial o sexual da origen al deseo de infligir dolor físico" (Weismantel 2005, 188-189).

[23] Se puede pensar en una verdadera distinción entre los dos, pues "[en el mundo andino] toda dimensión y experiencia asociativas son pensados y vividos familiarmente" (Sánchez-Parga 2010, 36-27).

No se puede analizar la violencia hacia la comunidad como algo típico de un momento histórico particular, sino como un *continuum* que permea la vida de sus habitantes desde muy atrás. La violencia forma parte de la historia misma. La sensación de no tener valor puede estar ligada, según el análisis de Fassin, a haber estado siempre desprovistos de ciudadanía (o, mejor dicho, ser titulares de una de segunda clase) y, por lo tanto, de una existencia cívica, concedida solo recientemente.[24] La persona sin derecho es considerada así por el Estado y por sí misma. Interiorizar ese estado es el punto fundamental del análisis de Fassin (1999, 184). Este estado se expresa en el sentido de culpa de los padres al no poder dar todo lo que los hijos necesitan ni ofrecerles una "imagen respetable".

Si, como he ilustrado, la comunidad pierde poder, también las autoridades tradicionales que operan dentro de esta en sus funciones habituales de resolver los conflictos resienten los efectos de la sociedad de mercado. El rol de la autoridad, el manejo y el ejercicio del poder, y el control colectivo al cual este poder era sometido se modifican de manera parcial para adaptarse a las nuevas lógicas y al funcionamiento estatal. Este fenómeno se comprobará después en el rol del liderazgo indígena, cada vez más lejos y autónomo respeto a la base comunitaria, que transformará la dirección del movimiento indígena característica del fin del siglo XX. De acuerdo con Sánchez-Parga (2010), las transformaciones de la organización social se asocian a una transformación de la estructura psíquica de los sujetos. En esa perspectiva, influye en la descomunalización un proceso de individualización que transforma el modelo de sociedad andino. Este proceso ataca el mismo ser-en-sociedad de las personas, que dejan de ser, de pensarse y comportarse en cuanto miembros de la comunidad, como partes del cuerpo social (el único cuerpo en la comunidad andina, del que todos se perciben como miembros), para considerarse y actuar como individuos.

Mi propósito, con estas reflexiones, es ilustrar los efectos de un individualismo extremo, absoluto, listo para liberar a las mujeres y a los hombres de sus vínculos sociales o familiares, y substituir las relaciones interpersonales por relaciones entre objetos. No presento una esencia fundamental e intacta de 'lo indígena' ni una imagen romántica de comunidades idílicas, cerradas y libres de conflictos, pues los vínculos comunitarios pueden interpretarse como referentes identitarios y también como cargas o constricciones.

Ibarra Illanez (1992) reporta un aspecto interesante de este proceso de individuación y de aparición de nuevas relaciones sociales de producción capitalistas. Muestra cómo se abusó de las costumbres comunitarias para obtener una ganancia. Algunas comunidades de artesanos indígenas, aprovechando los vínculos tradicionales de parentesco y los lazos comunitarios, "pusieron a su

---

[24] Fassin recuerda cómo la población indígena tuvo derecho al voto en el Ecuador solamente al final de la década de los setenta y han tenido representantes en el Congreso nacional desde la mitad de los años noventa, "lo cual indica cuán reciente es su existencia cívica" (1999, 183).

favor las mingas, prestamanos, de sus parientes, allegados y vecinos" (Ibarra Illanez 1992, 73). Sacar provecho del dispositivo de la minga comunitaria para enriquecerse se suma a otros comportamientos y otras formas de acción individualizadora. Según Sánchez-Parga (2010), estos se encuentran en el vestido, en el voto cada vez menos colectivo, en la forma de hablar que pasa desde el 'nosotros' (*ñukanchik*, en kichwa) al 'yo' (*ñuka*) o en el cambio en la atribución de los nombres propios.[25]

Otro resultado del proceso de individualización es personalizar a los actores políticos, lo cual lleva a que prevalezcan líderes que se imponen por sus personalidades. De esta manera, crece el anhelo de poder, de prestigio o de autoridad entre las varias personalidades individuales, mientras que el faccionalismo andino tendía a confrontar diferentes grupos, posiciones o estrategias. Así como cambian los comportamientos, cambian también los lugares de vida de quienes integran las comunidades. Las corrientes migratorias hacia los centros urbanos estuvieron ligadas al fracaso de la reforma agraria, a la consiguiente escasez de tierras en la Sierra y a una contracción de la demanda de mano de obra fruto de la mecanización de la agricultura. A la migración de lo rural a lo urbano se sumará otra, masiva y dramática, hacia Estados Unidos y Europa, que cambiará de manera radical a la sociedad serrana.

A medida que se demostraba el fracaso de las reformas agrarias (Fassin 1999), el Estado ecuatoriano entraba en la época del desarrollo nacional integrador financiado por el extractivismo. Este se caracterizó por políticas estructurales estatales nacionalistas, tendientes a incorporar a los sectores marginales, sobre todo a los pueblos indígenas. Los proyectos, implementados tanto por el Estado como por las ONG y las Iglesias, se fundaban sobre una concepción del desarrollo formulada desde arriba, sin raíces en lo real y elaboradas desde el paradigma desarrollista de la sociedad nacional. Por esto, sus resultados generaron desencuentros frustrantes, así como logros ambivalentes y hasta contradictorios. Esta insatisfacción y el resentimiento, junto con los escasos resultados de las reformas agrarias, proporcionan las bases para las futuras relaciones entre Estado y movimiento indígena.

A raíz de las reformas y de los proyectos integradores, así como de la consecuente migración hacia el medio urbano y la colonización de las tierras bajas,

---

[25] Se deja de elegir los nombres propios de entre aquellos que ofrece el santoral cristiano y empiezan a utilizarse nombres inusuales "como si los padres fueran libres de elegir nombres al margen de la tradición familiar" (Sánchez-Parga 2010, 53). En esta perspectiva, Carola Lentz (2000) analiza la continua utilización de los apodos con los cuales los hacendados "bautizaban" a sus peones, no obstante, la fuerte carga despectiva de ellos. Esto demuestra cómo, a través del nombre, se revela "la inscripción de aquellos eventos traumáticos y de aquella violencia del inconsciente y del imaginario" (Beneduce 2010b, 95). Indagar la historia es encontrar en las prácticas cotidianas "unos archivos vivientes de experiencias históricas que se han estratificado en la conciencia colectiva y al origen de los deseo, incertidumbres, reivindicaciones y prácticas de subjetivación" (95).

se incrementa la integración de los pueblos indígenas a la sociedad nacional y a los servicios estatales. Esta nueva presencia llevó a cambiar la imagen del 'indio ajeno' que imperaba, por la invisibilización de la alteridad cultural, en el dilatado proceso de construcción nacional republicana (Guerrero 2000). Al mismo tiempo, llevó a que la población indígena cobrara conciencia de su propia especificidad. Como consecuencia, el movimiento indígena se constituyó en un nuevo actor social.

En 1972, nació la Confederación de Pueblos de la Nacionalidad Kichwa del Ecuador (ECUARUNARI), una organización vinculada a la práctica de la teología de la liberación que operaba en la Sierra.[26] En el congreso de fundación se autodefinió como una "organización clerical exclusivamente indígena". En 1980 se creó la Confederación de Nacionalidades Indígenas de la Amazonía Ecuatoriana (CONFENIAE), que se originó en los centros shuar organizados por los salesianos a mediados del siglo XX para evangelizar la región Amazónica. Posteriormente se impulsó el proceso de articulación nacional de las redes organizativas. Se creó el Consejo de Coordinación de las Nacionalidades Indígenas del Ecuador (CONACNIE), que en 1986 se transformó en la Confederación de Nacionalidades Indígenas del Ecuador (CONAIE), reconocida jurídicamente tres años más tarde.

Quienes se forjaron como líderes en la lucha por la tierra en la Sierra y en contra de la colonización en la Amazonía entraron en la arena política de la nación con un proyecto propio, basado en la reivindicación de la diferencia cultural. Sobre el movimiento indígena, Jackson y Warren anotan que "la recuperación histórica y cultural es el primer paso hacia otros objetivos como la autodeterminación y la autonomía" (citado en Martínez Novo 2009, 173). Tales reivindicaciones en pos de un reconocimiento y del derecho a la diferencia, que se expresan sobre todo en demandas educativas,[27] se materializarán en las luchas, a partir del levantamiento de 1990, para desmantelar un Estado tradicionalmente segregacionista y excluyente. Se vuelve claro que la voluntad de desarticular la estructura racista del Estado ecuatoriano no se resuelve ni se limita, no empieza ni acaba atacando las bases materiales del Estado, sino que debe cuestionar los presupuestos ideológicos sobre los cuales se basan y toman forma las acciones estatales. Se trata de un ataque y una rebelión epistemológica, un levantamiento en contra de la acción y del pensamiento colonial para construir formas otras de estar-en-el-mundo.

---

[26] Ecuador Runacunapac Riccharimui (El despertar de los indígenas de Ecuador).
[27] La educación es una reivindicación fundamental y fundante del movimiento indígena. La conciencia de su propia especificidad y la particularidad de sus propias reivindicaciones se traducen en la necesidad de una autonomía en sus propios territorios y una tutela de sus propias lenguas. Estas se transmiten mediante una educación específica, bilingüe, con especial atención a los 'saberes ancestrales'.

El movimiento indígena se conformó como tal en la transición entre los años setenta y ochenta. El pico de esta organización se encuentra en la transición democrática, o sea, cuando el discurso sobre la unidad cultural y étnica de la nación, típica de los años de la dictadura, deja el paso a uno sobre la 'multiculturalidad' como referente de identificaciones múltiples. El momento organizativo corresponde al momento en que el pueblo indígena se vuelve "etnia-para-sí" (Sánchez-Parga 2010, 85), cuando toma conciencia de su propia especificidad para después definirla en el contexto de la sociedad nacional. El impulso organizativo coincidiría con esta toma de conciencia que enriquece con nuevos reclamos las demandas por una tierra propia. Entre estos, se destacan dos demandas educativas entrelazadas indisolublemente: una lengua y una cultura propias para su propio territorio.

Sánchez-Parga (2010) explica en términos gramscianos cómo se reconoce esta diferencia generadora de organización: una nueva conciencia de sí mismos en cuanto actores sociales a partir de la cual se elabora un discurso propio, en el que se enuncian como sujetos. Para comprender el rol de esta condición subjetiva capaz de constituir el 'sí mismo' como actor social, reproduzco un fragmento publicado por Gramsci en el *Il Grido del Popolo* el 29 de enero del 1916.

> [La cultura es] organización, disciplina del propio yo interior, es toma de posición de la propia personalidad, es conquista de una conciencia superior, por la cual *se alcanza a comprender el propio valor histórico* […], los propios derechos y los propios deberes. Pero todo esto no puede suceder por evolución espontánea […]. Sucede de grado en grado, […], la humanidad ha adquirido conciencia de su propio valor y ha conquistado para sí el derecho de vivir con independencia de los esquemas y de los derechos de las minorías que antes se habían afirmado históricamente. Y esta conciencia se ha formado […] por la reflexión inteligente, *primero de algunos solo y después de toda una clase*, sobre las razones de ciertos hechos y sobre los medios mejores para convertirlos, en lugar de en ocasión para el vasallaje, en señal de rebelión y de reconstrucción social. […] Es a través de la crítica de la civilización capitalista como se ha formado o se está formando la conciencia unitaria del proletariado […]. Crítica quiere decir, precisamente, aquella conciencia del yo […] que se opone a los demás, que se diferencia y, habiéndose creado una meta, juzga los hechos y los sucesos, además de en sí y por sí, también como valores de empuje o de rechazo. Conocerse a sí mismo quiere decir ser uno mismo, quiere decir ser dueño de uno mismo, distinguirse, salir fuera del caos, ser un elemento de orden, pero del propio orden y de la propia disciplina hacia un ideal. Y no se puede obtener esto si no se conoce también a los demás, su historia, la sucesión de los esfuerzos que han realizado para ser lo que son, para crear la civilización que han creado y que nosotros queremos sustituir por la nuestra [cursivas mías].

Cabe interrogarse cuáles hechos históricos y cuáles factores han llevado a tomar conciencia. Es necesario recordar, de acuerdo con Bretón (2009, 2013), cómo la migración tradujo la experiencia de racismo y de segregación sufrida por los migrantes serranos en el contexto urbano, en la creación de un nuevo sujeto colectivo panindígena.

El 'nosotros los indígenas' nace desde la experiencia de haber sido relegados a desempeñar las tareas más bajas y menos pagadas. Efectuaban estas tareas racializadas, como indígenas, independientemente de las comunidades, de las parroquias o del cantón. El grupo del 'nosotros', en principio definido en el ámbito local, se transforma en la comunidad de nacionalidades indígenas del Ecuador. Según esta construcción histórica y políticamente determinada, la indígena se convierte en

> una suerte de comunidad capaz de imaginarse a sí misma en tanto que conjunto social, vinculado por lazos simbólicos e históricos compartidos y reinventados en rituales políticos como los levantamientos; por participar en una experiencia de vida y sociabilidad de emigrantes en las redes sociales que surgen en las ciudades (Guerrero citado en Bretón 2009, 86).

Por otro lado, durante la época de las reformas, en la Sierra operaba una serie de actores que contribuiría a esta concientización étnica y a articular a los líderes indígenas. Canalizaron la lucha por la tierra en plataformas organizativas que servirían como bases para construir uno de los movimientos sociales más fuertes de Latinoamérica. Entre estos actores se encuentra la Iglesia católica. Mediante el indigenismo de la teología de la liberación (fundamentada en el Concilio Vaticano II, de 1963, y en la Conferencia del Episcopado Latinoamericano de Medellín, de 1968), se aplica una lectura marxista a los sermones y se fomenta la lucha contra el latifundio y el sistema de hacienda. Esta teología apoya al movimiento naciente fomentando la reivindicación de una diferencia cultural basada en reconocer una identidad étnica particular.[28]

En este contexto, es obligación citar la obra de la diócesis de Riobamba (provincia de Chimborazo) en el tiempo del monseñor Leonidas Proaño, quien llegó a definirla públicamente como la "Iglesia de los Pobres". Como consecuencia de la teología de la liberación, el movimiento étnico ecuatoriano toma un rasgo único: su liderazgo estará compuesto por una élite indígena educada, entrenada por la iglesia izquierdista (Molinié 2019; Rahier 2019). Otro actor, al menos en la Sierra, será la Misión Andina. Aunque este organismo,

---

[28] La investigación de Carmen Martínez Novo (2004) sobre la intervención de los salesianos en la parroquia de Zumbahua, en la provincia de Cotopaxi, expone cómo los misioneros salesianos fueron "pioneros dentro de la Iglesia católica en la promoción de la identidad y el orgullo étnico a través de grupos pastorales con sensibilidad cultural" (citada en Bretón 2009, 77). Esas intervenciones de los grupos religiosos, sin embargo, son muy debatidas, como ocurrió en los internados para evangelizar al pueblo shuar.

indigenista en su tiempo, no había cuestionado la concentración de la tierra, aportó de manera significativa a sentar las bases de las reivindicaciones étnicas. La Misión Andina fue una de las intervenciones más prolongadas y controvertidas de ese tiempo (Illicachi Guzñay 2014) por su filosofía homogeneizadora. Invirtió en educación y capacitó a líderes y lideresas y se volvió un instrumento de concientización. Bretón (2013) reconoce en sus acciones la paradoja del indigenismo clásico, en la medida en que, a pesar de sus intenciones, reproduce e incluso fortalece las fronteras étnicas y la construcción de centros indianistas como reacción a la praxis oficial que hablaba en nombre de los indios y por su bien, sin jamás consultarles.

Más allá de los varios actores involucrados, las mutaciones del propio contexto nacional permitieron que emergiera el movimiento. El neoliberalismo, que amenazaba aquellos espacios de escasa autonomía en el ámbito del Estado intervencionista, y una red transcomunitaria, que facilitaba la trascendencia desde el ámbito local, canalizaron el descontento popular hacia los levantamientos que cuestionaron los poderes públicos.

## 5. Los levantamientos y el multiculturalismo neoliberal: de la etnicidad funcional a la dominación

En la década de los noventa, el movimiento que representa la CONAIE fue la única fuerza capaz de aglutinar a los demás movimientos sociales hacia una lucha contra un ajuste económico neoliberal de dramático coste social, como consecuencia de la crisis de la izquierda clásica y del repliegue del Estado en el neoliberalismo.[29] En el primer momento de lucha, las reivindicaciones étnicas no impidieron al movimiento articular sus estrategias y demandas con otros grupos sociales, a pesar de la ruptura coyuntural, más bien simbólica, con los representantes de las instituciones que en los años anteriores habían facilitado su organización. La alianza con los partidos de izquierda, las organizaciones sindicales (en particular la Federación Nacional de Organizaciones Campesinas, FENOC), los organismos privados de desarrollo (ONG) y la Iglesia inau-

---

[29] Es necesario recordar, gracias al análisis de Guerrero (1996), que durante el proceso que condujo a la creación de las confederaciones nacionales se desarrollaron también múltiples organizaciones locales, provinciales y cantonales. Aunque estas se reconozcan como un conjunto, se caracterizan por un cierto nivel de competencia (por ampliar su base de usuarios a expensas de otra o por exigir fondos o ayuda al Estado y las ONG) y por un sentido de fuerte independencia entre sí y con respecto a las confederaciones nacionales. En la preparación de los levantamientos el consenso para llevar adelante una acción reivindicativa común no fue total, y la perspectiva clasista encontró un acuerdo parcial del movimiento indígena. De hecho, la Federación Shuar tomó distancia de las acciones reivindicativas y rechazó la idea de una lucha indígena a la orilla del sistema político, lo cual favoreció la instalación de una estrategia étnica.

guró la estrategia clásica del movimiento indígena ecuatoriano. Esta estrategia representaría una particularidad en el área sudamericana: una forma étnica combinada o alternada con una forma clasista.

La perspectiva 'étnica', en su visión organizativa y práctica, reconoce como única forma de resistencia la reproducción de la propia cultura, de los propios modos de producción y de solidaridad comunales. Dentro de esta perspectiva, se insiste en mantener la mayor autonomía posible de la institución estatal, sea esta económica, política, ideológica o cultural. De esta línea de acción, preferida por el brazo amazónico, deriva la necesidad del movimiento de interactuar con las instituciones blanco-mestizas el mínimo necesario para negociar sus márgenes de autonomía, sin compartir el poder ni participar en los espacios o instituciones políticas nacionales. Esta estrategia, muy utilizada en los años ochenta, describe bien la relación (o la falta de esta) entre indígenas y Estado. Detrás de esta postura se encontrarán, de todas formas, ideas coincidentes con una visión utópica de una sociedad étnica relativamente autónoma y homogénea, en el espíritu neoindigenista. En cambio, en la forma clasista, el movimiento indígena trata de articular sus reivindicaciones con los demás movimientos sociales: renegocia el poder socioeconómico y político en pos de radicalizar la democracia misma para reformar el Estado.

Los líderes indígenas, a partir de un discurso étnico, constituyeron una plataforma de lucha común cuya capacidad de movilización se compartía desde las bases. Esto porque el liderazgo fue parte de las luchas pasadas por la reivindicación de la tierra y además porque estas nuevas demandas y denuncias eran elaboradas desde abajo, basadas en una discriminación cotidiana y en contra de la "ideología de la desigualdad" (Perocco citado en Vignola 2016, 287). Ese contexto no se limita exclusivamente al periodo neoliberal, sino que representa una presencia continua en la historia del país.

La población indígena irrumpió en la vida de la nación con el levantamiento del Inti Raymi. Sobre esto, Fassin (1999, 180) comenta que "a partir de junio de 1990, se puede decir que la conciencia que los ecuatorianos tienen de ellos mismos, de su identidad nacional y de su mundo social, nunca volverá a ser como antes". El levantamiento duró semanas. Al bloquear calles e impedir que las provisiones de productos alimenticios serranos y de petróleo llegaran a las ciudades, se paralizó al país entero y se obligó al Estado a dialogar con base en un manifiesto de 16 puntos. La más importante de estas demandas era que se reconociera el carácter plurinacional del Estado, junto con demandas por los derechos colectivos y la autonomía territorial. Mediante estas acciones, se desafió no solo el orden social y la lógica que lo sostenía, sino la misma identidad nacional construida hasta aquel momento, que había expulsado o, al contrario, tratado de integrar la diversidad a la imagen única de lo ecuatoriano. Según Larrea Maldonado,

> el levantamiento indígena de 1990 hizo visible ante la sociedad nacional un proceso organizativo de larga data. Mostró no solamente la existencia de

un Ecuador profundo, con pueblos olvidados y excluidos, sino que además planteó serios cuestionamientos a un modelo de democracia absolutamente excluyente en el que los pueblos indígenas no tenían cabida y un modelo de desarrollo construido sobre ellos, de espaldas a ellos y sin ellos. A partir de los noventa, el movimiento indígena se constituye en el referente de los movimientos sociales en el Ecuador (2004, 68).

El levantamiento inauguró también el nuevo *modus operandi* de la CONAIE: movilización desde la comunidad hacia el medio urbano, con luchas y manifestaciones. En los años siguientes, se sucedieron los levantamientos: en 1992, porque el gobierno desatendió las expectativas respecto a los 16 puntos de 1990, y en 1994, por el 'no' al referéndum sobre las medidas de privatización, por las reformas económicas que impulsó el presidente Durán Ballén y las leyes de modernización agraria. En 1997, el movimiento destituyó al presidente Abdalá Bucaram y llevó a cabo varias acciones en contra de la presidencia de Jamil Mahuad. En esta ocasión, junto con un grupo de jóvenes coroneles, lograron la segunda destitución presidencial de la década, el 21 de enero de 2000. En 2001, un levantamiento eminentemente indígena volvió a pedir que se derogaran las medidas económicas que el gobierno había negociado con el Fondo Monetario Internacional. Al grito de "nada solo para los indios", un frente compacto de varias organizaciones indígenas (junto con la CONAIE participan también la Federación Nacional de Organizaciones Campesinas e Indígenas y Negras de Ecuador [FENOCIN] y la Federación Ecuatoriana de Indígenas Evangélicos [FEINE]) se enfrentó con una represión gubernamental sin precedentes (se contaron siete muertos, algo inédito en comparación con las demás movilizaciones).

Después de participar en el gobierno del coronel Lucio Gutiérrez (uno de los protagonistas de la acción contra Mahuad), el movimiento rompió la coalición con este. Gutiérrez demostró una política filoestadounidense –con la entrada del país en el Plan Colombia y con el impulso al Tratado de Libre Comercio (TLC) con los Estados Unidos– y anuló el poder de decisión del movimiento indígena. De cara a esta línea marcadamente neoliberal, y para poner fin a una política de silenciamiento y represión frente a la oposición, en enero de 2005 el movimiento se manifestó en contra del TLC. Tres meses más tarde, como parte de la rebelión de los 'forajidos' (la sublevación de la burguesía urbana quiteña), destituyeron a Gutiérrez. Los últimos años del movimiento estarán marcados por la relación conflictiva con el presidente Rafael Correa.

La transición democrática permitió a la organización indígena ejercer su participación social y, a través de esta, formular sus reclamos por una mayor participación política, casi inexistente hasta ese momento. En esta fase, creó una forma propia de representación política: el Movimiento de Unidad Plurinacional Pachakutik-Nuevo País, en 1995, y consiguió la primera participación electoral indígena en 1998. El brazo político de la CONAIE –teniendo en cuenta que las dos organizaciones se asocian solo parcialmente, pues a menudo están en desacuerdo y utilizan estrategias diferentes– propuso, según la perspectiva dibujada por Becker (2015, 49), "un gobierno basado en los tres valores tradicionales andinos: *ama llulla, ama quilla, ama shua* (no mentir, no ser ocioso, no robar). Asimismo, sus dirigentes plantearon la necesidad de iniciar cuatro revoluciones: ética, socioeconómica, educativa y ecológica". Esta fase del movimiento lo integró al Estado; se adaptó y se apropió de un campo de acción directo, ya no mediado por aquellos delegados por el poder central.

En el contexto de un movimiento indígena fuerte, capaz de llevar a cabo las instancias de la sociedad ecuatoriana en su conjunto y de obligar al gobierno a negociar sus medidas, se insertó un nuevo discurso sobre la etnicidad. La identidad se volvió el nuevo lenguaje de la cooperación para el desarrollo y para captar financiamientos internacionales. Se impuso un nuevo discurso hegemónico,[30] que subrayó la diversidad étnica y permitió al movimiento indígena ganar fama internacional. La tendencia a cooptar sus reivindicaciones se concretará pocos años después de las más grandes sublevaciones indígenas, frente al repliegue del Estado y al regreso de la externalización de las intervenciones sobre la población. Esta cooptación se expresará en la tendencia a transformar las reivindicaciones del movimiento indígena en proyectos de etnodesarrollo con un enfoque sobre las comunidades indígenas.

El multiculturalismo fue la respuesta a las reivindicaciones étnicas de las organizaciones indígenas. Debido a este, se llevaron a cabo las políticas de reconocimiento neoliberales y el nuevo constitucionalismo latinoamericano. Este último marcaba la transición, según Rahier (2019), desde una narración ideológica de una identidad nacional homogénea propia del mestizaje, que invisibilizaba las diferencias, hasta una "narración de la nación" (Bhabha 1990), que celebraba la diversidad cultural. Se presentaba un modelo de Estado que jurídicamente acogía y reconocía las diferencias mediante reformas constitucionales y nuevas constituciones. En estas, ya sean nuevas o reformadas, al contrario de las predecesoras del "mestizaje monocultural" (Rahier 2019, 389), se reconocía la pluralidad étnica de la población nacional en sus artículos introductorios, pero no operaban en el sentido de transformar las estructuras de poder que habían racializado al espacio y al otro. En el nuevo constitucionalismo tal vez se reconocían las diferencias en una lógica de cooptación de Estado: "Un corporativismo de Estado que trata de integrar los líderes en el interior de la máquina política en posiciones de responsabilidad" (Rahier 2019, 390).

---

[30] Estas políticas conducen a que surja y se propague un nuevo vocabulario multicultural. Las organizaciones tuvieron que adoptar este nuevo discurso en su activismo político, incluso para volver más convincentes sus reivindicaciones. Rahier destaca que, "con el multiculturalismo, el mestizaje –como tecnología ideológica del Estado [*ideological technology of the state*] y proyecto de las élites andinas– no ha desaparecido del panorama político, sino que ha continuado funcionando dentro de los discursos del multiculturalismo" (2019, 391).

En relación con los entes privados, las políticas neoliberales de reconocimiento validaban los aspectos identitarios de acuerdo con sus éxitos para captar fuentes de financiamiento para los proyectos desarrollistas. Esto diluía el "contenido clasista de parte de sus viejas demandas en clichés culturalistas estereotipados y esencialistas" (Bretón y Martínez Novo 2015, 31-32), y alejaba al liderazgo de un discurso y de una práctica alternativa enfocada hacia un cambio estructural. Las organizaciones, desde plataformas de lucha y de planteamientos fuertemente contrahegemónicos, se transformaron en colaboradoras de las agencias de desarrollo para los proyectos orientados al territorio.

> Las demandas de hondo calado político, las que cuestionaron en su día la concentración de la tierra, el racismo y la inevitabilidad del dogma neoliberal, cedieron terreno ante la lluvia fina del proyectismo, que terminó por imponer un campo de juego en el que, definitivamente, el único margen de negociación del movimiento indígena se encuadraba en el número y el monto de proyectos a ejecutar (Bretón y Martínez Novo 2015, 32).

Las formas de cooptación y de clientelismo que se consolidaban –no se limitaban a las agencias privadas, sino que involucraban también al Estado– pueden interpretarse mediante el concepto de Hale (2005) de "multiculturalismo neoliberal".[31] Esta estrategia consistiría en que el Estado reconociera, incluso en las constituciones, la diversidad cultural de su sociedad. Esto llevó a conceder derechos culturales que resultaban no solo inocuos desde el punto de vista de su potencial de riesgo para la integridad estatal, sino también útiles para el ejercicio del gobierno. Aplicar estas estrategias preveía olvidar de manera selectiva todas aquellas reivindicaciones del movimiento indígena potencialmente subversivas para el modelo de la acumulación de capital. Además profundizaba el asistencialismo que encauzaba el poder del movimiento en el único espacio posible: la administración de los proyectos de desarrollo local. Este modelo se aprovecha de la etnicidad para atraer el capital y para establecer una separación entre las intervenciones desarrollistas y el cuestionamiento por la distribución desigual de la riqueza.[32] En este sentido, ocurre una suerte de sustitución del liderazgo indígena: quienes se formaron en la lucha por la tierra y contra la colonización amazónica son sustituidos por un *staff* de técnicos más interesa-

---

[31] Sobre el mismo concepto véanse también Rahier (2019), Bretón y Martínez Novo (2015) y Bretón (2009, 2013).
[32] Bretón (2013, 2009) y Sánchez-Parga (2010) citan a este respecto el proyecto-motor de esta nueva táctica, el Proyecto de Desarrollo de los Pueblos Indígenas y Negros del Ecuador (PRODEPINE). El Banco Mundial eligió a Ecuador para aplicar este proyecto porque contaba con uno de los movimientos sociales más fuertes y potencialmente desestabilizadores de la región. El proyecto, que funcionó de 1998 a 2004, es paradigmático en su capacidad de cooptar el liderazgo indígena y neutralizar la plataforma reivindicativa.

dos en manejar los proyectos que en cuestionar los presupuestos mismos del proyectismo o el abandono de las obligaciones sociales por parte del Estado.

Estas consideraciones llevaron a Bretón y Martínez Novo (2015) a afirmar que la administración y las políticas de la diferencia en el Ecuador neoliberal fueron intervenciones neoindigenistas y etnófagas, que domesticaron las demandas del movimiento y neutralizaron su potencial crítico. Así, sus reivindicaciones se fagocitaron en proyectos a menudo otorgados bajo formas más o menos disfrazadas de clientelismo. Estos proyectos permitían a unos pocos participar de una élite urbana en calidad de representantes del aparato neoindigenista del desarrollo y excluían a la mayoría de la población indígena, cuyas instancias aparecían cada vez más alejadas de sus supuestos representantes. El énfasis exacerbado sobre la etnicidad no permitía –estaba pensada estratégicamente para eso– reflexionar de manera crítica ni actuar de forma directa en contra de las viejas y nuevas formas de concentración de las tierras o de la riqueza, que todavía invisibilizan y silencian las cuestiones críticas extremas que marcan algunas zonas del país.

Se puede apreciar, con una última reflexión, cómo se construye la administración del otro en la historia, mediante un retorno a formas de representación y de utilización de este –no reconocido, sino fabricado y nominado (Vignola 2016)– y de su alteridad construida y juzgada de forma diferente según las necesidades del tiempo. El problema está formulado bajo los siguientes términos por Bretón (2009, 109-110):

> Son sorprendentes los puntos de contacto entre los actuales paradigmas enarbolados por el aparato del desarrollo, y que hacen gala de un respeto exquisito por las culturas indígenas como insumos potencialmente impulsores de su empoderamiento, y las viejas teorías de la modernización en boga hasta los años sesenta. La diferencia fundamental estriba en que entonces se consideraba su cultura […] como la rémora que impedía su tránsito a la modernidad y que hoy en día, por el contrario, son las especificidades culturales de las sociedades indígenas las que se supone que les proporcionan ventajas comparativas de cara a insertarse exitosamente en la globalización neoliberal […]. Matizaciones aparte, consideremos las culturas indígenas como traba o como trampolín, lo cierto es que estamos ante concepciones esencialistas y estáticas que comparten un mínimo denominador común: el hecho de no plantear los problemas estructurales que están en la base de la persistencia de la pobreza rural en América Latina.

## 6. La Revolución Ciudadana y las dos caras del socialismo del siglo XXI

El multiculturalismo neoliberal que caracterizó la transición entre la cúspide de movilización del movimiento indígena y una 'domesticación' de sus demandas y desafíos determinó el medio por el cual se construiría la nueva fase de la política ecuatoriana, marcada, en armonía con otros países de Latinoamérica, por el giro antineoliberal o postneoliberal: el socialismo del siglo XXI. En el Ecuador esto fue encarnado por la Revolución Ciudadana, del presidente Rafael Correa, a partir de 2007.

De acuerdo con la filosofía propia de estas políticas, el objetivo de las primeras intervenciones de la Revolución –que prometía sacar al país de la "larga noche neoliberal" (Becker 2015, 4)– fue fomentar el regreso del Estado como dispensador de *welfare* –nuevamente el regulador de la economía y de la sociedad en su territorio–, la democracia directa, la protección del mercado interno en contra de la competencia internacional y el control de los movimientos de capital. El regreso del Estado y de sus políticas sociales, destinadas a mitigar los efectos de las políticas previas en un país fuertemente desigual, se financió mediante las importantes ganancias provenientes de la exportación de minerales e hidrocarburos. En este sentido, más que de una verdadera revolución, "los gobiernos de la 'izquierda radical' han producido [...] un 'Estado compensatorio': un Estado por tanto dedicado a la distribución de los rendimientos obtenidos por los recursos naturales de tal forma que legitiman el modelo extractivista" (Conaghan 2015, 8).

La Constitución de 2008 marcó la novedad de la Revolución Ciudadana respecto a los gobiernos precedentes. Esta Carta Magna, mirando hacia las denominadas culturas ancestrales, reconoce la plurinacionalidad y la interculturalidad del país, además de que las lenguas kichwa y shuar, junto con el castellano, son los "idiomas oficiales de relación intercultural"[33] y se reconocen los derechos de la naturaleza. Esto se ubica dentro de un paradigma de desarrollo alternativo que desde ese momento debería guiar las acciones estatales: el Sumak Kawsay (o Buen Vivir).

Estas prácticas orientadas a descolonizar el país no impidieron que el gobierno de Correa entrara tempranamente en confrontación con la CONAIE. En la Asamblea Constitucional, inaugurada el 27 noviembre 2007, se pueden ya encontrar críticas relacionadas con una presencia muy fuerte del Ejecutivo. Aunque se implementaron varios proyectos para ofrecer la imagen de una

---

[33] "El castellano es el idioma oficial del Ecuador; el castellano, el kichwa y el shuar son idiomas oficiales de relación intercultural. Los demás idiomas ancestrales son de uso oficial para los pueblos indígenas en las zonas donde habitan y en los términos que fija la ley. El Estado respetará y estimulará su conservación y uso" (art. 2 de la Constitución del Ecuador del 2008).

'Constitución participativa', la escasa autonomía de estos respecto al gobierno generó fuertes dudas sobre si estas prácticas serían compartidas. El apoyo a las demandas del movimiento indígena (que aunque no gozara de la amplia legitimidad que tuvo en los tiempos de los levantamientos, constituía la mayor parte de las organizaciones sociales más importantes del país) fue inicialmente fundamental para legitimar el proyecto político de la Revolución Ciudadana. Según Ortiz Lemos (2015), estas reivindicaciones se relacionaban con proclamar el Estado plurinacional,[34] reconocer los derechos colectivos, rechazar el neoliberalismo como paradigma económico dominante y construir una democracia realmente participativa contra la partidocracia.

Para obtener el respaldo de los movimientos sociales, el gobierno acogió esas demandas, para reducir sucesivamente los debates principales en "'paquetes culturales' presentados a través de slogans" (Ortiz Lemos 2015, 33) y discursos *pret-à-porter*. Se aceptaba la solicitud de un Estado plurinacional (concerniente a la autonomía de las organizaciones indígenas y su representación en la estructura estatal), pero al mismo tiempo se eludía proporcionar una definición real y rigurosa de este. Así, se lo transformó en un significante vacío utilizado para aparentar una inclusión de la diversidad étnica en el país, mientras se consolidaba el predominio del Estado central.

Estos factores dañaron el ambiente de inicial apoyo a la Revolución. El primer enfrentamiento directo entre esta y el movimiento indígena ocurrió el 20 de enero de 2009. Se trató de una importante manifestación convocada por la CONAIE en contra de una ley minera que habría puesto en marcha la minería a gran escala, y de un borrador de las leyes de aguas, temido y fuertemente rechazado, pues implicaba privatizar este recurso. Según la perspectiva trazada, entre otros, por Bretón (2013), Sánchez-Parga (2011) y Molinié (2019), incluso el concepto de Sumak Kawsay, del "vivir bien, no solo mejor" (Becker 2015, 4), que se inspiró en la cosmovisión andina e impulsó a la acción estatal hacia una nueva forma de entender el desarrollo, merecería un análisis etnográfico exhaustivo que permitiera, mediante una perspectiva histórica, probar su solidez conceptual. Este nuevo paradigma, según Ramírez,[35] se orientaba a satisfacer

> las necesidades, la consecución de una calidad de vida y muerte dignas, el amar y ser amado, y el florecimiento saludable de todos, en paz y armonía

---

[34] Plurinacionalidad entendida por la CONAIE como "una recuperación y descolonización del Estado, abriéndolo hacia una participación amplia de toda la población y garantizando los derechos colectivos como los individuales […] un sistema de autogobiernos territoriales, una extensión de la democracia, sobre todo donde concierne el control de recursos, la pluralidad jurídica y la oficialización de las lenguas indígenas" (Ramírez citado en Altmann 2017a, 118).

[35] Él presidió la Secretaría Nacional de Planificación y Desarrollo entre 2008 y 2011 (SENPLADES).

con la naturaleza, para la prolongación de las culturas humanas y de la biodiversidad (citado en Bretón 2013, 79).

Sin embargo, no haría más que justificar, con unos irresistibles matices etnoecologistas, el sistema extractivista que fomentó la Revolución Ciudadana, entendido como una necesaria fuente de ganancia para financiar las políticas asistencialistas a fin de luchar contra la pobreza. De esta manera, un modelo ecocida se presentó como estrategia que debía incrementarse al máximo para luego eliminarla y alcanzar el progreso, siempre futuro, siempre apenas más allá de nuestros alcances.[36]

Así se estableció una ruptura entre los principios biocéntricos y respetuosos de la plurinacionalidad y de la interculturalidad, y una *realpolitik* que se basa, "se mire donde se mire, en la profundización de su inserción en el sistema-mundo en calidad de suministradores de hidrocarburos y minerías" (Bretón 2013, 82). Este principio, potencialmente transformador por su capacidad de cuestionar los modelos del desarrollo etnocéntricos y etnocidas, corre el riesgo de volverse,

> si no lo ha hecho ya, en otra de esas imágenes esencializadas, a modo de espejo, frente a la que contemplar la sombra alargada de un desarrollo convencional revestido de tintes posmodernos y alternativos donde sus supuestos portadores no son más que figurantes de la performance o, en el mejor de los casos, clientes de un sistema redistributivo-clientelar a gran escala. Un nuevo capítulo, en suma, en la larga historia de la relación de dominación a que el desarrollo hegemónico –un ente en mutación permanente en función de la dirección en que soplen los vientos de la Historia– ha sometido a las identidades realmente existentes en nombre de sus (a veces) disfrazados proyectos homogeneizadores (Bretón 2013, 88).

Las inquietudes sobre las incongruencias entre un cambio político aparentemente abierto a la pluralidad de su sociedad y a las reivindicaciones del movimiento indígena, y una praxis no muy diferente a las de los gobiernos precedentes se reflejan en un contexto de control cada vez mayor del Estado sobre la vida ciudadana y los movimientos sociales. La Revolución Ciudadana justifica este propósito indicando que se trata de "asegurar el predominio del interés público (encarnado por el Estado) sobre los intereses privados" (Conaghan 2015, 16), así como de salvaguardar la seguridad interna y externa del país. Esta línea política legitima el comienzo de una lucha contra la corrupción,

---

[36] Me refiero a las reflexiones de Gianluca Cuozzo (2009) acerca de las *Tesis sobre el concepto de historia*, de Benjamin, a propósito de un destino de felicidad que "ha de llegar" perenemente en un fututo ficticio, del progreso delegado a una historia que todavía debe producirse.

que se traduce en un conflicto contra los medios y los movimientos sociales con el objetivo de disciplinar a la opinión pública (Ortiz Lemos 2015, 40).[37]

A propósito de la multiplicación de la legislación trazada por Conaghan, al imponer una importante cantidad de nuevas leyes, órdenes ejecutivas y reglamentos burocráticos, se perfilaría una importante influencia del Estado en la disciplina y reglamentación de la sociedad civil. Las organizaciones sociales serían reguladas por las nuevas burocracias estatales, dotadas de poderes substanciales, como el de supervisar y vigilar sus conductas y actividades, o imponer sanciones por incumplir las numerosas prescripciones. Así, un inédito programa de control social directo del Ejecutivo ataca la matriz organizativa de la sociedad civil, mediante un modelo de Estado que expande su poder en cada dominio de la vida social.

Este tipo de gobierno se caracterizaba por un mecanismo particular: se diagnosticaban los 'males' de la sociedad ecuatoriana, se los propagandeaba en la transmisión televisiva del sábado, el *Enlace Ciudadano* –en la cual el presidente hablaba de los resultados cada vez mayores de la Revolución y sus proyectos futuros–, y se ofrecían los remedios apropiados. En este diagnóstico, no solo los grupos de interés, sino también las instituciones organizadas como los sindicatos y los movimientos sociales, eran a menudo vistos como sitios de corrupción, de prácticas antidemocráticas o discriminatorias. Por eso, necesitaban de mecanismos de vigilancia que, desde el Estado, garantizaran la transparencia y la rendición de cuentas.

El disciplinamiento de la vida asociativa, junto con una represión por otros medios hacia el movimiento indígena, se intensificó con la publicación del Decreto Ejecutivo del 16 de junio de 2013, que abrió el camino para la Ley Orgánica de Participación Ciudadana (LOPC). En este decreto se disponía que se registrara la información de las organizaciones (como las listas de miembros, los actos de cada reunión y los movimientos económicos) en un sistema nacional unificado, que facilitaría su vigilancia.

Este sistema, que debía servir oficialmente para "fomentar la participación ciudadana a través del fortalecimiento de la capacidad gubernamental de identificar e interactuar con los grupos sobre proyectos relativos al interés común" (Conaghan 2015, 17), se convirtió en un fuerte instrumento para la regulación social. Permitió mapear y monitorear las acciones y contener disposiciones que legitimaron a las autoridades organizativas para imponer determinados comportamientos y las correlativas sanciones por incumplirlos. Estas sanciones llegaban incluso a disolver las organizaciones, mientras la discrecionalidad del aparato burocrático impedía establecer con certeza cuándo estas infringían las reglas del decreto. A modo de ejemplo, el Ejecutivo tenía la posibilidad de disolver una organización si esta cuestionaba a las autoridades, se desviaba de

---

[37] Ortiz Lemos cita a Habermas y reconoce que "la simple fabricación de la representación (basada en la anexión más que en la argumentación) se traduce en una '*no public opinion*'" (2015, 40).

los objetivos para los cuales había sido creada, llevaba a cabo una actividad 'política' reservada a los partidos o incluso interfería en las políticas públicas hasta atentar contra la seguridad del Estado o "perturbar la paz pública" (Conaghan 2015, 18).[38] Además, no se proponía ningún procedimiento de apelación para desafiar las decisiones de disolución.

Este decreto –actualmente abrogado– suscitó preocupaciones y rabia en los grupos sujetos a este régimen regulatorio. Las organizaciones y los movimientos sociales conocidos por oponerse a las políticas gubernamentales se sintieron en riesgo. Trabajaban en un contexto de incertidumbre y ansiedad continuas: el lenguaje ambiguo del decreto volvía imposible saber con exactitud cuál violación técnica podría utilizarse para intentar disolver las organizaciones. Según la ECUARUNARI, prohibir la actividad política constituía una medida destinada a negar a las organizaciones indígenas y a los sindicatos su derecho a la libertad de expresión.[39] Esto ocurría en una coyuntura política en la que

> importantes sectores de la sociedad, en la medida en que buscaban oponerse a las políticas gubernativas o luchaban por mantener un poco de autonomía de acción en respuesta al estatalismo avanzado, habrían sido etiquetados como 'enemigos de la revolución' y, en cuanto tales, blancos fáciles por los incrementados poderes de vigilancia y regulación estatales (Conaghan 2015, 11).

Se suman, además, las confrontaciones ligadas a la pérdida de autonomía en todos aquellos espacios de decisión que el movimiento indígena había ganado mediante las luchas de las décadas anteriores, sobre todo el CODENPE y la DINEIB,[40] instancias significativas para este. En este contexto, es posible comprender las motivaciones que llevaron a una ruptura profunda entre este

---

[38] El movimiento indígena, con sus movilizaciones y protestas, se ha presentado a menudo como una fuente potencial de agresión al país, reprimida en nombre de la seguridad nacional, que autorizó perseguir y criminalizar a sus dirigentes y colaboradores.

[39] Al ver a la LOC como un asalto a las libertades civiles, la ECUARUNARI, la Unión Nacional de Educadores (UNE) y la Confederación Unitaria de Comerciantes Minoristas y Trabajadores Autónomos del Ecuador (CUCOMITAE) intentaron llevar el asunto ante la Comisión Interamericana de Derechos Humanos, de la Organización de los Estados Americanos, en octubre de 2013. Después se unieron a la acción Human Rights Watch, Amnistía Internacional y la misma OEA. Correa respondió con una campaña contra la intromisión de la OEA en asuntos internos ecuatorianos, y prestó poca atención a la acción en contra del Decreto 16. Luego, en 2016, disolvió la UNE, y en 2013 ya lo hizo con Pachamama, una organización vinculada a los activistas indígenas y a la ecología. La decisión gubernamental siguió a enfrentamientos entre activistas e invitados a una conferencia patrocinada por el gobierno sobre las industrias petroleras.

[40] El Consejo de Desarrollo de las Nacionalidades y Pueblos Indígenas del Ecuador y la Dirección Nacional de Educación Intercultural Bilingüe.

movimiento y el socialismo del siglo XXI de la Revolución Ciudadana, considerado por la CONAIE "colonialismo del siglo XXI" (Altmann 2017a, 117).

Después de analizar algunos puntos controversiales del escenario político de mi investigación, quiero también mencionar de forma concisa un último aspecto fundamental para comprender el contexto en el que el movimiento indígena, en particular la CONAIE, se encontró para operar en el Estado ecuatoriano. Aludo a la deslegitimación y a la criminalización de la protesta indígena durante la época de la Revolución Ciudadana, mediante los discursos presidenciales y de otras autoridades estatales, sus medios de comunicación y el llamamiento a juicio de los activistas sociales.[41]

Las imágenes ligadas a la alteridad encarnada por los indígenas y formuladas por las élites del país seguían traduciéndose en imágenes despectivas y racistas. Además, por el carácter potencialmente desestabilizador del orden público del movimiento indígena, se activaron varias medidas para debilitar su capacidad de acción. Estas consistieron en resucitar organizaciones indígenas ya inoperantes (Ortiz Lemos 2015) hasta la actuación de

> un sistema de redistribución de la riqueza marcadamente clientelar, con el fin de ampliar las bases del consenso por el ejecutivo y de desmovilizar la lucha social, a través de la entrega de bienes e infraestructuras en un contexto marcado por la precariedad en el acceso a los recursos (Bretón 2013, 83).

En la Revolución Ciudadana se planteó un regreso del Estado después de décadas de ausencia y de delegación de la administración estatal a sujetos externos. Este cambio implicó presentarse frente al medio rural como actor protagonista para implementar las intervenciones necesarias. Estas, sin embargo, acarreaban el riesgo de negar la ciudadanía efectiva a los beneficiarios.

> Las políticas del gobierno son consideradas como las dádivas que vienen de lo alto, por lo que los beneficiarios están en la obligación de demostrarle la gratitud y lealtad. [...] En esta situación de intercambio de dones y práctica de la reciprocidad entre gobierno e indígenas y viceversa, al parecer no hay

---

[41] En un documento publicado por Kalia Calapaqui Tapia, en colaboración con ECUARUNARI, Frente Popular y Frente Unitario de Trabajadores (FUT), se expone que en los procesos de criminalización "el 90 % de los casos son iniciados por el Estado como actor principal la Fiscalía; el restante por empresas transnacionales y otros. En el Ecuador los procesos de criminalización mayormente se han dirigido contra defensores de los derechos de la naturaleza, pueblos indígenas, trabajadores y estudiantes" (Calapaqui Tapia 2016, 10). En los casos reportados, se leen, bajo la voz "delito": "sabotaje", "ataque a las instalaciones mineras", "contra la seguridad interior del Estado", "terrorismo" y también: "proferir expresiones de descrédito y deshonra a la Policía" o "lanzar consignas en voz alta contra el gobierno". Acerca de la misma temática, véase también Ortiz Lemos (2015), Conaghan (2015) y Chérrez (2012).

opción al debate en torno a los derechos. Los indígenas acceden a los beneficios ofrecidos por el gobierno en virtud de su condición de pobres, pero no en calidad de ciudadanos ecuatorianos. Dado que es un favor que se recibe, no pueden reclamar o cuestionar, porque en el momento en que esto ocurra corren el riesgo de quedarse al margen de la providencia presidencial (Tuaza citado en Bretón 2013, 83).

En conclusión, la administración de Correa, basada en centralizar el poder del Ejecutivo, extendió masivamente el control y la regulación estatal de la sociedad. Lo hizo no solo al aplicar de manera más estricta las normas existentes, sino al acumular nuevas normas que paralizaban, mediante la lentitud de un aparato burocrático cada vez más imponente, las actividades cotidianas. Como anota Conaghan (2015, 22), acerca de los académicos ecuatorianos que se han concentrado sobre la naturaleza foucaultiana de estas medidas, "se trata de 'vigilar y castigar', mediante estas políticas de regulación, a los actores problemáticos de la sociedad civil". El sistema hiperpresidencial, inmerso en un estatalismo politizado en el cual las organizaciones sociales han tenido que orientarse, se construyó mediante medidas extremas. Entre estas se encontraban penas más duras; ampliaciones de los comportamientos disciplinados por la ley y aumento de los que se consideraban ilegítimos; obligación de inscribirse en los registros estatales; exigencia de planificar las actividades; nuevas burocracias que controlaban que se aplicaran nuevas leyes bajo el directo control presidencial, sin auditorías externas o independientes.

He tratado, en este primer capítulo, de ilustrar las ideologías estatales y las concepciones de la ciudadanía bajo las cuales se ha desarrollado una particular administración de poblaciones. En este sentido, la construcción histórica de la ciudadanía ha de entenderse como plantea María José Vilalta en un

> instrumento para clasificar, para ordenar, para administrar poblaciones, para incluir o excluir; un mito occidental que, como hidra de dos caras, busca la universalidad, pero nunca la consigue, ni lo hará, ni lo pretende; un territorio siempre ambiguo, de fronteras imprecisas que se desplazan para ampliar o restringir accesibilidades solo de acuerdo, en cada momento histórico, con intereses concretos de toda índole, con el lastre imperecedero de la desigualdad económica y con la voluntad, ya abierta y tolerante, ya restrictiva y temerosa, de los más poderosos de entre los incluidos (citado en Bretón 2009, 78).

Ahora cabe preguntarse qué esfuerzos llevaron a cabo la intelectualidad y los gobernantes para imaginar y gobernar al otro, mediante "poemas y políticas" (Weismantel 2005, 186) que le negaron o le otorgaron derechos, lo construyeron o lo deconstruyeron. Al mismo tiempo, es necesario preguntarse cómo absorbieron estas imágenes aquellas personas que hasta hace muy poco eran impensadas en el proyecto de la nación, y cómo resurgieron bajo la forma de las reivindicaciones y demandas de sus organizaciones.

CAPÍTULO 2

# Estrategias de existencia. Imaginarios (re)productores de diferencia, regímenes de representación y estrategias educativas en la pos-Colonia

> ¿Por qué se le niega al Indio
> que su historia lo consuele?
> ¿Por qué se calla esta historia
> que a los patriotas ofrece
> ejemplos de dignidad
> y de heroísmos alegres,
> de valor ante el verdugo,
> ante el bárbaro inclemente?
> […]
> Tal vez se calla esta historia
> porque la reacción se teme.
>
> —Anónimo, *Canción del indio
> que desconoce sus distantes orígenes*

En el capítulo anterior, analicé cómo se construyó el movimiento indígena en relación con las diversas políticas de administración de poblaciones que surgían desde representaciones específicas del indígena, históricamente construidas y coyunturalmente reimaginadas y resignificadas. En este capítulo, me propongo regresar a estas representaciones, a sus presupuestos, a sus consecuencias, y al vínculo entre estas y las reivindicaciones recientes del movimiento indígena. Las abordaré como el resultado de siglos de discriminación y dominación colonial.

Estas representaciones se reproducen en la época republicana y recrean la 'alteridad absoluta' de lo indígena, históricamente funcional a un doble interés. En primer lugar, el de eliminar el dilema que representa una heterogeneidad cultural incompatible con un proyecto de construcción de un Estado nación uniforme, impulsando una política de asimilación forzada. En segundo lugar, el interés de construir una sociedad jerarquizada y basada, hasta los años sesenta, en un sistema servil de 'colonias internas', que precisaba de una masa de fuerza de trabajo sumisa y dócil para alimentar una economía asentada, sobre todo, en la exportación. Esta política de 'inclusión excluyente' de los pueblos indígenas, típica de la construcción nacionalista republicana, se refleja en las políticas educativas estatales. Sobre esta cuestión, Oliart (2018, 541) afirma que "la contradicción política clave [...] era cómo desarrollar un currículo centralizado al mismo tiempo que una noción naturalizada de la inferioridad de la población indígena que era crucial para mantener su opresión".

A la par de estas imágenes y representaciones de inferioridad, se han elaborado producciones indígenas acerca de la nación y de su papel dentro de ella. Esta mirada da cuenta del vínculo entre las representaciones *sobre* la población indígena y aquellas producidas *por* la población indígena. De este modo, se saca a la luz su esfuerzo por cuestionar las categorías de pensamientos 'occidentales' –al plantear descolonizarlas y una revolución epistemológica–, así como la matriz esencialista y culturalista de ciertas imágenes e incluso autoimágenes vigentes acerca de lo 'indígena' o de 'lo andino'. Me basaré en esta situación ambigua, tal vez contradictoria, para introducir el objeto de mi investigación: la creación y la implementación de una educación que se quiere *intercultural* y *bilingüe*, uno de los logros más preciados del movimiento indígena.

## 1. El inmenso trabajo ideológico: construir el sujeto indígena entre remoción e inclusión

Para analizar el papel y el lugar del sujeto indígena en la sociedad ecuatoriana, es necesario adoptar una perspectiva histórica minuciosa y exhaustiva. Por eso, es fundamental considerar los acontecimientos que siguieron a la independencia y sus implicaciones en la 'imaginación de la nación'. Cabe preguntarse, en primer lugar, cómo las élites criollas enfrentaron el problema[1] de crear una comunidad nacional unida mediante la idea compartida de un 'pueblo' que debía autorreconocerse como tal.[2] Esta idea de comunidad debía reunir a los

---

[1] Aplico la distinción entre *fenómeno* y *problema* de Freyssinet (1966): cuando un fenómeno causa escándalo y pide intervenciones, genera pasiones, posturas políticas y estimula el análisis y la investigación, se convierte en un problema.

[2] Para elaborar esta hipótesis me apoyé, sobre todo, en la perspectiva de Radcliffe y Westwood (1999), que definen la producción de culturas nacionales como una tarea inmensa, en la que el Estado, mediante sus instituciones y discursos, es el productor principal. Para producir esta cultura, este último debe generar procesos que fomenten una identificación entre subjetividades y nación mediante ceremonias y prácticas implementadas por dispositivos que la encarnen (como las escuelas, los medios de comunicación o las instituciones). Estas subjetividades crearán un 'pueblo' que ha de reconocerse en ciertas versiones nacionalizadas de historias y geografías, héroes, imágenes y representaciones seleccionadas por esta élite, y simultáneamente compartirlas. Las

diferentes grupos que caracterizaban la multiplicidad social de los recién independizados países de América Latina en un conjunto imaginado e imaginable por la ciudadanía involucrada en este proceso. Fue necesario –mediante lo que Radcliffe y Westwood (1999) definen como el "inmenso trabajo ideológico de la identidad nacional"–[3] alinear representaciones, individuos, medios de comunicación e identidades, de forma tal que se plasmaran en un ideal común en el que todas las personas pudieran reconocerse.

Este ideal de la nación-como-conjunto forzaba a reproducir construcciones del sujeto indígena, racistas y estigmatizadoras, de matriz colonial. Se las necesitaba para construir, mediante políticas orientadas a establecer la homogeneidad dentro de la nación, el 'ciudadano ecuatoriano'. Una consideración de las mismas autoras ayuda a comprender este punto.

> La existencia de naciones multiétnicas suscita ciertos problemas en el análisis de la identidad nacional. En sociedades y culturas formadas por las experiencias del colonialismo, la migración masiva del exterior o la coexistencia de varios grupos étnicos –características que incluyen a la gran mayoría de las naciones actuales– las distintas versiones simultáneas de la identidad nacional son una cuestión de gran importancia. En las sociedades colonizadas, sobre todo en el hemisferio sur, la imaginación de la nación tuvo lugar en el contexto de las representaciones que hacían los colonizadores de la comunidad nacional. En este sentido, las naciones colonizadas tuvieron que imaginar la diferencia e identidades nacionales alternativas desde el principio (Radcliffe y Westwood 1999, 30-31).

En cuanto a las administraciones de población, en el primer periodo republicano y a lo largo de las dictaduras, la 'política del mestizaje' abarcaba la idea de desaparecer las particularidades lingüísticas y culturales regionales, incluso después del reconocimiento de la pluralidad cultural y social del país, característico del indigenismo latinoamericano. En la actualidad, la idea de superar formas otras de vivir en pos de un ideal moderno y 'ecuatoriano' no ha parado de producir imágenes que subrayan que el mundo indígena no puede adaptarse al presente

---

autoras subrayan la posibilidad de que las personas no interioricen estas narrativas de origen elitista, lo cual da lugar a imaginarios exteriorizados de la nación que conviven con los interiorizados, y crean a menudo contradicciones en quienes encarnan múltiples y tal vez contrarias imágenes de sí mismos y de su pertenencia a la nación. Regresan así las subjetividades, que, interponiéndose entre nación y pueblo, reproducen posiciones individuales compartidas que, al juntarse, pueden cuestionar las bases ideológicas del proyecto nacional o ser acogidas dentro de las construcciones oficiales conformando un nacionalismo más eficaz.

[3] Descrito por las autoras como "un proceso a largo plazo que a menudo está lleno de conflictos [...] para crear homogeneidad dentro de la nación y distinguir lo que está fuera de ella" (Radcliffe y Westwood 1999, 27).

de la nación. En consecuencia, es necesario cambiar las formas de vida indígenas –por su bien o por el de la nación– hacia formas más 'racionales' de vida.

En este contexto, se puede notar cómo el substrato de imágenes racistas no para de emerger en los discursos actuales. Define la forma en que se piensa y se actúa con referencia a la población indígena, sin dejar de plasmar, al mismo tiempo, las reivindicaciones y el discurso de sus movimientos. Es importante comprender cómo se construye discursivamente un imaginario de la nación que relaciona "las 'exterioridades' –formas de gobierno, historias nacionales, banderas, íconos, etc.– con las 'interioridades', la experiencia subjetiva de una identidad nacional dentro de las complejidades de lugar, clase, género y edad" (Radcliffe y Westwood 1999, 16). Esta perspectiva permite comprender el proceso de construcción de la nación, en el cual se forman las identidades nacionales, siempre múltiples (lo que las autoras llaman el 'yo descentrado'), que configuran diferentes formas de relacionarse con el Estado nacional.

Consideraré las imágenes y los discursos que las élites blanco-mestizas producen sobre lo indígena mediante algunas reflexiones sobre el concepto de "régimen de representación" formuladas por Cristina Rojas (2002). Este concepto permite reconocer el vínculo entre el empeño civilizatorio y la violencia implícita en el acto de representar al otro (primeramente, al nombrarlo y definirlo como 'otro' y, después, al interpretarlo, silenciarlo o ignorarlo). La representación, es decir, el *acto de fijar identidades*, implica también diferenciar y jerarquizar. Llamar a una acción 'racional', designar un actor como 'legítimo' o describir un proceso como 'eficiente' conlleva condenar a otros a ser irracionales, ilegítimos o atrasados. Este concepto de representación permite comprender la violencia inherente al proceso de formación identitaria. Al representarlas según un objetivo específico, algunas identidades podrán considerarse más civilizadas que otras, más capaces de llegar al objetivo del progreso. Al igual que las identidades étnicas, las regiones podrán ser distinguidas sobre la base de la violencia que manifiestan, su lugar en la escala de la civilización y su rol en la división internacional del trabajo (y forman aquel espacio racializado y jerarquizado mencionado anteriormente).

El régimen de representación, como lo entiende Rojas (2002), implica siempre luchar por el reconocimiento. Al utilizar –como haré– la literatura, los textos constitucionales y los libros escolares, es posible revelar las acciones de los varios actores involucrados en esta lucha, además de sus estrategias para trabajar por y contra las reglas que rigen sus interpretaciones. Así se hacen visibles los esfuerzos históricos para dar relevancia a una interpretación y para suprimir otras alternativas. El concepto de régimen de representación deja el espacio para considerar la resistencia, empezando por asumir que "los dominados raramente se contentan a ser silenciados, se han combatido luchas, reescrito constituciones y criticado literaturas en esta constante lucha por la interpretación" (Rojas 2002, 22).

Demostraré cómo la voluntad civilizatoria intrínseca al proyecto de construcción nacional que impulsaron las élites mestizas –y se impartió en sus sistemas escolares mediante los conceptos de progreso y civilización– presuponía jerarquías étnicas de clase y de género, compatibles con los proyectos de una nación abierta hacia los principios del capitalismo moderno. En estos principios, se representaba al otro como oponente al deseo de la nación, y se legitimaban las prácticas unificadoras. Esta voluntad, "un lugar de encuentro entre el pasado colonial y el futuro imaginado, un lugar de encuentro entre representaciones locales y metropolitanas" (Rojas 2002, 9), permite entender la violencia de la representación en la cual residen las premisas de antagonismo del siglo pasado. Evidenciaré estas relaciones entre la violencia de la representación (encarnada, por ejemplo, en la supresión de la historia) y la manifestación de la violencia (como las formas de explotación del trabajo servil).

Finalmente, al analizar el sistema escolar y la respuesta indígena a su exclusión, es posible notar cómo articulaciones diferentes entre conocimiento, género y raza permitieron a la gente mestiza (sobre todo a quienes poseían los secretos de la civilización: los hombres mestizos literatos) consolidar su poder sobre los indígenas. De esta manera, las palabras (y el saber-poder de la escritura) se convirtieron en mercancías valiosas que motivaron las luchas sobre sus modos de circulación (libre o restringido), sus autoridades (divina o legal) y las estrategias para controlarlas. En respuesta, se desarrolló una reivindicación indígena política y epistemológica.

El proceso de formación nacional en Ecuador se desarrolló a partir de la independencia de la Gran Colombia, en 1830. Para restituir una breve historia de las representaciones del indio en este proyecto, es útil revisar las categorías jurídicas que en ese momento se empleaban para describirlo. Luego de la independencia, siguió reproduciéndose la división entre la población española y la india, y sobre esta división se forjó la dominación colonial. Así, la primera época republicana continuó fundamentándose en la supuesta superioridad de la lengua castellana y de la religión católica. Puesto que esta reproducción configuraba la posibilidad del dominio mestizo, la población racializada (india y negra principalmente) no podía encajar en la imaginación de la población del nuevo continente. Este hecho explica que se haya invisibilizado la alteridad cultural a lo largo del dilatado proceso de construcción nacional.

Se pretendía una homogenización cultural para, mediante un tutelaje religioso, permitir la "metamorfosis de abyecto a civilizado", a los muchos "salvajes en transición a ciudadanos" (Barié 2003, 304). Este cambio no se orientaba a reconocer o a restituir la dignidad a la población considerada despreciable, sino a disciplinar, controlar y organizar a la clase trabajadora estatal para crear un sistema económico moderno y productivo. A este respecto, la Carta de 1830 nombraba "a los venerables curas párrocos [...] tutores y padres naturales de los indígenas excitando su ministerio de caridad en favor de esta clase *inocente, abyecta y miserable*" (art. 68 citado en Barié 2003, 304; las cursivas son mías). De esa forma, y al intentar reducir la ya muy escasa autonomía indígena al margen de la ley y sobre todo de la hacienda, se delegaba la administración de la alteridad –definida como clase *abyecta y miserable*– fuera del Estado. Hasta después de la igualación de 1857 y la supresión del estatuto de indígena, este último se encontraba en una posición doble: era *ya* ecuatoriano, pero *seguía siendo* 'persona *miserable*'. Según la perspectiva de Guerrero (2000), esta categoría contradictoria y ambigua servía para subordinar a la población indígena a la justicia del Estado en razón de su estatus ciudadano, y se los declaraba, en cuanto indígenas, en incapacidad de ejercer sus derechos de ciudadanía.

Para remediar a esta paradójica 'inclusión excluyente', se organizó un cuerpo de *protectores de indios* que, una vez más, los representó en lo jurídico y en lo político ante el Estado. Además, se transfirió la actividad legislativa concerniente a los contratos laborales entre peones y patrones a los concejos municipales y se encargó a los tenientes políticos aplicarla. Se atribuyó así potestad a unas instituciones oscilantes entre lo público y privado.[4] Extender la igualdad ciudadana a la población indígena (un grupo considerado incivilizado, por sentido común) otorgó facultades estatales a individuos privados. Esta delegación de soberanía, según Guerrero, hubiera creado, parafraseando a Foucault, un "Estado de dominación". Se trata de una estrategia por la cual el ejercicio del poder sobre lo indígena se delegaba a los ciudadanos, haciendo emerger una esfera privada de dominación étnica. Así, la dominación desaparecía a primera vista –pues no había reglas que impedían a las personas indígenas acceder a la igualdad ciudadana desde el Estado, por medios jurídicos instrumentales y políticos– y se dibujaba un sistema de exclusión informal reproducida en la relación entre ciudadanos.

Si el proceso de formación nacional empezó apenas después de la independencia, dos décadas más tarde la organización estatal aparecía todavía extremadamente fragmentada (con la división administrativa entre las ciudades de Quito, Guayaquil y Cuenca). Solo debido a la amenaza de la invasión peruana se encontraron las voluntades para unir al país y superar las divisiones internas. En definitiva, al final del siglo se construirá un pensamiento orientado efectivamente a los 'intereses nacionales'. En efecto, el 5 de junio de 1885 se consolidó en Ecuador la Revolución Liberal, que en la asamblea de Guayaquil afirmó, delineando el espíritu de las entrantes políticas públicas, que "las ideas liberales son las que están más en armonía con la civilización y el progreso modernos".

La Revolución Liberal llevó consigo varias reformas estructurales. Se instaló una educación laica, se democratizó el Estado, se estableció el derecho 'al voto y al trabajo' para la mujer y se profesionalizó al Ejército, entre otras medidas. Se nombró jefe supremo de la República al general Eloy Alfaro, en cuyo Decálogo liberal proponía "la libertad para los indios". De esta manera, se imponía

---

[4] Hasta fines del siglo XIX, el Estado ecuatoriano reconocía la "adscripción de los trabajadores a las haciendas", o sea "en parte de facto y en parte de jure, se había legalizado la práctica de gobernar como 'cosa particular' a las poblaciones que residían dentro de la circunscripción de las haciendas, incluyendo a las comunas colindantes" (Guerrero 2000, 38).

una idea de nación fundamentada en el Estado como garante de la igualdad y protector de la población. Con la actividad de recaudar los impuestos y crear un banco interno dirigido a cumplir los intereses ecuatorianos, se desarrolló la noción de 'comunidad nacional', representada por los aparatos estatales y el sistema legal. El proceso culminó al adoptar una moneda nacional (el sucre), integrar al campesinado al servicio militar e introducir la educación seglar estatal. Estos son los rasgos del proceso de formación nacional que caracterizan al "nacionalismo oficial" de Anderson que se desarrolló en Europa durante el mismo periodo (Radcliffe y Westwood 1999).

A pesar de la Revolución Liberal, los grupos indígenas quedaban todavía fuera de la 'imaginación' nacional; por ende, los derechos de ciudadanía no les llegaban. Desde la independencia hasta el inicio del siglo XX, la orientación de la legislación ecuatoriana hacia la población indígena era funcional a un proyecto homogeneizador. Se fundaba en la total invisibilización de la población construida como diferente, aun cuando al principio del nuevo siglo nació un debate sobre la 'cuestión indígena' similar a los movimientos indigenistas ya activos en otros países latinoamericanos (en particular México y Perú).

En relación con la Sierra, la Ley de Comunas de 1937 reducía a los indígenas serranos –aún denominados "campesinos"– a su núcleo socioorganizativo. Se reconocía la vida institucional de la comunidad y una capacidad jurídica. Así, se pretendía "reducir el 'inconveniente' de la fuerte presencia de una población portadora de diferentes culturas indoamericanas a un problema local" (Barié 2003, 305) subordinándola a la autoridad estatal local mediante la figura del teniente político. En la Amazonía, por el contrario, el Estado estuvo tradicionalmente ausente. Se delegó el trabajo de 'fabricación de ciudadanía' a los grupos religiosos, sobre todo a los salesianos, cuyas misiones serían el eje fundamental para acercar al pueblo shuar a los representantes del Estado nación.

A partir del siglo XX, tanto la exploración de petróleo como las reivindicaciones peruanas sobre la región volvían indispensable una presencia estatal que pudiera integrar la zona shuar al desarrollo económico y a la organización del Estado. Según Rubenstein (2005), sin embargo, en aquel entonces el gobierno carecía de los recursos para patrocinar una colonización a gran escala o implementar una red de infraestructuras capaz de enlazar la Amazonía con el resto del país. El Estado se vio forzado a "delegar la conversión de los shuar, tanto al catolicismo como a la ciudadanía" (Rubenstein 2005, 31). En 1893 el gobierno concedió a la orden salesiana, dedicada a educar huérfanos y desamparados, el Vicariato Apostólico de Méndez y Gualaquiza. Queda claro cómo en Ecuador, hasta la aplicación de la Segunda Ley de Reforma Agraria y Colonización de 1973, las intervenciones que ampliaron las fronteras del Estado en la Amazonía estuvieron a cargo de las diversas misiones religiosas.

Los salesianos entraron en la región para instalar hospitales y escuelas (la primera escuela pública de Morona Santiago se abrió en 1950), y para mantener el sendero entre Pan (en la provincia de Azuay, en la Sierra) y Méndez, en aquellos tiempos el único punto de enlace entre la Amazonía y la Sierra.

Los religiosos establecieron misiones en este punto estratégico y en Macas, en 1914 y 1924 respectivamente, y desde entonces esta orden ha sido la presencia eclesiástica dominante en la provincia. Esta situación, como lo señala Trujillo Montalvo (2001), fue aprovechada tanto por el Estado como por los religiosos. Si el primero delegaba sus responsabilidades para evitar enfrentarse con la realidad social del país, los segundos resultaban legitimados por este y adquirían todo el poder necesario para imponer su presencia en la región.

En 1935, durante el primer periodo presidencial de Velasco Ibarra, el gobierno creó una reserva para los shuar y otorgó el control sobre estas tierras y sus habitantes a los salesianos. Estos últimos renovaron el acuerdo con el gobierno ecuatoriano en 1944 (que terminó en 1969), según el cual los religiosos seguían beneficiándose del control sobre las tierras de los shuar, reservadas para "reducciones de jíbaros", a las que se llamó "reservas misionales". Aunque la reserva se mantuvo como fideicomiso a nombre de los shuar y manejada por los misioneros, la orden tomó posesión efectiva de las tierras sobre las que estaban ubicadas sus misiones, y se benefició de este control, necesario para respaldar los reclamos amazónicos del Estado. A cambio de esta concesión de soberanía en su territorio, el gobierno esperaba que los misioneros educaran a la población shuar y la incorporaran a la ciudadanía. En esta división impuesta del trabajo civilizatorio, mientras el límite de la reserva shuar-misión salesiana separaba a los grupos shuar de los colonos, se los incorporaba, al menos en teoría, dentro del Estado y del sistema mundial; quedaba en manos de los misioneros llevar esta teoría a la práctica. Mediante este acuerdo se legalizó el tutelaje misional de la gente nativa. Los religiosos, al ejercer la representación legal del pueblo shuar (al que se consideraba 'miserable'), se convirtieron en los tutores de los indios y administraron las concesiones de las tierras que recibieron.

Entre 1950 y 1965, florecieron los internados, concebidos como centros de educación y evangelización. Mediante estas instituciones, los salesianos definieron la estrategia de la 'evangelización directa', que tratará de forjar una nueva identidad shuar y transformar a estos grupos en 'ciudadanos ecuatorianos'. Esa tarea era compleja, considerando que por siglos el imaginario de las poblaciones del Oriente había estado habitado por imágenes de salvajes brutales, irracionales, guerreros indomables y despiadados 'cazadores de cabezas'. Los mismos religiosos han contribuido a construir la idea estereotipada de lo shuar, infinitamente lejana del prototipo productivo y dócil. Esta idea queda plasmada en la siguiente cita del padre Jauregui: "Difícil, muy difícil es la conversión de las tribus jíbaras. El jíbaro es pérfido, astuto, soberbio, egoísta, interesado, vengativo, asesino, amigo del ocio y del placer, enemigo de toda ley o traba que obste a su absoluta independencia" (citado en Trujillo Montalvo 2001, 81).

Los internados transformaron estos 'amigos del ocio' en trabajadores productivos. Funcionaron como agentes de cambio espiritual y material, mediante una 'obra' centrada en la conversión para transformar de forma radical los comportamientos, las prácticas y la cosmología de las poblaciones shuar del Oriente. Fue solamente cuando se introdujeron los principios de la teología de la liberación que empezaron a construirse, en los centros shuar salesianos, los primeros proyectos orientados a formar organizaciones indígenas que posibilitaron construir un movimiento social cada vez más autónomo de sus raíces católicas.

## 1.1. Hacia la interculturalidad

Los años de la dictatura, hasta la transición democrática de 1976, quedaron impregnados de esta visión unitaria y homogénea del Estado; en los años sesenta, todavía muchos indígenas serranos vivían sujetos a la hacienda, mientras en la zona amazónica apenas empezaban los proyectos para una evangelización completa de la región. En esta fase se implementaron los programas nacionales para integrar a esos pueblos concebidos aún como 'afuera de la nación'.

A pesar de esto, una primera apertura hacia reconocer los derechos de la población indígena se expresó en 1945, con una Constitución que finalmente consideraba la diferencia lingüística del país "como elemento de cultura nacional" (art. 5) y garantizaba la presencia de un diputado indígena en el Congreso (art. 23, apartado 2). Ese cambio se vinculaba al nacimiento, en el país, de una red de organizaciones indígenas serranas que empezaban, de formas todavía muy sectoriales y locales, a elaborar sus demandas y reivindicaciones. En la siguiente Constitución, promulgada un año más tarde, se concedía utilizar las lenguas indígenas en el contexto educativo, pero, y ese es un punto fundamental de este análisis, limitadamente "para que el educando *conciba en su propio idioma la cultura nacional* y *practique luego* el castellano" (Constitución de 1946, art. 38 citado en Barié 2003, 306; las cursivas son mías).

Posteriormente, la Constitución de 1979 –la primera elaborada a partir de un proyecto para incluir a las personas analfabetas a la vida política– seguía reconociendo la importancia de los idiomas indígenas como "integrantes de la cultura nacional" (art. 1) y dejaba todavía incuestionable la concesión de derechos colectivos.[5]

---

[5] La referencia a estos textos constitucionales ha de ser contextualizada teniendo en cuenta el marco nacional e internacional en los que fueron elaborados y los objetivos que estos se proponían alcanzar. Es necesario tener en mente, siguiendo el análisis de Ortiz Batallas (2006), que los derechos de las culturas indígenas se reconocieron dentro de un proyecto de construcción de la nación "civilizador, homogeneizador y generador de lealtades hacia el Estado" (2006, 77), típico del imaginario militar de la época, que veía en el indio un "sujeto funcional a la defensa y a la economía nacional" (77). Estos reconocimientos son las premisas para crear un Estado unitario y culturalmente homogéneo, en la óptica de una tolerancia de las diferencias (seleccionadas) funcional a su superación: el ideal del mestizaje. No se olvide que el periodo mencionado se

Con el nacimiento del proyecto de educación intercultural bilingüe, en 1988, se reconoció el pleno derecho para utilizar el idioma indígena en el contexto de una educación propia. Sin embargo, incluso en la Constitución de 1998, en el contexto de un Estado que se reconoce como "intercultural y multiétnico", admitir estos derechos se traduce todavía en una retórica multiculturalista.[6] Si bien se afirma la diferencia cultural del país, se concede poco espacio a aplicar acciones reales que cuestionen las estructuras de poder que aplastaban con múltiples formas de violencia al medio rural. La Constitución de 1998, basándose en el principio indígena de la "unidad en la diversidad", introduce los derechos a la identidad y algunos derechos individuales (como proscribir la discriminación y el racismo). Además, acepta el multilingüismo, que ve en la educación intercultural un medio de acercamiento, comunicación y reciprocidad entre la cultura mestiza e indígena.

El concepto de la unidad en la diversidad ayuda a comprender la nueva imagen de la cultura nacional como confluencia y coexistencia de diferentes culturas. Sin embargo, entre las líneas del texto constitucional de 1998 se percibe todavía una especie de ansiedad del pensamiento estatal, imputable tal vez al temor de fraccionar el conjunto al mencionar lo múltiple. Así se vislumbra, como una suerte de garantía del Estado hacia sí mismo, la insistencia en la unidad nacional: "Los pueblos indígenas, que se autodefinen como nacionalidades de raíces ancestrales, y los pueblos negros o afroecuatorianos, forman parte del Estado ecuatoriano, *único* e *indivisible*" (Constitución del 1998, art. 83 citado en Barié 2003, 310; las cursivas son mías). Lo mismo ocurre con los derechos a la propiedad de las tierras comunitarias indígenas. Si bien la Constitución reconoce que esta es imprescriptible y prohíbe desplazar a los grupos, no olvida acordar que las garantías concedidas serán restringidas si el Estado declara estas tierras de utilidad pública. La Constitución más reciente, de 2008, concede una suerte de espacio de cooficialidad a los idiomas indígenas dentro de un Estado autoproclamado "plurinacional" e "intercultural".

Estas políticas del Estado para 'imaginar' qué hacer con los múltiples problemas que representa lo indígena pueden entenderse –conforme a lo indicado en el caso de la escuela bilingüe mexicana por Tallé (2009)– mediante el concepto del *pensamiento de Estado*, de Sayad: "Una forma de pensamiento que refleja, mediante sus propias estructuras (mentales), las estructuras del Estado, así hechas cuerpo" (2002, 367). El indígena, a pesar del contexto distinto del inmigrado

---

caracteriza por la Guerra Fría y por el conflicto territorial con el Perú; ambas situaciones plasman las acciones de los gobiernos hacia la pluralidad de sus sociedades.

[6] De acuerdo con la perspectiva de Radcliffe y Westwood (1999, 20), en los años noventa el proceso de construcción nacional ecuatoriana se dificultó por el fuerte regionalismo y las dinámicas descentralizadoras de la globalización, así como por la entrada en el campo político de los cuestionamientos a las concepciones blancas y elitistas de la nación características de los levantamientos indígenas. Estos factores han sido indicadores de una fractura en los imaginarios nacionales del Ecuador.

pensado por Sayad, representa esta pluralidad lingüística y cultural que se opone obstinadamente, con su simple existencia, al ideal nacional de la primera fase republicana y del periodo dictatorial, lo que explica las continuas tentativas de integrarse a la nación en formas que continúan produciendo conflictos.

Esta pluralidad, que Tallé define como "aberración macroscópica de la misma idea de unidad nacional" (2009, 82), se sujetaba a las estrategias que, caso por caso, el país imaginaba para resolver este problema. A propósito de estas estrategias, Tallé retoma el concepto de "pensamiento de Estado" de Sayad (2002), y lo aplica en el contexto de la formación nacional latinoamericana. Este concepto, basado en las teorías de Bourdieu, afirma que el pensamiento *de* Estado y el pensamiento *del* Estado son inseparables, desde el momento en que el primero produce el segundo, de la misma manera que el segundo (el pensamiento *del* Estado), a fuerza de ser repetido e impuesto, inevitablemente acaba por generar la forma de pensar típica del pensamiento *de* Estado. En el contexto de mi análisis, frente a la pluralidad amenazante de la sociedad, la respuesta del pensamiento de Estado ha sido continuar este 'inmenso esfuerzo ideológico' para producir la idea de una nación homogénea. Esta se alcanzará, primero, al expulsar lo diferente (expulsión imaginaria y física, que pretendía relegar lo indígena a la ruralidad, al racializar la geografía nacional) y después al incorporarlo, antes que todo mediante la intervención de una educación masiva.

En Latinoamérica, el "integrismo nacional" del que habla Sayad no solo se ha producido por siglos, sino que se encuentra en el fundamento de la creación de sus Estados nación. Lo indígena ha sido considerado "el factor que pervierte la integridad y la integralidad del orden social nacional [...] el que no tendría que estar aquí" (Sayad 2002, 370). Sin embargo, no solo está aquí, sino que lo está desde antes de los llamados ciudadanos nacionales, "la presencia en el seno de la nación de 'no-nacionales' que perturba el orden" (369) y es inmanente al territorio de la patria.

Resultan esclarecedoras las demás reflexiones de Sayad sobre ver en el inmigrado un constante memorándum que recuerda al Estado la arbitrariedad de su propia constitución. Este último tiene que excluir lo que está fuera de los confines que ha establecido y crear una imagen suficientemente convincente como para permitir a la ciudadanía reconocerlo y reconocerse como conjunto. Quien migra, al cruzar los confines, sería el 'diferente' que desestabiliza la imaginación y desvela el engaño; revela su carácter perturbador e intrínsecamente subversivo. Se puede considerar de esta forma también a lo indígena, un 'otro' fabricado por el uso y consumo de la Colonia y de la República, *desde el principio* contaminante de la mítica homogeneidad del Estado. La Colonia y la República se constituyeron, desde el principio, con este otro perturbador, así como fundamental para la explotación productiva.

El indígena es un sujeto que desde el inicio insta al Estado a repensar su integridad imaginaria y atacar su propia definición originaria. La estrategia estatal, por su parte, ha querido reconocer esta diversidad de las poblaciones autóctonas al celebrar un pasado mítico de antiguas civilizaciones, mientras que operaba una remoción del indígena presente. Empieza por borrar –mediante el 'olvido de archivo'– sus nombres de los documentos oficiales y transfiere la dominación desde lo público hacia lo privado. Si se puede "'desnaturalizar' lo que es considerado como 'natural' y 'rehistorizar' el Estado o lo que en el Estado parece afectado por una amnesia histórica", recordando "las condiciones sociales e históricas de su génesis" (Sayad 2002, 370), esta empresa no está muy alejada de la iniciada por los movimientos indígenas en su *inesperada entrada en la historia* mediante los levantamientos. Utilizando una vez más el razonamiento del autor, se puede concluir que, mediante estas tomas de posición públicas, lo que había sido removido por el tiempo y por la connivencia del Estado y de sus "ciudadanos por sentido común"[7] regresa e interrumpe la narración de aquel cuento nacional que no se para de contar, desenmascarando al Estado, a la forma en que se lo piensa y cómo él se piensa a sí mismo y, en este caso, en la manera en que piensa (y en la que ha construido) a lo indígena.

Al analizar las medidas estatales hacia la cuestión indígena, se encuentra que en el "pensamiento del Estado" se reflexiona sobre este, sobre su propia verdad. La verdad se refleja en el "pensamiento de Estado", al cual se proyecta sobre ese múltiple inaceptable, la sombra de una amenaza constante a la existencia misma de la nación. Así el indígena, a diferencia del inmigrado de Sayad, viene incorporado en el mito fundacional de la nación, al mismo tiempo para dar sentido a su existencia, de por sí problemática, y para relegarla a un pueblo mítico y fuerte, padre de la nación, pero inevitablemente un pasado, ya muerto. Empieza así el trabajo de integración del diferente –jamás 'elemento neutro', perenemente fuera de lugar, temido– al único, al homogéneo. Lo que sufrió el pueblo indígena en el proceso de construcción nacional se configura no tanto como la doble ausencia del migrante de Sayad (ausencia física del lugar de nacimiento y ausencia social en el lugar donde vive), sino que se desarrolla una ausencia social paradójica. El pueblo indígena es extranjero en su tierra, problemático hasta en su propio cuerpo y en el mismo lugar donde vive, relegado a una exclusión social y económica dentro de un sistema ajeno que ocupa todo el espacio (físico y simbólico) e impone una forma específica de presencia. Primero la niega, y luego la impone, la regula y la condiciona a aceptar tanto las imágenes que sobre él se producían como las políticas correlativas, es decir, los diversos pensamientos del Estado que se vuelven pensamiento de Estado, formas de pensamiento que crean las estructuras económicas, sociales y culturales del Estado, y vienen legitimadas y reproducidas, objetivadas por los ciudadanos y las ciudadanas que lo encarnan.

Durante el proceso de construcción nacional, la población indígena fue considerada una suerte de 'defecto originario' de los Estados nación latinoamericanos, un obstáculo al proyecto unificador. Relegada al espacio definido como 'salvaje' –o sea, escasamente integrado a la nación–, primero se negó su existencia y luego se la vinculó a su misma mutación en favor del modelo mestizo, mediante las

---

[7] La noción es de Guerrero (2000).

políticas de invisibilización, delegación o de integración forzada. Entre la aceptación y negación del indígena como nacional (parte integrante 'por naturaleza' de la población del Estado), se ha jugado la administración de estas personas percibidas (en cuanto fabricadas y representadas) como alteridad. La historia del movimiento indígena evidencia cómo el desconocerse como personas 'fuera de lugar' se tradujo en una estrategia de lucha para reapropiarse de la posibilidad de construir su propia identidad social y colectiva, rescatando de esta forma al mismo tiempo la Historia y su humanidad mortificada.

## 2. La letra y los cuerpos sometidos

En relación con los eventos que llevaron a la destitución del presidente Mahuad, Grijalva (2003) recuerda las múltiples reacciones de la sociedad mestiza: desde apoyar a los sectores de las Fuerzas Armadas que se unieron a la causa indígena, hasta condenar las acciones subversivas. La autora cuestiona que, si bien el levantamiento llevó a aceptar explícitamente las acciones indígenas en busca de espacios de poder, también fue un lugar para que afloraran los "prejuicios ancestrales" (2003, 6), sustentados en el temor a una venganza histórica y reforzados por los medios de comunicación masiva. En la perspectiva de la autora, esta ocasión demostraría cómo la apropiación y la representación del otro no cambiaron, en lo fundamental, desde la época de la Colonia. Estas seguían expresándose mediante las preocupaciones por los "pobres indios" (que no serían más que ovejas que obedecen a un grupo de políticos que los manipula malignamente) o en la indignación de quienes no podían concebir que los "indios ignorantes hubieran gobernado al Ecuador" (Grijalva 2003, 6). En aquella ocasión se llegaron a escuchar nuevamente calificativos como "indios sucios", "estos qué se creerán", "indios verdugos" (6), que recalcaban las clásicas imágenes de los indios como niños expuestos a manipulaciones externas, carentes de criterio, necesitados de tutelaje y como unos seres ignorantes e incapaces (de gobernar, ser justos, de elegir libremente).[8]

Esta anécdota pone en relieve cómo, al construir su ideal de nación, la sociedad blanco-mestiza no dejó de producir discursos de la alteridad que se convertían en el soporte simbólico de los procesos de dominación y explotación

---

[8] Retomando una vez más la perspectiva de Sayad, y haciéndola dialogar con la noción de "suciedad" de Mary Douglas (1993), se puede revelar cómo esta obsesión con la "suciedad de los indios" se relaciona otra vez con lo que está fuera de lugar, fuera del orden establecido, con lo que se encuentra donde, tradicionalmente, no tendría que estar. De la Torre (1997) añade a esta explicación el hecho de que todo grupo que ha sufrido una discriminación y ha sido relegado a las posiciones más bajas de la sociedad ha sido considerado sucio. Esta tendencia se explica con el terror del grupo dominante hacia la posibilidad de ser "contagiado" por la suciedad de los indios y la necesidad de mantener a las jerarquías étnicas bien separadas.

de los subalternos. El sentido que fabrica el lenguaje del discurso oficial, y de los demás canales de construcción de identidad y alteridad (literatura, leyes, medios de comunicación y la escuela), informa a una persona sobre su misma identidad y su grupo de pertenencia. Así mismo, permite a las representaciones marcar y mantener las diferencias dentro de las sociedades. Además, regula y controla las prácticas sociales, al fijar y reproducir reglas, normas y convenciones de funcionamiento del mundo social.

Las representaciones contribuyen a legitimar las relaciones de dominación, y esto explica la particular y casi obsesiva atención con que los actores sociales dominantes definen y clasifican al 'otro'. Estas representaciones permanecen, sin embargo, susceptibles de ser cuestionadas y tal vez subvertidas. Es en esta doble tensión que la representación –la imaginación del otro que produce sentido, y al mismo tiempo justifica o naturaliza prácticas de opresión y que lo libera– se vuelve terreno de lucha: "Todo intento de mantener las asimetrías o de cuestionarlas [...] pasa necesariamente por una [...] 'política representacional'" (Granda Merchán 2003, 16).

### 2.1. El régimen de representación y el capitalismo impreso

Según Muyulema, la exclusión de la población indígena por parte de la sociedad colonial y poscolonial no se debía tanto a no haber sido tomados en cuenta. Por el contrario, el "decir constantemente" sobre los indios puso las bases de su inclusión-excluyente en las mentes y en las prácticas de la sociedad. "Los indios han sido dichos y pensados intensamente a lo largo de la historia, tanto que su exclusión no se explica porque no haya sido nombrado y objeto de un decir, sino por ser intensamente hablados" (citado en Grijalva 2003, 20); a través *de lo que de ellos se dice*, se establece la forma en que se los incluye-excluye discursivamente. De acuerdo con esta perspectiva, lo indígena será aquí considerado como categoría a la que han sido asociados particulares regímenes de representación. Con base en una perspectiva histórica, me propongo explorar estas representaciones, lo cual me conducirá a reflexionar sobre las continuidades y rupturas entre estos regímenes de representación, y sobre el rol que desarrollan en el proceso de construir la identidad nacional ecuatoriana.

Acerca del proceso de construcción nacional, he mencionado cómo en las maneras de representar al indígena se sustentaban las prácticas discriminatorias y excluyentes, y se ponían las bases para asegurar su reproducción en el tiempo. Analizar el imaginario que las legitimaba me sirve para dar cuenta de estas prácticas de dominación. En el primer capítulo mencioné que la comunidad nacional se construye con 'poemas y políticas'; en este sentido, en la definición del 'otro' indígena en la sociedad latinoamericana cumple un rol fundamental –y continúa cumpliendo– dentro de estas prácticas lo que Anderson ([1983] 1993) ha llamado "capitalismo impreso". No analizaré de manera exhaustiva este aspecto, pues correría el riesgo de resultar apresurado y superficial, pero quiero llamar la atención sobre algunas de sus particularidades, ya que dirigir la atención hacia cómo se ha hablado del pueblo indígena puede aclarar algunos aspectos de las reivindicaciones de sus movimientos sociales. Como sostiene el estudio de prensa sobre la identidad nacional del pueblo huaorani, realizado por Laura Rival (1994), analizar cómo esta se ha formado a partir de las imágenes producidas sobre ese pueblo puede iluminar las reivindicaciones específicas y el imaginario político del movimiento en el país.

En esta perspectiva, abordaré sucintamente el rol de la literatura nacional. Esta –retomando la obra de Radcliffe y Westwood (1999)– ofreció imágenes y conocimientos acerca de la población, de la historia y de la geografía nacionales: una suerte de 'colección' de representaciones a partir de las cuales, o en oposición a las cuales, imaginarse ecuatorianos. La primera función de este tipo de literatura es fomentar sentimientos nacionalistas en futuros ciudadanos y ciudadanas.[9] Mediante las novelas costumbristas se llegan a producir vínculos imaginarios entre las poblaciones de las diversas regiones que llenan el vacío en la historia nacional. Crean raíces comunes más allá de las diversas condiciones económicas y sociales de la ciudadanía 'en construcción':

> Las representaciones que ofrecían las novelas, los periódicos y otros medios de comunicación fueron leídas y experimentadas como 'sentido común' y de esta manera ganaron hegemonía, creando lo que se considera una adecuada representación no alienada de la vida de los individuos. Los individuos podían entonces abstraer ciertas imágenes de sus propias vidas que luego sustituyen a la nación. Según las palabras de Bowman, "se proyectan imágenes en el fondo generalizante del 'imaginario nacional' como fetiches de la nación que reemplazan la cosa misma" (Radcliffe y Westwood 1999, 29).

Teniendo en cuenta en particular a la población analfabeta, se integraron al funcionamiento del capitalismo impreso otras herramientas que sirvieron para despertar un sentimiento nacional compartido (es suficiente pensar al calendario nacional o a las banderas, formas no narrativas de nacionalismo). A pesar de eso, la existencia de naciones multiétnicas, con migración masiva del exterior y la coexistencia de varios grupos en un mismo territorio, volvía difícil elaborar una identidad a partir de esta heterogeneidad. Por eso, mediante las novelas, se plantean modelos de Estado mientras se piensa y se construye al *alter* indio mediante la amplia literatura indianista e indigenista. Estas 'fabrican' identidades e imaginan la nación.

---

[9] Radcliffe y Westwood (1999, 28) plantean la cuestión en estos términos: "En el siglo XIX, una literatura costumbrista de amplia difusión ofreció a los diferentes estratos sociales la posibilidad de comprenderse mutuamente, si bien no los incorporó a una comunidad horizontal de ciudadanos iguales. Estos 'romances nacionales' habían de proveer narrativas locales 'escribiendo América pintada por sí misma'".

Lo indígena viene así reconstruido una vez más; sus nuevas imágenes empiezan a circular y a combinarse con aquellas que suministró la obra colonial. La literatura se vuelve una mediadora entre la descripción de la realidad social y los ideales de la nación moderna que se está construyendo. Primeramente, el indianismo facilitó una imagen indígena exótica y folclórica, que subrayaba la belleza de una vida 'natural' alejada de los problemas reales de estas poblaciones, según lo que la literatura del buen salvaje había prescrito. Solo con el indigenismo las imágenes cambian y los indígenas pasan desde sujetos imaginados hacia sujetos históricos. Al denunciar la explotación de las comunidades y describir minuciosamente los abusos, los autores "destapan el espejo y escriben lo que ven reflejado en él, con el fin de denunciar las situaciones de explotación, y con deseo de terminar con la desigualdad social y económica entre las razas y las clases sociales" (Grijalva 2003, 76).

En novelas como *Huasipungo* ([1934] 2015),[10] de Jorge Icaza, o *Cumandá* (1879), de Juan León Mera,[11] se fija cómo la sociedad se pensaba a sí misma y a la otredad, cómo la definía y cómo había de integrarla a la unidad de la nación. Al leerlas, se leen también

> las distintas formas en que la sociedad mestiza, a través de sus escritores, se apropia del 'Otro' en dos momentos del discurso literario ecuatoriano, es decir, la manera en que los escritores que han tomado al 'indio' como personaje principal de sus obras han construido a este 'alter' (Grijalva 2003, 8).

Las representaciones de lo indígena construidas por Mera e Icaza son diferentes solo en apariencia. Ninguna rompe con los esquemas establecidos desde la Colonia. Para Mera, el indio es el buen salvaje o el sangriento asesino, de

---

[10] Icaza representa aquellos "pocos intelectuales [que] articulan una identidad nacional en nombre de una población (variada y dividida)" (Radcliffe citada en Grijalva 2003, 74) a través de una literatura que construye discursivamente el imaginario de la nación. En este sentido, su romance es propiamente un romance del mestizaje, que denuncia el concertaje para fomentar una civilización del indio y una fusión de la heterogeneidad cultural en una única nación. El indio no habla, *es hablado* y además visto como un problema para resolver, desde una perspectiva en la cual la visión del otro sigue siendo funcional a un proyecto excluyente, siguiendo aquellas elaboraciones sociológicas y políticas nacidas en los años veinte, de las cuales el ensayo "El indio ecuatoriano. Contribución al estudio de la sociología nacional" de Pío Jaramillo Alvarado (1922) es un emblema.

[11] Esta obra, considerada la "primera novela ecuatoriana" (Esteban 2014), resulta particularmente importante en mi perspectiva, debido al hecho que en ella aparece por primera vez "la representación que tienen los sectores conservadores sobre el 'indio'" (Grijalva 2003, 11). Primero, se adopta al imperio incaico como el origen mítico del Estado ecuatoriano, y se fija al indio serrano a su pasado; después opera una clasificación entre los pobladores amazónicos, poniendo el acento en la diferencia entre los salvajes y los contactados. Así se legitima la actividad civilizadora del Estado representado por la Iglesia.

acuerdo con los requerimientos del texto. Para Icaza, es el pobre sujeto incapaz de pensar por sí mismo y que necesitará del mestizo para liberarse de la situación dramática en la que vive. *Cumandá* es la obra inaugural de la literatura ecuatoriana y en ella se puede leer la necesidad de una nación de definirse y establecer su proyecto. *Huasipungo* es el espacio que usa el sector mestizo para establecer su lugar dentro de esta nación. En las novelas, al reflexionar sobre su propia construcción identitaria, los autores presentan los proyectos del Estado nación ecuatoriano. Estas desvelan las tentativas de las élites mestizas, al incorporar la escritura del 'otro', de construir por reflejo la propia identidad y la de una nación capaz de integrar las múltiples caras de la sociedad (la identidad es un proceso siempre relacional que se forja en la otredad, en la alteridad).

Ahora cambiaré el enfoque desde las representaciones oficiales y literarias hacia el terreno propio de este libro: la educación y el sistema escolar. Antes de revisar las etapas mediante las cuales el sistema de EIB se ha puesto en marcha, mencionaré las imágenes que, desde los libros de texto, se ofrecían a propósito de la diversidad cultural ecuatoriana. Constataré este intenso trabajo ideológico al analizar cómo se las utilizó para reproducir los patrones de poder colonial y justificar los programas de asimilación propuestos bajo el lema del mestizaje, así como la persistencia de la exclusión funcional en la explotación basada en la representación etnitizada del otro de la época neoliberal (definido como 'neoliberalismo multicultural').

## 2.2. La diferencia fijada en el papel: el rol de los libros escolares

Quienes han revisado los contenidos de los manuales escolares durante el periodo poscolonial latinoamericano han evidenciado que estos reflejan una intención de los Estados de imponer una visión acorde con los intereses de cada momento. Han funcionado como vehículos especiales para transmitir el pensamiento del Estado y el imaginario asociado a este para superar su crisis de identidad 'congénita' (Ossenbach y Somoza 2001; Meníndez y Gómez 2011; Soler 2009; Vom Hau 2009; Porras 1994; Stutzman 1981; Granda Merchán 2003). Según estos análisis, los libros de texto funcionan en la construcción de la nación como reflejos de las versiones oficiales de la identidad y de la historia nacional, y de aquellas ideologías asociadas a las sucesivas administraciones de población.

Los textos del siglo XIX y parte del siglo XX se centraban en la existencia de diferentes razas, en la superioridad incuestionable de la blanca y en reconocer a lo indígena solo en sus ilustres antepasados. Los indígenas contemporáneos eran, en cambio, representados como culpables del atraso de la nación, y su civilización, vinculada por lo tanto a la de todo el país, dependía de que los conquistadores y sus descendientes ocuparan sus territorios. Se enseñaba el civismo para forjar la nueva ciudanía civilizada, que requería de una nación moderna, enraizada en una lengua, religión, costumbres e identidad étnica comunes. Más allá de su participación para crear la verdadera 'ecuatorianidad' (mediante un pasado glorioso enraizado en la mitología de la nación), los descendientes de las poblaciones precolombinas que decidían no participar en el proyecto de unificación nacional solo podían ser relegados a un aislamiento que era paralelamente geográfico e histórico respecto a la cultura mestiza y urbana. Esta tendencia es remarcable en los textos escolares gubernamentales, que, en los años setenta, seguían reproduciendo la racialización de los cuerpos y de los espacios:

> Aquellos primitivos que voluntariamente o por necesidad, por la fuerza o por falta de atención, llegaron a vivir dentro de los confines de las ciudades españolas, para ser absorbidos rápida y definitivamente por su contraparte racialmente opuesta. Este grupo evolucionó rápidamente. Pero los que se quedaron en el campo [...] se estancaron; y es allí, atados a la tierra, que todavía vegetan (Cevallos García citado en Stutzman 1981, 62).

He reportado este elocuente pasaje –que Weismantel cita también en su análisis sobre las "geografías de las razas", que hace "blancas las ciudades, relegando el indígena a la vida rural" (2001, 41)– para demostrar cómo se reiteran los estigmas ligados a la figura de lo indígena y su territorio en los textos representativos de la institución escolar. Esto revela cómo la cultura nacional reproduce las clasificaciones raciales de matriz colonial funcionales a legitimar las prácticas de exclusión y jerarquización, y transmite una particular visión de la sociedad que enfatiza –u oculta– aspectos precisos del mundo social.[12]

Al situar el análisis en la contemporaneidad, se puede constatar cómo, a pesar de que se impuso una retórica cada vez más 'multicultural' alrededor de los años noventa, muchos aspectos discriminatorios siguen formando parte del currículo oficial. La obra de Granda Merchán (2003) analiza las prácticas de representación cultural a partir del proceso de reforma del sistema educativo nacional de 1992. Con esta 'reforma curricular' se pretendía "elevar la calidad del sistema educativo y adecuarlo a las exigencias del desarrollo económico, social y cultural" (Granda Merchán 2003, 9) tanto del país como del mundo. La reforma proponía, además, insertar a la interculturalidad como uno de los ejes transversales de la educación ecuatoriana, para "generar una actitud de respeto hacia los diversos grupos

---

[12] La exclusión del indígena de lo nacional se presenta como una consecuencia lógica por incumplir los requisitos de la vida nacional (es decir urbana). Stutzman resalta este aspecto del mestizaje, definido como "*an all inclusive ideology of exclusion*", al citar un pasaje de un texto escolar de 1968. "Las áreas del antiguo asentamiento indígena se estaban apoderando de los nuevos centros urbanos. Habría que decir que con la partida del indio hacia las escarpadas laderas o hacia el desolado *páramo*, el pasado de la América también se fue, 'refugiándose en el campo' esta última parte del texto fue después substituida por los editores por 'Allí, al campo, se fue con su rencor, su música triste y sus costumbres incaicas'" (Stutzman 1981, 64).

socioculturales y la eliminación de caducos esquemas discriminatorios, a favor de la igualdad de oportunidades de participación en el desarrollo y toma de decisiones de carácter nacional" (Granda Merchán 2003, 10).[13]

También se definió un conjunto de contenidos interculturales que abarcaban desde citar los "rasgos y características importantes de las culturas nacionales" y de las "principales costumbres, mitos y leyendas", hasta tramitar las "dinámicas sociales, liderazgos y resistencias de las culturas ecuatorianas en la historia del Ecuador" (Granda Merchán 2003, 10). Desde 1997 se produjeron nuevos textos escolares, que, según la hipótesis del autor, seguían reproduciendo de forma velada el régimen de representación de la diversidad dominante, que había contribuido a legitimar la matriz colonial del poder.[14] Para construir esta representación, se utilizaron varias estrategias discursivas que normalizaban la cultura mestiza, proyectada como 'nacional'. De esta forma, el grupo blanco-mestizo aparecía como falto de etnicidad, la cual solo pertenecía a los grupos 'marginales', representados como particulares, *otros*, y, por lo tanto, desviados de la norma de la sociedad ecuatoriana. Se representaba a un indígena que no aportaba nada (se lo mostraba desempeñando sus actividades 'ancestrales' exclusivamente en el ambiente rural) o que, en última instancia, no tenía ningún protagonismo (se reiteraban las imágenes de indígenas pobres en la ciudad). De esta manera, se despolitizaba a uno de los grupos más fuertes y contestatarios de Latinoamérica, y se priorizaba su imagen de 'sujeto indio' y no de ciudadano ecuatoriano.[15]

A la racialización del otro, le acompaña la racialización del espacio, dividido entre lo urbano-mestizo y lo rural-indígena. El indígena que atraviesa los límites, que sale de su espacio y que rompe las fronteras –así como el inmigrado de Sayad– es potencialmente peligroso e implícitamente subversivo. Refuerzan esta convicción las pocas fotos que lo representan en la ciudad: siempre pobre y 'fuera de lugar'. Estas imágenes reflejan el temor hacia lo ajeno que cruza las fronteras que fundamentan la imaginación común de la nación, y la ponen en el riesgo de desvelar su naturaleza ficticia y el carácter arbitrario de las distinciones que reitera. Granda Merchán –en diálogo con Radcliffe y Westwood– concluye que normalizar la etnicidad del grupo dominante contribuye a que el imaginario dominante sobre la población ecuatoriana siga marcando la ausencia[16] y la incuestionabilidad del blanco-mestizo. Idealizar y normalizar

---

[13] Los ejes transversales "constituyen grandes temáticas que deben ser atendidas en toda la proyección curricular, con actividades concretas integradas al desarrollo de las destrezas con criterios de desempeño de cada área de estudio" (Ministerio de Educación del Ecuador 2010, 16).

[14] Con "colonialidad del poder" me refiero al concepto de Aníbal Quijano (2007).

[15] El autor reconoce que cuando la actividad política de los indígenas se saca a la luz, esta es atribuida exclusivamente a los pueblos indígenas serranos.

[16] La ausencia que lleva a la incuestionabilidad de los grupos blanco-mestizos en cuanto ciudadanos de la nación ecuatoriana es analizada por las dos autoras con referencia

a estos grupos implica, esta vez sí, *naturalmente*, 'descontemporaneizar' y 'desciudadanizar' a los indígenas (mostrándolos como colectividad dedicada a las actividades tradicionales con ninguna o escasa agencia frente a los problemas del país). Esto ha legitimado que se los siga subordinando en la historia nacional, se los domine, explote, segregue y discrimine.[17]

Después de declarar el Estado plurinacional y multicultural, y en general desde que se delegó al movimiento indígena producir los textos para la educación intercultural bilingüe, se ha puesto cada vez más atención en las potenciales reproducciones de estereotipos racistas hacia todo grupo 'minoritario'. Se puede apreciar cómo los libros escolares, en su calidad de "artefactos culturales" (Vom Hau 2009) son planificados, estructurados, diseñados y distribuidos por autores con intereses particulares, de los que el Estado es el actor clave. Por esto resulta interesante explorar cómo estos instrumentos pueden volverse un campo de lucha de los movimientos sociales en su proceso de reapropiación histórica.

### 3. Construir la ciudadanía ecuatoriana a partir del sistema escolar

Cuando se estudia el rol de la educación y del sistema escolar en la reproducción de un orden social racista y excluyente, así como ocurrió ya desde el primer periodo republicano, es inevitable acercarse al análisis de Althusser (1972) sobre los aparatos ideológicos de Estado como instrumentos que

---

al museo etnográfico de la Mitad del Mundo de Quito. El valor didáctico del museo es altísimo, puesto que "la mayoría de los visitantes son estudiantes, los cuales –sobre todo si viven en Quito– es probable que hayan visitado el museo dos veces para cuando terminan la primaria" (Radcliffe y Westwood 1999, 119). En el museo, "la información visual de cada grupo (de los distintos grupos culturales de Ecuador) está reforzada por placas explicativas que dan detalles del estilo de vida, el origen de los nombres y las cifras demográficas actuales. La impresión que dan las exposiciones etnográficas es la de etnicidades múltiples [...] Los grupos indígenas constituyen el grueso de estas etnicidades, aunque los grupos afroecuatorianos y los cholos (grupos indígenas-mestizos) también son tomados en cuenta. Lo sorprendente es la ausencia casi total del grupo blanco o blanco mestizo, pues no existe una sección dedicada a él, aunque aparecen individualmente en las fotos de una sección. Como en otras partes del mundo, lo 'blanco' es invisible e incuestionable en el museo etnográfico nacional del Ecuador" (119).
Sobre este tema véase también Weismantel (2001) y su análisis de la Casa de la Cultura de Cuenca.

[17] A través de los libros escolares, se exponía al estudiantado desde una edad muy temprana a estas imágenes despectivas. Así se reproducía dentro y fuera del aula aquella "forma implícita de subordinación llevada a efecto pragmáticamente" de la que habla Guerrero, que caracteriza la relación entre los mestizos (ciudadanos) y los indios (sujetos), regida por una "matriz de clasificación no explicitable ni teorizable, encubierta y englobada en el mundo de la vida, puesta en práctica por las astucias invisibles del sentido común" (2000, 19).

reproducen las condiciones de producción de una formación social. Las referencias a las teorías marxistas son predominantes en la bibliografía sobre ese tema, y este enfoque será útil para un análisis consciente de la capacidad de resistencia y oposición de la clase subalterna frente a estos aparatos, aspecto particularmente interesante en referencia a las primeras experiencias de la escuela indígena.

Althusser, en su célebre artículo "Ideología y aparatos ideológicos de Estado", que integra la teoría marxista de la sociedad y del Estado, reflexiona sobre el rol de la escuela en relación con la enseñanza de aquellos saberes prácticos, reglas de moral y de civismo funcionales a la reproducción de las relaciones de producción, "que son, en última instancia, *relaciones de explotación*" (Althusser 1972, 30; las cursivas son mías). En definitiva, el rol de la escuela sería inculcar estas "reglas del orden establecido de un dominio de clase" (18), que permitirían a cada individuo desempeñar su rol en un sistema jerarquizado, con muy escasa movilidad social. Al integrar la visión marxista y adaptar este análisis al contexto ecuatoriano poscolonial y a sus tentativas para dar lugar a un sistema capitalista moderno, se debe añadir a las tareas de las escuelas que se identifican, siguiendo la teoría marxista, la enseñanza de reglas orientadas hacia construir sentimientos nacionalistas, como el patriotismo o el énfasis particular en la geografía y en la historia nacional.

En la etapa sucesiva del análisis, Althusser indica que, más allá de una simple cualificación, en la escuela es necesario reproducir una sumisión de la fuerza trabajo a las reglas del orden constituido. De esta manera, se reitera la sumisión a la ideología dominante por parte del obrero y la capacidad de maniobrarla por parte de los agentes de explotación. Se asegura, "incluso por medio de la palabra" (19), el predominio de la clase dominante. Según esta perspectiva, todas las personas tendrían que ser permeadas por esta ideología, para desempeñar sus funciones de dominadas o de dominantes. Dada la condición por la cual es imposible detener el poder de Estado sin un control al mismo tiempo *dentro* y *sobre* los aparatos ideológicos de este, se comprende cómo estos últimos constituyen finalmente el *objeto* y el *lugar* de la lucha de clases, "y a menudo de formas encarnizadas" de esta (28).

El análisis de Althusser alude a formaciones capitalistas maduras, donde el sistema educativo nacional suplanta el poder que históricamente ha detentado la Iglesia. Es, por lo tanto, interesante examinar cómo, en el contexto que analizo, el poder de la escuela estatal es muy débil hasta la segunda mitad del siglo XX. Asimismo, cómo el poder de sujeción ideológica que permite reproducir la explotación ha permanecido muy fragmentado entre Estado e Iglesia católica, y cómo esta última ha oscilado entre prácticas de aculturación forzada y proyectos progresistas para apoyar a los nacientes movimientos indígenas.

Se puede apreciar una correspondencia entre las conclusiones de la teoría marxista y el proyecto escolar homogeneizador del periodo liberal del Ecuador en lo que concierne al papel de una educación que no tiene y no debe ser liberadora, sino que, al contrario, ha de fijar los roles de clase al aplicar particulares pedagogías dirigidas a reproducir la relación entre explotadores y explotados. Para esto, se sirve del poder de la violencia simbólica, que, según Bourdieu, "logra imponer unos significados como legítimos disimulando las relaciones de fuerza en lo que se basa su fuerza" (Bourdieu y Passeron 1972, 44). En todo caso, la población indígena se ha quedado fuera del sistema escolar gran parte del siglo XX, y pienso que este fenómeno puede considerarse dentro de la misma estrategia de reproducción de las desigualdades y de la dominación de clara matriz colonial.

Para integrar la perspectiva de Althusser al contexto latinoamericano, antes de analizar la educación ecuatoriana, mencionaré el estudio de Paulston (1972) sobre el colonialismo interno y el sistema escolar en las regiones andinas.[18] En este se considera, a partir de la supervivencia de los modelos coloniales, el esfuerzo de las élites blanco-mestizas para modernizar el país y perpetuar su dominio sobre los pueblos indígenas y los grupos subordinados (como los cholos, grupos sociales en los que se fundan con grados diferentes las culturas indígena y mestiza). Esta perspectiva se junta con el análisis (del ejemplo de Perú) de cómo la educación primaria y secundaria llega a operar como un ulterior organismo que refrena la desintegración social y conserva el estado de privilegio en el que se encuentran los grupos dominantes. De esta manera, la instrucción serviría para mantener un sistema fuertemente jerarquizado y fomentar una asimilación de los grupos subordinados.

Esta reflexión se fundamenta en un concepto esencial, el de colonización interna, aplicable, según Paulston (1972), a todos aquellos países de Latinoamérica caracterizados por una gran población 'india y chola', como Ecuador, Guatemala, México o Bolivia. Según este enfoque, estos países habrían heredado de la Colonia un sólido sistema de dominación de los grupos hegemónicos, que, a raíz de la independencia y de la expansión de un amplio estrato mestizo, habría incrementado la sujeción y la explotación de quienes están subordinados. Este fenómeno se reflejaría en el modelo de la colonización interna, en el que pocas ciudades mestizas dominan social, económica y políticamente las zonas rurales. Estas zonas jugarían todavía un rol de colonias internas, por lo cual el autor invita a escapar de un dualismo entre cultura blanca e indígena, que se arriesgaría a parecer una explicación culturalista precipitada e incompleta si no se consideran las relaciones económicas y políticas que ligan las metrópolis a sus colonias.

De acuerdo con ese paradigma, las sociedades analizadas no aparecerían tanto como duales, sino como estructuras sociales integradas de forma tal que perpetúen la inferioridad de la cultura indígena respecto a la cultura hispánica, y la de las zonas rurales respecto a los centros urbanos. En este contexto, la

---

[18] La temática del colonialismo interno, que abordo a partir del trabajo de Paulston, ha sido muy discutida en la comunidad científica. En el contexto latinoamericano es imprescindible citar los trabajos pioneros de González Casanova (1963, 1965) y los fundamentales aportes de Silvia Rivera Cusicanqui (2010).

escuela es el mecanismo de control que conserva esta relación entre indígenas y mestizos.[19] Al principio se la niega totalmente a los grupos indígenas (sobre todo en la hacienda, donde el saber de la escritura coincidía con el poder de dominar los cuerpos indígenas y explotar su trabajo servil). Sin embargo, luego se la utiliza para integrarlos a la nación afirmando y reafirmando la estratificación del sistema social mediante la relación entre la clase social y la estructura escolar frecuentada. El acceso a la educación superior continúa implícitamente negado, imposible de alcanzar.

> A causa de su conocimiento del idioma español, de su cultura hispánica y de su instrucción y cerrando el acceso a estos recursos a los grupos de indígenas y cholos, los mestizos –con la pequeña élite blanca cosmopolita– están en condiciones de controlar el poder económico, político, judicial, represivo y cultural: ellos son diputados y senadores, propietarios de empresas agrícolas o funcionarios administrativos, prefectos departamentales, subprefectos y gobernadores; son también aquellos jueces y maestros que dominan toda esfera de autoridad (Cotler citado en Paulston 1972, 115).

El control mestizo sobre el sistema de educación pública y su necesidad de mantener la segregación social se reflejaba en que los estudiantes frecuentaban estructuras escolares que reproducían las estructuras racistas de la sociedad exterior. Además, la 'raza' se definía en términos sociales y culturales, y quien lograba entrar en un proceso exitoso de 'cholificación' tendía a negar su propia cultura de origen, por temor a ser confundido o identificado con 'lo indio'. Por esto se comprende cómo los maestros, a menudo pertenecientes a la clase social inmediatamente superior a la de sus alumnos, tendían a despreciar lo indígena, estableciendo una frontera entre ellos mismos y lo que se le parecía *excesivamente*.

Con esta perspectiva, la escuela cumple dos funciones. En primer lugar, mediante el aprendizaje de los programas nacionales –que acentúan la superioridad cultural de los grupos dominantes, el respeto a la autoridad y la legitimidad de las instituciones existentes (Iglesia, Ejército, burocracia civil)–, contribuye a perpetuar la colonización interna con la cual dichos grupos afirman su posición de prestigio. En segundo lugar, identificarse con la 'cultura nacional' y aceptar la teoría de la evolución social desde la barbarie hasta la civilización, permite que quienes estudian aprendan a avergonzarse y rechazar sus orígenes, para, de esta manera, abarcar el proyecto nacionalista (y, según Paulston, empezar a creerse españoles, en el fondo y pese a su aspecto físico). A partir de estas

---

[19] Los demás dispositivos de control identificados por Paulston son las haciendas, la privatización del poder en las manos de pocas familias mestizas (especialmente en la Sierra), la neutralización del poder, potencialmente subversivos a través de la *incorporación parcial*, como ocurrió con la "aristocratización de los sindicados" (1972, 113).

consideraciones, el sistema escolar, sobre todo con referencia a la población más marginal, ha desempeñado un papel importante en el proceso de colonización interna. Sus funciones continuaron siendo, al menos hasta los años setenta, las de asimilar a la población no hispana, legitimar el dominio cultural, económico y político de los grupos hegemónicos, y asignar el lugar de cada individuo en la jerarquía sociocultural.[20]

### 3.1. La escuela colonial y republicana: desde la imaginación del otro hacia las prácticas de exclusión

Desde la Colonia y al menos hasta la Revolución Liberal de 1895, la educación en Ecuador ha sido principalmente un sistema católico elitista, para formar a los futuros administradores, primero de la Colonia y luego del Estado.[21] La población indígena ha estado sujeta a este tipo de enseñanza solo para ser evangelizada. La concentración de poder revestía elementos clasistas y raciales, que desarrollaban y sostenían formas productivas basadas en la servidumbre, y justificadas bajo el relato de la raza y de la inferioridad racial del indígena americano. La educación afirmaba este discurso racista, y el sistema educativo –en línea con el discurso de Althusser– fundamentaba las colonias internas y las condiciones primarias para reproducirlo. En la Colonia, la población indígena quedaba excluida de la educación y eso se reafirmó con el nacimiento de la República.

A pesar de un interés temprano por crear un sistema educativo público, se tuvo que esperar hasta la revolución de Eloy Alfaro para que se produjera el primer proceso de masificación de la educación bajo un sistema educativo nacional y democrático. En la Asamblea Constituyente de 1897, una nueva ley de instrucción pública establecía la enseñanza primaria gratuita, laica y obligatoria, y la Constitución de 1906 disponía la separación entre Estado e Iglesia, junto con la "protección oficial de la raza india" y la acción tutelar del Estado "para impedir los abusos del concertaje" (art. 128). Entretanto, las comunidades indígenas, todavía sometidas a este sistema, seguían alejadas de toda posibilidad educativa, prohibida por los hacendados.

La secularización de la enseñanza, basada en el discurso laicista, tuvo un rol particular para fortalecer la identidad y soberanía nacionales. Sustentaba el papel modernizador del Estado y de la sociedad, en el cual el único

---

[20] Paulston cita el artículo de Illich "The futility of schooling in Latin America" (1968), que concluye que la escuela no actúa y ni siquiera está en condición de poder llevar a cabo los objetivos de "desarrollo" que le asignan tanto los gobiernos nacionales como las organizaciones internacionales (como AID o UNICEF).

[21] En este mismo espíritu se creará la Universidad Central del Ecuador, heredera de la Universidad Santo Tomás de Aquino del periodo colonial, una institución destinada a formar a la élite criolla, es decir, a los futuros gobernantes.

conocimiento válido era aquel con una función utilitaria, de acuerdo con el principio modernizador de la revolución. Se consolidó la laicización, fundada en los textos constitucionales y en las leyes orgánicas de educación, con la creación de un cuerpo docente laico –mediante la fundación de las escuelas normales en 1901– y se fortaleció después de una década, cuando se aplicó una pedagogía propicia a la difusión de una moral laica, práctica y humanista: el herbartismo.[22]

La modernización debía lograrse necesariamente mediante reformas radicales que involucraban todos los aspectos de la vida nacional: tanto lo político, lo administrativo, lo económico y lo estatal como lo intelectual, lo mental y lo íntimo.[23] El eje central de estas reformas había de ser crear un Estado nacional centralizado, dotado de administraciones eficientes, en el cual se manifestara el verdadero 'espíritu ecuatoriano', con conciencia e identidad propia. Esta conceptualización de la 'ecuatorianidad', el nacionalismo y la creación de un Estado central se fundieron en el proyecto liberal de laicización, integración del espacio geográfico y económico, y cohesión social que garantizaría el consenso de los sujetos para transformarse en ecuatorianas y ecuatorianos. En este proceso, la educación representó una herramienta fundamental de la construcción nacional liberal, para lograr una ciudadanía nueva, dotada "de una moral laica orientada hacia valores inspirados del positivismo que [promovieron] un nuevo humanismo" (Sinardet 1999a, 28).

Para lograr esta nueva ciudadanía, se llevaron a cabo reformas que convirtieron a la institución escolar en una institución pública secularizada y centralizada. En los programas se introdujeron la historia y la geografía nacional, la educación cívica y la celebración de los héroes nacionales, junto con la conmemoración de los grandes episodios históricos que constituyeron a la nación. Estas acciones de valorar 'lo ecuatoriano', entendido como 'lo propio', tenían que suscitar el orgullo y la sensibilidad nacionalista que construiría una

---

[22] Me resultó de profundo interés un artículo de Sinardet (1999a) acerca del poder de la pedagogía herbartiana para sustentar el proyecto político liberal al crear las escuelas normales (escuelas para formar maestros, actividad que bajo la revolución se volverá una verdadera profesión). En efecto, el liberalismo veía en el herbartismo la pedagogía científica y moderna capaz de operar un cambio en las mentes necesario para que funcionara la revolución. Esta pedagogía 'moderna' (en cuanto, a diferencia de la tradicional, no se basa exclusivamente en la memorización) venía asociada con el valor liberal positivista de la modernización, vinculada a su vez a una idea de progreso meramente técnico y científico.

[23] Como afirmó el ministro de Instrucción Pública Luis Napoleón Dillon en 1913, "la heterogeneidad étnica –relato fatal de nuestros orígenes coloniales– no es tan dañosa como la desigual cultura de nuestras masas sociales. Los abismos morales e intelectuales son los que dividen más hondamente nuestro pueblo y hacen de nuestra sociedad una agrupación dispar, inconexa, sin finalidades ni tendencias propias, sin ideal colectivo, ni fuerzas organizadas" (citado en Sinardet 1999b, 413).

verdadera identidad ecuatoriana vinculada a la uniformización, para compartir los referentes culturales de la ecuatorianidad.

Al analizar lo indígena y el aparato escolar, se puede apreciar cómo, al fomentar las ideas modernizadoras, la escuela liberal desde el principio se imaginó como si fuera la "consecuencia natural de la evolución de los pueblos" (Pons citado en Terán Najas 2016, 94). La enseñanza se convirtió en una repetición de la historia de la civilización, bajo una perspectiva evolucionista que dejaba entrever el destino del estudiantado indígena en la escuela nacional.

Esta orientación educativa se mantuvo durante los años treinta y cuarenta, y sobrevivió a la caída del régimen liberal al articularse con la ideología del mestizaje. Se pretendía, mediante la educación de Estado, transformar las poblaciones rurales en ciudadanos 'útiles' por los proyectos de desarrollo y modernización del país. Para lograrlo, la homogenización de la nación se perfiló como panacea para todos los males del país. En efecto, en el periodo analizado, el Ecuador sufría una de sus más hondas crisis económicas (sumada a la inestabilidad política extrema y al fenómeno del bandolerismo), que generó la urgente necesidad de crear un mercado interno de una ciudadanía consumidora y patriótica, lista para sacrificar sus intereses particulares en nombre del 'bien general'.

En este panorama, el 'problema indio' dividió las opiniones de las élites nacionales entre quien pretendía remontar la supuesta 'degeneración' indígena a un origen biológico y quien la atribuía a la falta de cultura (entendida en este periodo en sentido clásico, como educación y erudición). De hecho, las dos perspectivas, según el análisis de Sinardet (2000), se vinculan pues en aquellos tiempos se hablaba de biologías no tanto en términos genéticos, sino de factores sociales y culturales de comportamiento, como la higiene, el alcoholismo y las enfermedades, las cuales tenían "un impacto a largo plazo sobre las diferentes generaciones, actuando como venenos sociales que se transmiten a los futuros ecuatorianos" (Sinardet 2000, 112). En consecuencia, la solución era mejorar las condiciones biológicas de los rurales.

Al igual que la higiene, la educación se convirtió en un factor clave de la misión patriótica de construcción nacional, indispensable para forjar ciudadanos conscientes de su patria.[24] Según Sinardet (2000), a la educación le correspondían tres tareas: desarrollar facultades intelectuales básicas (leer, escribir y contar, junto con unas reglas mínimas de higiene); fomentar el respeto e incorporar los valores cívicos y patrióticos; y, por último, crear nuevas necesidades para formar un grupo de nuevos consumidores que respaldaran al mercado interno.

---

[24] Todavía en el periodo posliberal la falta de educación impedía que las poblaciones rurales (más aún la indígena sometida al sistema de hacienda) participaran en la vida nacional, pues la alfabetización era requisito para ejercer el derecho al voto (hasta 1978, cuando la Constitución respaldada por los militares permitió a las personas analfabetas votar y ser votadas, y así acceder a unas de las condiciones clásicas de la ciudadanía).

Civilizar era sinónimo de crear la "libertad de consumir y de vivir más cómodamente" (Sinardet 2000, 112). Se pretendía lograrlo de forma relativamente fácil, debido a que las élites del país tenían la convicción difusa de que cualquier grupo humano que entrara en contacto con el modelo 'civil' lo habría adoptado casi automáticamente; de esta manera se homogeneizaba la cultura nacional. En este panorama, las acciones socialistas habían apoyado a las organizaciones rurales e indígenas (como en el caso de las escuelas clandestinas) y habían logrado que se reconocieran sus idiomas en la Constitución de 1945. Sin embargo, su idea de integrar lo indígena se limitaba a incluir en la nación sus elementos culturales más llamativos (el 'espíritu comunitario de solidaridad' andina, la danza o la música). Finalmente, aquello fue superficial y folclorizante, pues no superaba el paradigma de la 'incorporación de lo incivilizado'.

Desde los años cuarenta se consolidaron los símbolos nacionales (banderas, himno y escudos) y un enfoque en la enseñanza de la educación cívica. Así se iban dibujando los pilares de la educación de este periodo: patriotismo, soberanía, civismo, reconocimiento de la ciudadanía en un territorio e instituciones comunes, y consolidación de una identidad y cohesión nacional. Frente a la pérdida de varios territorios amazónicos y a la continua reivindicación peruana sobre ellos –de extrema importancia debido a la riqueza de recursos naturales de la región oriental y a la vital relevancia que adquiere en la lógica del Estado nación definir el territorio sobre el cual ejercitar su soberanía–, el Estado ecuatoriano llegó a dictar la Ley Especial de Oriente, en 1941. Con esta, se trataba de instaurar el control directo del Ministerio de Educación Pública en la región, donde la instrucción era ya manejada en medidas diferentes por los institutos religiosos (el internado es un ejemplo emblemático de castellanización forzada y de imposición de cambios de comportamiento y espiritualidad).

Con la Ley Especial se esperaba extender al Oriente, territorio aún poco incorporado, los planes de estudio nacionales, para así integrar al espacio educativo interno el sistema amazónico, nacionalizándolo. La pedagogía seguía siendo la misma adoptada en el periodo liberal: una escuela 'activa' con base en la enseñanza de prácticas 'útiles' que favorecían la división del trabajo dentro del aula. Se creaba así un '*habitus* del trabajo' que despertaba en el estudiantado la comprensión y la aceptación de su valor y del interés por las producciones útiles.[25] La consecuencia de esta pedagogía hubiera sido inducir al futuro asalariado, la futura asalariada a aceptar su lugar en la división del trabajo (división doble: laboral y social), conformando así una pedagogía apta para garantizar el orden social (Althusser 1972). Esta pedagogía se enraizaba en la cotidianidad del alumnado, e infundía el respeto por las prácticas y los comportamientos *convenientes* y *apropiados* para una ciudadanía 'moderna' (higiene y cortesía social tenían así una importancia primaria).

---

[25] El término es siempre de Sinardet (2000).

El modelo unificador necesitaba que se multiplicaran las escuelas en el territorio nacional y que una particular institución se ocupara de las masas de los 'inimaginados' hasta el periodo liberal: la inmensa población rural. Frente al fracaso de las escuelas prediales, debido tanto a la falta de presupuesto como a la falta de voluntad de los hacendados, se crearon las nuevas 'escuelas rurales'. Estas eran parte del mismo proyecto de homogenización, sustentado y justificado por el derecho de toda persona ecuatoriana de acceder y gozar de los bienes de la 'civilización'. Pensadas para adaptarse a la realidad y a las necesidades de la población rural, sus orientaciones y funciones fueron planeadas inicialmente en el Congreso Nacional de Educación Primaria y Normal de 1930, y materializadas en el Decreto 211 del mismo año.[26] Una de las misiones principales de la escuela rural fue no limitarse solo al alumnado: tenía que influenciar a toda la comunidad, para llegar a la meta de desaparecer las culturas autóctonas en favor del modelo blanco-mestizo[27] (hipótesis basada en visiones esencialistas de una y otra cultura, como si no fueran ellas mismas fruto de contactos y contaminaciones anteriores y recíprocas).

Fuera como fuese, sobrevive en este periodo el modelo republicano de unificación mediante la castellanización, aun cuando se proclama el uso del idioma vernáculo, y los planteamientos del Congreso Nacional de Educación Primaria de 1930 no dejan lugar a duda:

> Cultivo del castellano. (Su finalidad debe ser sustituir a la lengua indígena, pues *mientras que el Kichwa sea lengua viva, el indio se encerrará en su idioma y no se dejará comprender ni podrá comprendernos*. Este fenómeno psíquico y sociológico elevará de suyo el nivel espiritual del aborigen). Esto supone, lógicamente, el conocimiento por parte de los maestros, del idioma de los indios. La enseñanza del castellano aprovechará de *todas las ocasiones*. Los cultivos, las excursiones y paseos y las cuentas, darán oportunidad para

---

[26] Decreto Ejecutivo n.º 211, del 30 septiembre 1930, "Nueva Orientación de la Escuela Rural Ecuatoriana".

[27] Sinardet reporta, a ese propósito, unos de los objetivos más elocuentes definidos por el Ministerio de Instrucción Pública del Ecuador en el Congreso Nacional de 1930. "Incorporar al campesino a la cultura nacional, transformándole, a la vez en factor activo de esta; elevar el nivel económico y social al campesino, capacitándole para el aprovechamiento racional de los recursos naturales que le ofrece el medio; fomentar y perfeccionar las *sanas actividades* de la comunidad e introducir nuevas prácticas que dan por resultado el mejoramiento económico y social de la población; difundir el idioma español; crear conciencia cívica en el campesino, para el ejercicio de sus derechos y cumplimiento de sus obligaciones político-sociales; emprender una campaña activa contra los vicios y malas costumbres arraigados en la población rural, como: el alcoholismo, *fanatismo*, *supersticiones*, relaciones sexuales prematuras, trabajos excesivos impuestos, especialmente a la mujer y al niño, uso de los medicamentos inadecuados y *costumbres antihigiénicas*" (2000, 118; las cursivas son mías).

*ir sustituyendo un vocabulario por otro* (Ministerio de la Instrucción Pública del Ecuador 1930 citado en Sinardet 2000, 119; las cursivas son mías).

El idioma se vuelve una frontera por quebrantar para poder "capturar los cuerpos, los corazones y las mentes indígenas",[28] todavía llenos de aquella "opacidad obstinada de los cuerpos y de las conciencias"[29] que quedan ilegibles, y por eso temidas. Utilizar las lenguas vernáculas y sus prácticas tenía que limitarse a lo necesario para erradicarlas, en el primer caso, y para substituirlas con los hábitos nacionales, en el segundo. Para este último punto, el Congreso propuso crear un Departamento de Educación Primaria y Normal, uno de Sanidad Escolar y las Misiones Culturales. Los fines de estas instituciones eran alfabetizar y transmitir prácticas higiénicas para adultos, niñas y niños, mediante las cuales se trataba de inculcar una particular domesticidad a los comuneros, sobre todo a las mujeres. Estos planteamientos se concretaron con la reorganización del Ministerio de Instrucción Pública en varias secciones que asumían estas tareas.

Los programas privilegiaban la enseñanza de las reglas higiénicas para el aseo personal y de la casa, la prevención de las enfermedades, las reglas urbanas del 'buen vestir', así como la educación sexual (en efecto, si la preocupación higienista tenía su origen en la Revolución Liberal, en los años veinte y treinta se convertiría en una prioridad de la educación pública ecuatoriana). Para lograr esta "elevación cultural", los programas tenían que involucrar a toda la comunidad, con el doble fin de "realizar un trabajo social muy necesario" y "evitar las resistencias que suele encontrar en la sociedad la obra educativa escolar" hacia la "destrucción de los vicios, costumbres y prejuicios nocivos y la implantación de prácticas y hábitos saludables" (Sinardet 2000, 119). Esto se lograba al conseguir una "conexión íntima entre la sociedad y la escuela" que despertaba "simpatías en la población" (119).[30] Esta "racionalización de la domesticidad" (Larson 2005) fue de interés primario para construir los nacientes Estados latinoamericanos. Fue plasmada por una administración de población que, enfocándose en la familia y los espacios más íntimos de la vida de las poblaciones indígenas, promovió reformas culturales que reflejaban el interés

---

[28] Me refiero aquí al título de un artículo de Larson (2005) sobre las maneras, parcialmente análogas al contexto ecuatoriano, que tomaron las reformas de las escuelas rurales en Bolivia, y en particular de sus efectos de construir y moldear a la mujer.

[29] La expresión es de Beneduce (2010a, 105), quien la utiliza para referirse a un contexto diferente, en relación con los vínculos entre europeos e indígenas en el África colonial.

[30] Hasta la aparente benevolencia de la propuesta de "atraer a los campesinos en los días festivos para ofrecerles sanas distracciones" (Ministerio de la Instrucción Pública del Ecuador citado en Sinardet 2000, 120) responde a un modelo preciso de control social y de cuidado por mantener a la población pauperizada como modestos consumidores y ciudadanos patrióticos.

del Estado en el desarrollo nacional, en el orden social y en los poderes patriarcales para reproducir ciudadanos sanos, patrióticos y eficientes.

Según Mary Kay Vaughan, "la apropiación pública de las actividades reproductivas como la educación, la higiene y la asistencia sanitaria demandaba nuevas interacciones entre los hogares y la esfera pública: el actor del hogar designado era la mujer, la madre" (citada en Larson 2005, 34). No se puede analizar únicamente cómo, en las reformas de las escuelas rurales, se incorporó al 'otro' en el proyecto nacional, también es necesario focalizar la atención en su rol de "fijar jerarquías raciales, clasistas y de género en formas que subordinaban el campesinado indígena al Estado" (Larson 2005, 35). En relación con la Sierra ecuatoriana, el análisis de Sinardet (1999b) destaca la ambigüedad de un discurso y de un interés higienista que, lejos de ser inocente, respondía a una lógica de "regeneración de las masas". Este régimen apuntaba a minar la heterogeneidad de la sociedad, considerada como fuente del atraso del país, además en un contexto de crisis económica y de necesidad de un desarrollo de un mercado interno.

> Por su función de centro cultural, de faro de la 'civilización', le toca a la escuela rural difundir reglas de higiene físicas y 'morales' hasta en las manifestaciones de sociabilidad. Participando directamente en las fiestas, debe llegar a establecer una forma de *higiene mental que destierre lo 'relajante' y 'antieconómico'*, explícitamente el alcoholismo que según la élite caracteriza la vida rural y provoca actos de violencia o la parálisis durante varios días de las actividades de los trabajadores. Luchar contra el alcoholismo es una preocupación constante de la educación popular en la cruzada por la regeneración biológica y cultural y por el aumento de la productividad. *De nuevo, lo biológico, lo moral y lo social de la preocupación higienista convergen hacia la orientación económica del proyecto de 'civilización'* (Sinardet 1999b, 425; las cursivas son mías).

El esfuerzo del Estado por inculcar el 'decoro' y desarrollar una escuela que se relacionara con todos los aspectos de la vida cotidiana (la salud, la alimentación, las relaciones sexuales y el cuidado de la infancia) respondía a la necesidad de una regeneración biológica y cultural. Se trataba de transformar a la población "pasiva e indiferente a los estímulos económicos y sociales" –responsable, a través de su vida (casi) autárquica, del freno al desarrollo del país– en una ciudadanía 'activa' y 'útil' para el proyecto modernizador. Incluso cuando los objetivos de los proyectos parecen 'generosos' en su voluntad de lucha contra de los abusos o las enfermedades, se concretan siempre a través de medidas implementadas desde arriba en favor de una población considerada como de 'menores', por su inferioridad cultural y moral.

Larson (2005), citando el estudio de Comaroff y Comaroff (1992) sobre la imposición de nuevas rutinas corporales y regímenes morales en la colonización del África del Sur, explica cómo esta representó la forma más íntima y penetrante de poder imperialista y de control social que acompañó a la administración colonial británica. Esta transformó las "memorias, tradiciones e identidades nativas en seres individualizados y delimitados, sobre cuyos cuerpos se iban a inscribir nuevos valores e identidades que se hubieran traducido, idealmente, en dóciles sujetos coloniales" (Larson 2005, 53). En Latinoamérica, estas preocupaciones indigenistas funcionales al proyecto de desarrollo nacional consistieron en un programa específico, una suerte de forma de acabar con las tentativas coloniales de plasmar las mentes y los cuerpos indígenas para obtener "una masa homogénea de dóciles sujetos nacionales [...] a través de una pedagogía nacional" (53) orientada a plasmar sujetos de acuerdo con la especificidad de cada país.[31]

En conclusión, en referencia al Ecuador, si el modelo de escuela rural siguió siendo muy similar desde la Revolución Liberal y sus escuelas prediales hasta la educación nacionalista de los años treinta y cuarenta –en ambos casos escasamente aplicadas dada la falta de voluntad política–, después de este periodo, en 1945, se empezó a reclamar la creación de escuelas específicamente indígenas, que, sin embargo, no se concretaron. La primera campaña eficaz de alfabetización masiva, inspirada en el ideal de nación propio de los militares, se puso en marcha recién en 1967, mediante una acción que todavía no escapaba de una visión homogeneizadora hacia la lengua, el conocimiento y las prácticas autóctonas. La población indígena, a pesar de este ambiente hostil, emprendió una resistencia obstinada contra el dominio material y epistemológico de raíz colonial de la población blanco-mestiza. Tal resistencia se tradujo en prácticas que lo desafiaban, partiendo de la conciencia del estrecho vínculo que existe entre saber y poder.

## 4. Desde las escuelas clandestinas hasta la EIB

Las escuelas clandestinas en Ecuador empezaron a funcionar a mediados del siglo XX gracias a la acción de activistas indígenas que formaban parte de organizaciones sindicales y movimientos sociales. Estas instituciones representaban una alternativa a la escuela homogeneizadora estatal en un momento histórico en el cual prevalecían teorías integracionistas basadas en la castellanización forzada. Para hablar de la educación clandestina, inspirada sobre todo en la acción de Dolores Cacuango (1881-1971), es necesario comprender cómo el castellano y la escritura eran un campo de lucha para poder acceder a la tierra. La lectoescritura constituía una forma de saber-poder en la que se fundamentaba (junto con la violencia sistemática) la dominación de los hacendados y el sistema de

---

[31] La autora continúa ilustrando cómo "las condiciones materiales contundentes exigieron nuevos modos de gestión de la población y una reforma cultural. Entre otras reformas, la educación de las masas se hizo grande" (Larson 2005, 53).

servidumbre del concertaje. La facultad de leer y escribir legitimaba el hecho de alcanzar la ciudadanía, existir para la nación y ser dueños de su propio cuerpo.

### 4.1. La escritura como instrumento de poder

La escritura llegó a los Andes con la colonización española, y constituyó un dispositivo central de poder y dominación, así como un recurso crucial para el mundo indígena. Las autoridades indígenas en las colonias andinas fueron activas y creativas al buscar sus propias formas de aprender a leer y a escribir. Utilizaban cada ocasión posible para acceder al 'imperio de las letras' construido por los colonizadores. Desde ese momento, y después de los proyectos para crear las escuelas rurales, a lo largo del siglo XX siguen los esfuerzos persistentes del pueblo indígena para acceder a la lectoescritura.

El análisis de Dávalos (2002) resulta esclarecedor sobre la acción política del movimiento indígena como tentativa de desafiar los ámbitos del saber y del conocimiento de una sociedad, y muestra de qué manera el saber se convierte en un campo de lucha en la actividad política. Si se presume que construir el saber es un proceso histórico que, a pesar de las contradicciones que lo atraviesan, cumple un determinado rol social, se puede apreciar cómo está inmerso en relaciones de poder y de dominación que le impiden ser neutral.[32] En la sociedad que examino (y el mismo discurso se puede ampliar a toda sociedad emergente de la modernidad y del capitalismo), el saber se articula a esta dominación y se implican mutuamente.

En el contexto latinoamericano, el poder colonial ha tratado de destruir de manera brutal los saberes autóctonos, para hacer de las mentes y de los cuerpos indígenas unos "papeles blancos" (Dávalos 2002, 90) sobre los cuales inscribir y registrar los designios de la voluntad divina y del capitalismo naciente. Destruir una cultura –y consecuentemente una memoria– lleva a dejar a un pueblo sin raíces históricas, y es más fácil subordinarlo e imponerle nuevos saberes y técnicas. Las demandas del pueblo indígena ecuatoriano de tener su propia educación están íntimamente vinculadas a esta misma historia, y a las varias estrategias que ha debido aplicar para adquirir y utilizar las tácticas del poder custodiado en el seno del saber occidental, sobre todo en la escritura.

Efectivamente, en la hacienda, la forma de servidumbre de los indios ligados al hacendado se producía mediante un abuso de este poder, puesto que el concertaje se basaba en codificar los días de trabajo y entregar especie o

---

[32] Su análisis proviene claramente de Foucault. "La construcción del saber, desde su formulación epistémica hasta su instrumentalización técnica, está transida por las complejidades de su tiempo histórico; releva de complejas relaciones de poder; se circunscribe dentro de luchas políticas y hace referencia a formas de dominio, legitimación y justificación teórica" (Foucault citado en Dávalos 2002, 89).

moneda (llamada eufemísticamente 'socorro') en los libros de hacienda: los *de rayas* y los *de socorros*.[33] El patrón, para asegurarse el monopolio sobre el conocimiento de la lectura y escritura, podía manipular los dos libros y prolongar los contratos con los indios conciertos, que se extendían a los familiares en caso de que estos fallecieran. Así se les encadenaba a un sistema de deuda en el que "el libro de rayas era el elemento simbólico y semiótico referencial" (Dávalos 2002, 92). La prohibición de aprender a leer y escribir es un ejemplo emblemático del rol que el conocimiento asume en la sociedad. Dávalos lo explica en estos términos:

> Así, la decodificación del 'libro de rayas' se constituye en la representación gráfica de un campo de luchas por el acceso al conocimiento y a la decodificación del poder. Acceder al libro de rayas y al libro de socorros, era acceder a la comprensión de los mecanismos de poder de la hacienda, era socavar la autoridad y el prestigio del patrón de hacienda, era subvertir los códigos culturales, simbólicos y semióticos del poder de la hacienda. A lo largo de todo el siglo veinte, los patrones de hacienda van a perseguir y castigar con dureza a los indios que proponían la alfabetización y la escolarización indígena. El patrón de hacienda tenía el privilegio de controlar la producción del saber y las formas de decodificación de ese saber (2002, 92).

Como ha sacado a la luz la investigación de Martínez Novo (2016a), la lectoescritura es prioritaria en las luchas indígenas. Mediante la narración en torno a la toma de una hacienda por una organización indígena en la provincia de Imbabura, la autora muestra esta estrecha conexión entre alfabetización y lucha por la tierra. Se refiere a la escritura como a una herramienta para percatarse de la injusticia (a través de la lectura de la Ley de Reforma Agraria) y como un medio para luchar contra ella (una lucha legal a través de los documentos). Este relato, además de asignar a la escritura el rol de único instrumento de interlocución con el Estado, subraya cómo se asociaban a esta unos poderes espirituales que la conectaban con la esfera religiosa y sobrenatural, lo cual nos da la medida del poder que asignan a la escritura quienes estuvieron excluidos de la enseñanza.

Aprender a leer y a escribir y, por tanto, acceder a la lengua dominante posibilitaba a la población indígena conocer mejor el contexto político y contar con una mayor capacidad de protesta. Esto era vital para tratar con el Estado

---

[33] Como lo señala Lentz, "el trabajo gratuito exigido a los comuneros en compensación por el uso de agua, los caminos y la recolección posterior a la cosecha, recibía con ostentación el nombre de 'ayuda'; la parcela del huasipungo 'ración'; el adelanto en especies de los sueldos –estipulados por la ley, pero casi nunca pagados– se denominaba 'socorro'" (2000, 209).

—entendido como una "circulación de papeles"–[34] sin intermediarios.[35] Este posicionamiento esclarece por qué la lucha para mejorar el nivel de vida de los pueblos indígenas y la organización política a estos vinculada han estado fuertemente ligadas a promover oportunidades educativas y demandas para desconstruir el saber oficial, así como proponer un cambio radical en la estructura del Estado desde la noción de plurinacionalidad.

### 4.2. Enseñar en secreto

Durante la Revolución Liberal, Eloy Alfaro se propuso por primera vez ampliar la educación a las esferas marginales de la sociedad ecuatoriana. Este proyecto se concretó al asignar a los propietarios de hacienda, mediante el decreto 837 de 1899, el deber de establecer unas escuelas para los niños y las niñas que vivían en sus predios. "En todo fundo en que hubiere más de 20 indios adscritos a él, el amo estará obligado a hacer que concurran diariamente, a la escuela más inmediata, los indios niños hasta que cumplan la edad de catorce años. Si no hubiere escuela inmediata, el amo le establecerá gratuitamente en el mismo fundo" (art. 9, Decreto 837, del 15 abril 1899).

De esta manera, se crearon las escuelas prediales, denominadas así por ubicarse en los terrenos de la hacienda. A pesar del decreto y de que la Constitución de 1906 reiteraba esta obligación, se siguió ignorando la ley (con la complicidad –disfrazada de negligencia– del Estado). Además, los hacendados llegaban a dar disposiciones a los profesores para que no recibieran a jóvenes indígenas en las escuelas situadas fuera de la hacienda. Dávalos (2002) documenta cómo los hacendados habían prohibido expresamente, y bajo amenaza de una severa represión, que los indígenas de la hacienda se educaran y aprendieran a leer y escribir.

Como los hacendados no proveían las estructuras educativas que les imponía la ley, surgieron en el país las primeras escuelas clandestinas. Este fenómeno coincide con la acción de Dolores Cacuango, mujer indígena sujeta al sistema de hacienda, que, mediante su actividad en los sindicatos de corriente comunista, en particular el Juan Montalvo,[36] dio a conocer las condiciones en las que vivían los 'indios conciertos'. Dolores fue también una de los fundadores de la Federación Ecuatoriana de Indios (FEI). Ella impulsó que se crearan escuelas en donde niños y niñas indígenas aprendieran 'letras' (es decir, el cas-

---

[34] El término es de Das y Poole, que subrayan que tratar con el Estado consiste "en gran medida en preparar y entender documentos escritos, actividades de las que los pueblos andinos estuvieron históricamente excluidos" (citado en Martínez Novo 2016a, 208).

[35] Entre otras figuras, es importante recordar el rol de los 'tinterillos', los abogados locales que se ocupaban de ayudar a indígenas analfabetos en sus luchas contra el Estado y los terratenientes.

[36] Considerada la primera organización rural de Ecuador (González Terreros 2015).

tellano) para comprender el idioma del otro y así defenderse contra los abusos de poder del hacendado.

La primera 'escuela kichwa' se fundó en Yanahuaico (Pichincha) en 1946; le siguieron las de Chimba, San Pablo Urco y Pesillo, en Cayambe, para después difundirse en toda la Sierra ecuatoriana. Mediante el aparato hacendatario se amenazaba continuamente el trabajo de estas escuelas. Según Oliart (2018), "disuadía" o impedía acceder a la educación incendiando las escuelas y castigando físicamente a campesinos y campesinas que las frecuentaban o que enviaban a sus hijos e hijas. Por eso, fue necesario poner en marcha una serie de simulaciones para garantizar la continuidad de la enseñanza.

> [Los hacendados] hostigaban de diferentes formas para evitar que las escuelas funcionaran y que los niños continuaran con sus estudios. Tenían miedo de que ya educados se rebelaran como así sucedió. [...] Dolores vigilaba, estimulaba y estaba pendiente del funcionamiento de las escuelas. Frente a cada amenaza de los patrones, Dolores y Luisa[37] se ingeniaban para despistarlos mediante novedosos recursos, como ocultar la escuela con tapias, construir pupitres desarmables que se podían esconder en cuanto se veía venir a los enemigos. Otra táctica fue que las escuelas enseñaban por la noche, y para que los patrones no supieran dónde funcionaban, todas las chozas permanecían alumbradas mientras duraba el tiempo de las clases (Rodas citado en González Terreros 2015, 83-84).

Si bien la educación nacional buscaba castellanizar e incorporar los valores blanco-mestizos en la población indígena para unificar la nación (modelo que se mantuvo hasta la segunda mitad del siglo XX), las escuelas de Dolores Cacuango tenían otro fin. Eran un proyecto para construir una educación liberadora, que despertara el sentido crítico, que permitiera pasar desde la conciencia ingenua a la conciencia crítica y autónoma, y que se convirtiera, parafraseando a Freire, en una *práctica de la libertad*. La experiencia de Dolores fue duramente reprimida y ella fue hostigada y perseguida por la policía, que llegó incluso a quemar su choza. Las escuelas clandestinas empezaron a cerrar a medida que la salud de Dolores empeoraba y el apoyo de la FEI disminuía. Este proyecto de resistencia acabó de manera violenta, después de casi dos décadas de actividad, luego de que el régimen militar de 1963 quemara la última escuela, gestionada por uno de los hijos de Dolores.

Sobre los principios y la metodología didáctica que caracterizaban a las escuelas clandestinas se desarrollaron las reivindicaciones educativas que darían lugar a la EIB en Ecuador. Estas demandas tenían sus raíces en la lucha reactiva contra las imágenes que a partir de la colonización se habían construido

---

[37] Luisa Gómez de la Torre fue una profesora jubilada, comprometida con las causas sociales de las comunidades indígenas de Cayambe y formó parte del Partido Comunista.

sobre lo indígena, así como en la necesidad de apropiarse de la educación para cuestionar el modelo homogeneizador de la escuela nacional, salir de la marginalidad y acceder a una cierta movilidad social. De esta forma se entrelazaban los dos papeles de la escuela, como se habían formulado en la lucha indígena. El primero consistía en revertir las jerarquías de saber basadas en visiones discriminatorias hacia la población autóctona, sus saberes y sus prácticas. Y el segundo, en revertir la jerarquía social, que veía (y que en muchos aspectos aún ve, a pesar de algunas excepciones) a los indígenas y las indígenas desempeñar las tareas más humildes al margen de la ciudad o en las zonas rurales cada vez más pauperizadas.

Las escuelas de Dolores se basaban en superar los límites de las escuelas hispanas y en enseñar el castellano (obviamente indispensable) a partir del kichwa. De esta forma, se liberaban de la necesidad de intermediarios y superaban las formas ventrílocuas de la representación. Estas escuelas contaban con maestros indígenas, lo cual les permitía acceder a un rol que les fue tradicionalmente impedido y mostraba a niñas y niños la posibilidad de cumplir papeles diferentes dentro de la comunidad. Además, reconocían la importancia de aprender del otro y evidenciaban la relación de poder con este. Manejaban una particular forma de interculturalidad, orientada no tanto a reconocer o aceptar una pluralidad étnica o social y a tolerarla dentro de la matriz y estructuras establecidas, sino dirigida, según González Terreros, a

> develar esos modelos de relaciones que tienden a naturalizarse, planteando la posibilidad de reconocer las historias de las culturas más locales y sus organizaciones, para hacer evidente que la sociedad no es plural en el sentido en que todas las culturas son iguales y al mismo tiempo diferentes, sino que sus relaciones han sido asimétricas, jerárquicas y en no pocos casos impuestas (2015, 77).

Esta concepción de interculturalidad elaborada a partir de las experiencias clandestinas formaría parte de los numerosos proyectos de educación indígena de finales del siglo XX. Estos contaban con el apoyo de la Iglesia católica progresista, antropólogos y antropólogas de los encuentros de Barbados, los partidos socialistas y comunistas de la época, y las agencias de desarrollo. Estas experiencias se consolidaron en 1988, en un único sistema dentro de la estructura estatal: la Dirección Nacional de Educación Intercultural Bilingüe (DINEIB). Después de crear este sistema unificado, las escuelas que contaban con al menos un 80 % de estudiantes indígenas pasaron a la jurisdicción de la DINEIB. La característica que volvía el sistema de educación intercultural bilingüe ecuatoriano una excepción y una novedad en el panorama latinoamericano consistía en que sería totalmente administrado por las poblaciones indígenas. El programa se convertía, así, en uno de los logros más importantes del movimiento indígena.

## 4.3. La discriminación

Mientras tanto, y a pesar del esfuerzo liberal (que como quiera estaba interesado en asimilar a la población indígena a la cultura mestiza), el sistema escolar seguía siendo excluyente y discriminatorio para mujeres y hombres indígenas. Incluso a la mayoría se le prohibía, a pesar de la ley, frecuentar las escuelas, y hasta tiempos muy recientes quien lograba acceder a este lugar era víctima de las discriminaciones y violencias de maestros, maestras y de la población blanco-mestiza.

La investigación de Carlos de la Torre (1997) sobre los 'rituales racistas' en la escuela muestra cómo maestros y maestras reproducían las jerarquías raciales en las clases.[38] Analiza cómo se producía la diferencia desde los textos y discursos oficiales hasta la práctica en la vida cotidiana. En esta perspectiva, la escuela, como mecanismo de movilidad social e integración a la sociedad blanco-mestiza, es un sistema que "crea y recrea las jerarquías étnicas marcando el cuerpo y el alma con el estigma y la vergüenza de ser indios" (De la Torre 1997, 115). El autor subraya que el maltrato físico y psicológico era una práctica cotidiana en la escuela, en la que los golpes (que en la época analizada sufrieron asimismo, aunque con menos frecuencia, los mestizos) venían acompañados de los insultos racistas. La motivación del castigo es imputable, según el análisis, a una transgresión fundamental del estudiantado indígena: haber entrado en un espacio al que *naturalmente no pertenece*, "implícitamente planteando la democratización de las jerarquías espaciales-raciales de casta que los excluyen del acceso al trabajo intelectual y los relegan al trabajo manual de campo" (117).

La escuela, al ser la forma de acceder al poder exclusiva de las clases mestizas, tenía que ser defendida mediante el "castigo ritualizado que marca el cuerpo de los niños y niñas indígenas con golpes, injurias raciales y humillaciones públicas […] un ritual de poder en un lugar de poder en que este aparece en todo su despliegue" (Guerrero citado en De la Torre 1997, 118). Una vez más, el pensamiento del Estado se encarna mediante su ciudadanía. La vieja invisibilización, el mestizaje y sus bases racistas se reflejan en las prácticas cotidianas, de modo que la ciudadanía garantiza el orden dominante.

El racismo no existe en el vacío, se reproduce y recibe la influencia del racismo de las clases dominantes, plasmado en las construcciones de matriz colonial. De esta forma, la escuela enseña el racismo, y el cuerpo de niños y niñas resulta ser "marcado por el estigma de ser indio en una sociedad que lo desprecia" (De la Torre 1997, 119). Esta reflexión a propósito del cuerpo marcado por el estigma me recordó el célebre trabajo de Goffman ([1963] 2018) acerca del mismo tema, cuya primera edición se publicó en el mismo periodo en el que se sitúan las experiencias de los estigmatizados de Carlos de la Torre.

---

[38] Según la lógica de las instituciones estatales que garantizan la reproducción de las jerarquías de poder en la sociedad.

Si bien los dos contextos son diferentes, creo que es posible establecer un paralelismo entre los fenómenos analizados por el sociólogo canadiense y la población indígena de Ecuador. Los estigmatizados de Goffman sufren de la misma deshumanización que fue reservada a los indígenas y las indígenas, y son sujetos a los mismos mecanismos de exclusión. Mediante estos,

> ponemos en marcha una variedad de discriminaciones, gracias a las cuales, de hecho, por cuanto a menudo inconscientemente, le reducimos las posibilidades de vida. Elaboramos una teoría del estigma, una ideología para explicar su inferioridad y demostrar el peligro que representa, en ocasiones racionalizando un resentimiento fundado sobre otras diferencias, como las de clase social. En nuestras conversaciones cotidianas utilizamos específicos términos estigmatizadores […] que se vuelven fuente de metáforas e imágenes. […] Tendemos a atribuir una amplia gama de imperfecciones sobre la base [del estigma] inicial (Goffman [1963] 2018, 31).

Una experiencia citada por Goffman en el descubrimiento de un propio estigma es la del ingreso a la escuela, un momento de fuerte desilusión que también menciona Carlos de la Torre.

> Mi primer día de clase lo hice lleno de felicidad. Recuerdo que me habían comprado una ropa fina […] yo siempre había querido ser como los demás […]. Me entró un poco de miedo tanta gente desconocida, pero pensé los hijos de los vecinos que eran mestizos están aquí. […] me han de hacer caso, han de jugar conmigo, ahora voy a ser igual que ellos: yo también estoy en la escuela. Cuando quise acercarme a mis vecinos estos andaban con otros amigos mestizos. Fingieron no conocer, así que yo le dije ¡hola! Y los otros niños mestizos preguntaron a mis vecinos mestizos: ¿le conoces al de chimba? […] dijeron frontalmente que no, lárgate de aquí longo sucio […]. Y como te había dicho, mis papás para este día me habían comprado ropa fina y, sin embargo, me dijeron longo sucio […] todos los niños indígenas creo que instintivamente buscábamos un rincón donde no nos puedan ver, donde no nos puedan lastimar (De la Torre 1997, 116).

Los maltratos continuaban en el aula, el mínimo error era castigado con violencia e insultos que recalcaban las imágenes deshumanizantes de siempre. Como hace notar Goffman, las deficiencias o los errores del sujeto estigmatizado tienden siempre a ser automáticamente atribuidos a su estigma. Esto puede aplicarse nuevamente a las narraciones de Carlos de la Torre.

Además, cuando pasábamos al pizarrón y si nos equivocábamos en algo, la profesora gritaba: ¡a cuidar vacas, longo rudo, para eso servís manavali![39] Sin embargo, cuando un niño mestizo se equivocaba en algo mucho más simple que nosotros los indígenas, la profesora jamás se expresaba mal ni tampoco le decía groserías (1997, 119).

Las estrategias de padres y madres de familia frente al maltrato de sus hijos e hijas podían ser diversas: desde aceptarlo de manera pasiva o utilizar la reciprocidad desigual (siguiendo el modelo paternalista de la hacienda, los padres de familia solían hacer regalos a profesores y profesoras para disminuir el maltrato sufrido por sus hijos e hijas), hasta impugnar de manera directa los actos discriminatorios. En mi investigación, he podido ubicar una estrategia más: disfrazarse de mestizo. Así me lo contó un profesor kichwahablante en la escuela intercultural bilingüe de Sisid.

Profesor kichwahablante. Mis padres, indígenas con pelo, con kushma con toda la ropa y todo, mis padres me pusieron en una escuela central pensando que yo, al estudiar en una escuela central, tenía que ser mejor del resto, y yo, cortado el pelo para distinguirme como un mestizo más y no ser maltratado como un indígena, entonces me llevó a ese modelo de pensamiento de que el mestizo es mejor que el indígena. Entonces yo que corté el pelo, me vestí igual que un mestizo querían que me sintiera igual-igual, para no ser discriminado, maltratado de otra cultura. Entonces yo, después, ya cuando terminé mis estudios cuando estaba en un trabajo, hice memoria de quién soy yo y quién debo ser. Entonces allí es cuando retomé de hacer crecer mi pelo, igual pensar un poco mejor de lo que yo tengo que ser y retomar las raíces desde dónde vengo y hacia dónde tengo que caminar. Querían identificarme como un mestizo, y decir que yo soy antes otros, yo era mestizo. Entonces más o menos estas realidades ha vivido el pueblo indígena, el pueblo runa y muchas veces *un poco disfrazarse para no ser maltratado por otras culturas*, y bueno hasta la fecha algunos se lo toman como estrategia, pero hoy en día al menos es menos el maltrato.[40]

A raíz del levantamiento indígena –la culminación de un proceso histórico más largo de cambio de relaciones interétnicas– existe una voluntad expresa de rebelarse ante este tipo de humillaciones y cuestionarse acerca del carácter mestizo de la identidad nacional. Los primeros proyectos en educación intercultural bilingüe (junto con los factores que han llevado a una 'toma de

---

[39] Estas expresiones sirven para recordar cómo la persona indígena en el aula es una *fuera de lugar*, y por eso es amenazante y combatida por el profesor, que encarna el pensamiento del Estado y actúa por él y en su lugar.
[40] Entrevista a profesor kichwahablante de la escuela intercultural bilingüe de Sisid, provincia de Cañar, octubre 2018.

conciencia') fomentaron la creación de una 'identidad indígena'. En 1979 los inimaginados del proyecto nacional accedieron en grandes grupos al voto. Este factor abrió nuevas posibilidades en sus luchas por adquirir la plena ciudadanía, para democratizar las relaciones étnicas, acceder a los recursos económicos, terminar con el racismo institucional y reconocer la 'igualdad y diferencia' como indígenas.

La transformación de la palabra 'indio' puede dar una medida de los cambios estructurales y políticos de esos años: "Una palabra que connotaba el estigma y la vergüenza de ser indio se transforma en símbolo de identidad y orgullo étnico" (De la Torre 1997, 125). Esto no implica anular la conflictividad entre la población mestiza y la indígena, sino que dibujará un panorama contradictorio en torno a la práctica de educación que, además, al declararse 'intercultural', no deja de ser discriminatoria, sobre todo en aquellos lugares que históricamente no se definen como 'apropiados' para los indígenas.

## 5. La EIB: tensiones entre las potencialidades de un programa decolonial y la crisis del proyecto cultural indígena

He descrito cómo la respuesta indígena a los regímenes de representación blanco-mestizos, y a las prácticas violentas y discriminatorias que estos legitimaban han tenido que ver, desde el principio, con formular una escuela propia, en la cual contrarrestar el racismo y la homologación. Altmann llega a considerar, en este sentido, que "los intentos de una educación indígena autogestionada son casi tan antiguos como el movimiento mismo" (2017b, 19).[41] A raíz de las experiencias que he mencionado, desde 1981 la educación indígena se ha profesionalizado paulatinamente mediante una serie de investigaciones sociolingüísticas y educativas. Así fue como en mayo de 1985 el Ministerio de Educación suscribió un contrato con la agencia de cooperación internacional alemana GTZ para desarrollar un proyecto de Educación Bilingüe Intercultural. El programa era experimental y comenzó en el año escolar 1986-1987. Funcionó durante seis años e incluyó organizaciones kichwas locales y regionales.

A partir de esta experiencia el proyecto por una EIB se instituyó oficialmente con un convenio entre la CONAIE[42] –que desde su origen planteó la

---

[41] Las reivindicaciones del movimiento indígena por la construcción de un Estado plurinacional han estado desde el principio estrechamente vinculadas a las demandas por una conservación de las lenguas y cultura propias, así que la educación intercultural bilingüe se puede considerar como la base del proyecto político del movimiento indígena (Cruz Rodríguez 2014; Martínez Novo 2009; Sánchez-Parga 2010), destinado a contrarrestar los procesos de descrédito de los saberes e idiomas autóctonos y la crisis de la transmisión de la memoria colectiva que eso engendra.

[42] El sistema de EIB funciona desde que el presidente Rodrigo Borja promulgó el Decreto 203, del 15 de noviembre de 1988, que reformó el reglamento de la Ley de Educación y

necesidad de construir un órgano nacional de educación intercultural dirigido por las organizaciones para tener facultades de decisión frente al tema educativo– y el Ministerio de Educación. Con este acuerdo, en noviembre de 1988 se creó la DINEIB como departamento independiente dentro del Ministerio. En aquella ocasión, se estableció que las organizaciones indígenas nombraran al personal administrativo y contaran con autonomía para elaborar los materiales didácticos y del currículo; además, que junto con la comunidad y las organizaciones locales nombraran profesores. El Estado se encargaría de financiar el programa bilingüe.[43] Así se configuraba el primer sistema educativo en América Latina diseñado y dirigido por los movimientos indígenas y de carácter estatal.

La EIB se basaba en valorar la cultura y el idioma vernáculo como primario, en la autonomía de las organizaciones indígenas para contar con su propio modelo de educación, en la relación entre escuelas y comunidad y, finalmente, en formar maestros indígenas. Este último punto, logrado mediante institutos pedagógicos interculturales a cargo de la DINEIB y en convenio con algunas universidades, coincide con la toma de conciencia de la Dirección de que el escaso conocimiento de maestras mestizas y maestros mestizos sobre la lengua y culturas autóctonas se traducía a menudo en prácticas discriminatorias.

Desde su fundación, la EIB se ha impuesto como un proyecto de reacción y respuesta frente a las imágenes producidas sobre la persona indígena. Se orienta hacia una lucha contra las jerarquías sociales y epistemológicas: una forma de definir un nuevo rol de las poblaciones autóctonas y sus conocimientos dentro de un Estado que había de ser radicalmente transformado. En este sentido, muchos objetivos en los que se basan los levantamientos indígenas repercuten de manera directa en sus luchas en el campo educativo, pues las dos acciones (reivindicación por mejorar la situación socioeconómica y por una educación propia) siempre fueron pensadas y llevadas a cabo en conjunto. Los levantamientos, en efecto,

> son reflejo y manifestación de su insurgencia política que es, a la vez, una insurgencia epistémica; epistémica no solo por cuestionar, desafiar y enfrentar las estructuras dominantes del Estado –las que sostienen el capitalismo y los intereses de la oligarquía y del mercado– sino también por poner en escena lógicas, racionalidades y conocimientos distintos que hacen pensar el Estado y la sociedad de manera radicalmente distinta. Es esta insurgencia política y epistémica que está trazando nuevos caminos –tanto para

---

delegó a la DINEIB diseñar un currículo idóneo. Desde ese momento, la CONAIE y el Estado empezaron un sistema en cogestión para mantener la EIB en los niveles primario y medio, bajo la autonomía de las organizaciones indígenas.

[43] Según Altmann, este punto refleja el mayor problema de la EIB: "Desde que se creó, la DINEIB tuvo problemas de presupuesto, tanto para la infraestructura como para los salarios (por ejemplo, 80 dólares al mes en la Amazonía en 2005)" (2017b, 22).

los pueblos indígenas y afros como para el conjunto de la población– que realmente dibujan un *horizonte decolonial*, haciendo dar la vuelta a lo que hemos entendido como Estado y a las lógicas y significantes que han sostenido tal entendimiento (Walsh 2008, 134; las cursivas son mías).

Las organizaciones indígenas que desconocen las pasadas imágenes de sí elaboran un nuevo discurso a partir de su autodefinición de "pueblos y nacionalidades indígenas", hacia la construcción del Estado plurinacional e intercultural. Este discurso político propio, que ya se gestaba desde los años setenta, rompe con las representaciones ajenas y se fortalece mediante la creación (o la apropiación) de conceptos nuevos. Nacen las demandas de autonomía territorial, vinculadas a un concepto de nacionalidad con estructuras sociales propias dentro de este territorio reivindicado.

Mediante las nociones de "plurinacionalidad", "nacionalidad" y "territorio", Altmann denota cómo "el subalterno puede hablar" (2017b, 24) y crear una nueva identidad indígena que transforma a los sujetos pasivos en actores de una lucha que desembocará en los levantamientos nacionales por venir. La característica fundamental de esta etapa consiste en que la lucha indígena empezó como una batalla, jugada desde el principio, en la esfera del saber. Cuestionó el orden simbólico dominante, rechazó las identidades impuestas y promulgó una reivindicación epistemológica para aceptar formas otras de construir conocimientos más allá del simple consenso en torno a su estatus de saberes "tradicionales" (Walsh 2007b).

Los indígenas se organizaron para reivindicar una cultura propia y diferente, cuyo emblema es la idea de "unidad en la diversidad". Se trataba de rechazar las representaciones que inferiorizaban a lo indígena y legitimaban su explotación a manos de los mestizos, para visibilizar las estructuras de poder funcionales a la dominación –ya no concebible como hecho natural– de los sujetos marginalizados. Se introdujo el tema del poder en el imaginario de la diversidad cultural y se cuestionó así la matriz colonial de este. De esa manera, se volvió a sacar los fantasmas coloniales que siguen infestando los espacios de las naciones latinoamericanas.

La presencia de la población indígena inaugurada por su lucha primeramente epistemológica hizo que preocuparse por la recuperación histórica y cultural fuera el primer paso hacia otros objetivos como la autodeterminación y la autonomía. Así, las reivindicaciones tomaron la forma de una demanda por una educación propia, con la cual refundar su propia historia en el interior del país, rescatar su lengua y las formas no narrativas de conocimiento (Boone y Mignolo 1994), que habían sido invisibilizadas por el régimen de representación colonial. De esta manera, se trataba de construir, mediante la interculturalidad, un proyecto decolonial en el que estaban en juego las diferentes versiones de la verdad y de la realidad, los saberes que las construyen y sus intersecciones con los asuntos de poder.

Al hablar de decolonialidad me refiero en particular a las definiciones de Mignolo (2007), y de Mignolo y Walsh (2018), que atribuyen al proyecto decolonial la misión de deconstruir la narración colonial inherente a la idea de América Latina. En esta, el occidentalismo es el *locus* de enunciación a partir del cual se ha clasificado y caracterizado al otro, y se ha sostenido una lógica de dominio reiterada. Por ello, es fundamental contar con una teoría decolonial para reinscribir y repensar el pasado y el presente de Latinoamérica, para superar una realidad en la que su humanidad viene pensada y oprimida dentro del esquema colonial. Según el paradigma crítico latinoamericano, mediante un pensamiento nuevo se debe crear una epistemología decolonial. Esta ha de ser, en primer lugar, *una epistemología descolonizada*,[44] "una resistencia semiótica capaz de resignificar las formas hegemónicas de conocimiento desde el punto de vista de la racionalidad post eurocéntrica de las subjetividades subalternas" (Castro-Gómez y Grosfoguel 2007, 20).

Esta epistemología decolonial sería la base, según Catherine Walsh, para formular la "interculturalidad crítica"[45] que plantea el movimiento indígena. Se la considera un proyecto político orientado a sacudir el poder de la colonialidad[46] y del imperialismo, "poniendo en cuestión la realidad sociopolítica del neoliberalismo como se reflejaba en los modelos de Estado, democracia y nación [...] parte de un proceso de descolonización y transformación" (Walsh 2007a, 49). Esta nueva epistemología es *decolonial*, en tanto que se constituye como una configuración conceptual que, "al mismo tiempo que construye una respuesta social, política, ética y epistémica para esas realidades que ocurrieron y ocurren, lo hace desde un lugar de enunciación indígena" (50). Al cambiar el *locus* de enunciación, se instituye, según la antropóloga, una nueva práctica, en rebelión permanente contra las estructuras excluyentes y discriminatorias, hacia la radical refundación de la sociedad, de sus instituciones y de

---

[44] La expresión es de Renault (2013).
[45] De acuerdo con la autora, las poblaciones indígenas la definieron como proyecto de transformación radical de la sociedad, de sus estructuras e instituciones, pero también de las relaciones que en ella se construyen. "La interculturalidad crítica debe ser entendida como una herramienta pedagógica que pone en cuestionamiento continuo la racialización, subalternización e inferiorización y sus patrones de poder, visibiliza maneras distintas de ser, vivir y saber, y busca el desarrollo y creación de comprensiones y condiciones que no sólo articulan y hacen dialogar las diferencias en un marco de legitimidad, dignidad, igualdad, equidad y respeto, sino que también –y a su vez– alientan la creación de modos 'otros' de pensar, ser, estar, aprender, enseñar, soñar y vivir que atraviesan fronteras" (Walsh 2010, 15).
[46] Utilizo este término en el sentido que le otorga Walsh. Al contrario de 'colonialismo', asociado con un preciso evento histórico que termina con las declaraciones de independencia, la palabra 'colonialidad' expresa el *continuum* de violencia causada por la reproducción de las matrices de poder colonial.

sus relaciones. La interculturalidad que planteaba el movimiento indígena se articulaba con la idea de diversidad cultural y de plurinacionalidad.

En cuanto proyecto fuertemente cuestionador de las estructuras de poder y de la situación existente, llegó tempranamente contrapuesto a la multiculturalidad criticada por la CONAIE en su "Proyecto político para la construcción del Estado Plurinacional e Intercultural".

> La noción de multiculturalidad es indiferente al tratamiento político de los grupos diversos, es decir promociona la cultura hegemónica y la segregación a la cultura subordinada, oculta las relaciones de desigualdades e inequidades sociales, dejando intactas las estructuras e instituciones que privilegian a unos en relación de otros. A diferencia, la interculturalidad propugna un cuestionamiento profundo de la colonialidad del poder, a la vez que promueve el diálogo de saberes, de pensamiento, de conocimiento, epistemologías, y espiritualidad en una ruta de ida y vuelta de mutuo aprendizaje e intercambio (citado en Altmann 2017b, 28).

Al centro de la práctica educativa intercultural que propone el proyecto del movimiento indígena, se ha desarrollado además un intenso proceso de recuperación colectiva de la historia. Se ha reformulado un pensamiento crítico que ha conducido a 'historizar' la historia misma en cuanto disciplina, y cuestionar aquellos universales que han definido en el mundo su orden temporal y su proyecto: desde la revisión de la historia de la Conquista hasta la construcción del moderno Estado nación. Esta recuperación se expresa también en la voluntad de reinscribir los libros escolares. Estos, según Peter Siller, no han sido más que

> instrumentos oficiales de una memoria colectiva [...] expresión de los valores que permiten a una comunidad justificar su propia cohesión. No se trata entonces de escribir una "historia equilibrada", pero sí de exponer los elementos que puedan contribuir a la formación de una identidad nacional aceptable y aceptada en tanto que tal (citado en Porras 1994, 119).

### *5.1. Notas sobre las criticidades y los retos de la EIB desde la práctica intercultural*

La fuerza con la que el movimiento indígena ha perseguido su proyecto educativo ha hecho del programa de EIB ecuatoriano una excepción en América Latina, pues por primera vez se ha otorgado a un movimiento social la gestión de un sistema educativo. Mirando ahora y asumiendo que el sistema de la EIB esté destinado a "la implementación del Estado plurinacional e intercultural", como se declara en la Constitución de 2008, cabe preguntarse, junto con María Rodríguez Cruz (2018), hasta qué punto estos reconocimientos constitucionales se concretan en las prácticas educativas y en las políticas públicas del Estado, más allá de los discursos o de las declaraciones de intenciones. Cabría también interrogarse sobre las consecuencias de este tipo de educación en la situación de la población indígena, cuáles son los conflictos sociales que se encuentran en su desarrollo y en qué medida esta permite construir una "interculturalidad crítica".

Si bien el concepto de interculturalidad (como lo plantea Altmann 2017b) nació como proyecto decolonial de los movimientos indígenas que intentan romper con la historia hegemónica de una cultura dominante y otra subordinada, fue adoptado, en primera instancia, como un concepto que reflejaba las condiciones culturales del mundo indígena. En efecto, desde su concepción estatal, lejos de ser considerada un deber de toda la sociedad, la interculturalidad se ha transformado en una suerte de 'neoindigenismo' vaciado oportunamente de su contenido político y transformado más bien en un objetivo por alcanzar mediante medidas políticas en las que el papel de los indicadores cuantitativos agotaría cualquier cuestión o duda. Este vaciamiento habría convertido a un proyecto decolonial (y el potencial subversivo que lo acompañaba) en una meta definida *a priori*, que limitaría los debates acerca de las medidas técnicas por aplicarse.

La metamorfosis de esta noción, radicalmente tergiversada después de incorporarse a la lógica dominante, sería, según Altmann, "utilizada estratégicamente para implementar una política de segregación del *otro como otro* […] desvalorada por ser utilizada por actores políticos contrarios al régimen y reducida así a unas ideas mínimas de igualdad" (2017b, 29-30; las cursivas son mías). La interculturalidad, al volverse solo 'una palabra más', se convierte en un concepto *one size fits all*. Conlleva a la misma desigualdad entre culturas de siempre, en la que la hegemónica se impone sobre las subalternas. Se trata de un proyecto de Estado que no escapa de las mismas lógicas de gobierno de la alteridad, una forma de considerar 'al otro solo como otro', y marca una diferencia que es también desigualdad y un reconocimiento que se convierte inmediatamente en asimilación. Por esto, el autor concluye reconociendo cómo

> la historia de la interculturalidad es la historia de un intento de auto-determinación discursiva del movimiento indígena, un intento de hacer posible que el subalterno pueda hablar, y la historia del fracaso de ese intento. […] Aunque es la historia de un fracaso, debería darnos esperanza. Nos ha demostrado que es posible que los excluidos hablen y que, si bien por un momento, los intelectuales, políticos y demás integrantes de la sociedad mayoritaria excluyente, escuchen. Lo que debemos preguntarnos, siguiendo las recomendaciones de Walter Benjamin, es por qué no fue posible entender al otro, por qué aún entre los decoloniales y críticos subsiste el pensamiento occidental, y porqué el otro, efectivamente, no puede hablar. Hoy en día, el concepto de interculturalidad no promete liberación alguna. *Interculturalidad es una manera de endulzar el mandato de la asimilación* (Altmann 2017b, 34).

En la base de la preocupación expresada por el autor, se encuentra la criminalización de los movimientos sociales característica de la época correísta; la persistencia de un discurso político que, como demostraré, sigue reproduciendo los estereotipos asociados a lo indígena, y una serie de cambios en el proyecto educativo por medio de los cuales los gobiernos han tendido a recuperar el control estatal sobre el programa bilingüe. Con el gobierno de Lucio Gutiérrez (2003-2005), empieza a modificarse parcialmente el proyecto inicial, cuando vuelve a ser potestad del presidente nombrar a los candidatos para ocupar las posiciones directivas en las instituciones estatales que se encargan de los pueblos indígenas. La corrosión del poder del movimiento sobre la educación continúa con la pérdida de la autonomía de la DINEIB mediante el Decreto 1585 de 2009, con el cual el presidente Rafael Correa acabó con el control autónomo de las organizaciones y revirtió la responsabilidad al Estado ecuatoriano. Walsh (2010) plantea que este último cambio puede desacreditar a las organizaciones indígenas y restarles el poder de definir sus procesos educativos. Se elevaría nuevamente un Estado monocultural y uninacional, y se impulsaría una interculturalidad funcional al sistema dominante: en otros términos, un *multiculturalismo postneoliberal*.

Mi elección de hablar largamente sobre la representación del indígena en el proceso de construcción del Estado nación ecuatoriano me permite demostrar cómo, bajo la sombrilla de la interculturalidad, asistimos hoy en día a un regreso de regímenes de representación muy similares a los del periodo republicano (Bretón y Martínez Novo 2015). Retomando el discurso sobre el rol del capitalismo impreso en la formación de imaginarios del 'otro', puedo añadir, de acuerdo con Radcliffe y Westwood (1999), que el contexto del capitalismo actual se caracteriza por la proliferación de los tipos y del número de los canales de difusión. Se multiplican los medios por los cuales se pueden crear y negar las comunidades imaginadas.

Los nuevos medios de comunicación pueden ser, y de hecho son, utilizados por el Estado para difundir el nacionalismo oficial. Mi intención es demostrar que mediante un discurso gubernamental que todavía recalca los mismos estereotipos hacia lo indígena, se han deslegitimado las conquistas de sus movimientos, se ha atentado contra la construcción de un proyecto que cuestiona el sistema estatal y se han criminalizado las luchas sociales. No abandonaré las contradicciones internas al mismo proyecto indígena; al contrario, las integraré a la argumentación; no me limitaré a describir los hechos, sino que trataré de descifrarlos en su creación histórica. Es necesario un análisis que considere este panorama complejo y la brecha entre el discurso de la interculturalidad –tanto estatal como del movimiento indígena– y su aplicación con referencia a la sociedad y a los procesos sociales reales.

En conclusión, me concentraré en las tensiones entre un proyecto educativo en el que una práctica decolonial cuestionadora de la matriz colonial del poder se funde con una tendencia culturalista hacia lo que se define como 'lo indígena', en cuya perspectiva los grupos étnicos y 'sus culturas' son esencializados y presentados siempre iguales a sí mismos. Delinearé –a partir de un proceso de renacimiento identitario como rechazo a las citadas imágenes discriminatorias acerca de los indígenas– un panorama en el cual los proyectos antihegemónicos van de la mano con unas prácticas esencializadoras. Estas prácticas, en nombre de la 'interculturalidad' o de la 'autenticidad cultural', corren el riesgo de traducirse en una enseñanza somera de una 'cultura ancestral', tal vez mineralizada y folclorizada, tal vez llamada a legitimar proyectos estatales de clara matriz neocolonialista.

Es necesario restituir las discrepancias entre la reivindicación por una diferencia cultural basada en una resistencia hacia la pulsión asimiladora del capitalismo neoliberal y la tendencia a querer rechazar una 'indigeneidad' que no se siente como propia. Ese rechazo recalca la propensión de muchos padres de familia y estudiantes indígenas a adoptar una postura crítica hacia una educación 'de su cultura'. Cabrá interrogarse, por consiguiente, sobre los efectos de aquellos "imaginarios correlativos" (Radcliffe y Westwood 1999) que nos hablan del poder seductor de la idea de nación y del nacionalismo, que hace que las personas inviertan en su identidad nacional a través de una serie de acciones y de discursos. Estos imaginarios pueden volverse conflictivos en el marco de una fuerte reivindicación identitaria orientada hacia la valoración de una supuesta 'autenticidad cultural' que demanda reconocer las diferencias y las varias identidades étnicas. Tal vez abandonar la educación bilingüe es proyectarse hacia otros espacios, como a querer, mediante la educación 'hispana', acceder a otro nivel de ciudadanía, ser 'verdaderamente ecuatorianos'.[47] Este abandono puede, sin embargo, ser también el resultado de una reflexión, esta vez muy práctica, acerca de que, al estudiar en una escuela urbana e hispana, aumentan las posibilidades de lograr una carrera (universitaria o laboral).

Existe, por lo tanto, una tensión dentro de un proyecto en el que se combinan unas prácticas decoloniales y aquellos "cultos artificiales de los fenómenos pasados" de los que hablaba Ernesto de Martino (1949). Si no se reconoce esta doble cara problemática de la EIB y se la considera exclusivamente como oposición a una aculturación forzada mediante la cual reforzar la identidad de un pueblo o como un proyecto basado en visiones culturalistas, se corre el riesgo de aplastar la complejidad de la realidad en visiones dicotómicas e infértiles. Si el problema de esta última visión es no sacar a la luz el potencial cuestionador del proyecto del movimiento indígena, la primera remite a una perspectiva que no escapa al dilema entre pertenencia y asimilación. Desde esta perspectiva, resulta urgente considerar cómo –dado que la construcción de la identidad

---

[47] Muchos estudiantes de las áreas rurales de la provincia de Cañar, donde llevé a cabo parte de mi investigación, piensan en migrar. Ya que la gran mayoría de padres y madres de familia se encuentra en Estados Unidos, un profesor de EIB me comentaba cómo muchos estudiantes piensan reunirse con ellos; la frase que se repite con frecuencia es: "Yo termino mi educación básica y me voy".

nunca es un acto original, sino siempre un producto de relaciones e intercambios– la cuestión no es solo reclamar, con una reversión, la centralidad de lo que antes era subalterno. Al intentar liberarse de la opresión apelando a una propia identidad de oposición, se corre el riesgo de agudizarla.

El deslizamiento hacia formas de 'autenticidad cultural' podría además guardar en sí los gérmenes de una doble angustia, que se desarrollaría alrededor de los conceptos de 'lealdad' y 'traición'. Renegar de su propia 'identidad' y volverse mestizo es solo una cara de ese sentimiento, que remite a procesos de integración forzada y de aculturación. La otra cara, que merecería un análisis mucho más profundo, se relaciona con la práctica de la EIB. Se la percibe como instrumento de un renacimiento identitario, de un desafío epistemológico al pensamiento 'occidental' y de un cuestionamiento a las estructuras de poder. Sin embargo esta puede, tal vez, representar el principio de un callejón sin salida para aquellos estudiantes que no se reconocen en la identidad de aquel 'nosotros los indígenas' y en el modelo cultural presentado en las escuelas, pero tampoco pueden ser reconocidos como 'algo más que aquello' en las escuelas hispanas. No son los hombres y mujeres indígenas que se les pide ser, pero los demás les reconocen siempre y solo como tales. Al no ser ni una cosa ni la otra, el peso dramático de la incertidumbre puede ser difícil de soportar.

Esta tendencia refleja a una sociedad en la que, a pesar del gran trabajo de reivindicación y de revelación de la violencia de la representación hecho por el movimiento indígena, persisten actitudes discriminatorias hacia el estudiantado indígena. Estas no pueden resolverse reafirmando la grandeza de sus conocimientos ancestrales. El vaciamiento del proyecto decolonial del movimiento indígena, unas derivas identitarias que producen imágenes del sí mismo, del sí misma en las que ya no pueden reconocerse, y las mismas fallas que el proyecto continúa manifestando, repercuten cada día en la vidas de alumnas y alumnos. Todos estos factores no se pueden y no se deben reducir al binomio autenticidad-homologación.

CAPÍTULO 3

# La interculturalidad aplicada. Desafíos y problemáticas desde la observación de la práctica educativa

> Quem quiser ver em profundidade,
> tem que aceitar o contraditório [...] porque
> ele é o próprio nervo da vida.
>
> —Antonio Candido
> *Formação da literatura brasileira*

> Estábamos conformes [con la EIB], pero ahora que nos dañan así… Los líderes envían sus hijos a las escuelas hispanas… ¡que demuestren primero!, ¡nosotros vamos a copiarlos!
>
> —Entrevista a un padre de familia de la comunidad de Sagrado Corazón, Morona Santiago, noviembre 2018

## 1. La EIB en práctica: observaciones de campo y cuestiones abiertas

Los contextos en los que se llevó a cabo mi investigación son fruto de los procesos históricos y de las 'imaginaciones del otro'.[1] Antes de concentrarme en el primer sitio de indagación, revisaré las principales cuestiones abiertas y las problemáticas

---

[1] Estas imaginaciones del nativo como "conjunto de creencias relativas a su identidad" (Mbembe 2005, 45), de claro matiz colonial, disciplinan y orientan un cotidiano que, como ilustraré, no para de ser experimentado y vivido a partir de estas, que llegan y llegaban "a volverse objetivas no porque existía de verdad en la forma en la que era descrita, sino porque la gente actuaba en conformidad con lo que consideraba ser real y, en consecuencia, practicaba una serie de comportamientos y representaciones materialmente eficaces" (45).

que señalan las investigaciones etnográficas concernientes a aplicar el modelo de EIB (Martínez Novo 2009, 2016a, 2016b; Bretón y Martínez Novo 2015; Rodríguez Cruz 2017, 2018; Sánchez-Parga 2007; Tallé 2009, 2010; Canessa 2005) y las articularé con las observaciones que provienen de mi estudio. Las preguntas que han formulado los antropólogos y antropólogas citados cuestionan la capacidad de la EIB de resolver la discriminación histórica de los pueblos indígenas y su dificultad para acceder a la educación. Renuevan el debate, ya presente en los noventa, sobre la controvertida necesidad de un sistema educativo separado.

Las preguntas continúan desarrollándose alrededor de las mismas cuestiones: ¿Cómo la escuela podía tratar con niños definidos como 'diferentes' sin estigmatizarlos sobre estas bases? ¿El estigma y el trato desigual que experimenta un grupo minoritario son remediados de mejor forma al separar o al integrar estos grupos con los demás? Los dos remedios corren el riesgo de reforzar el estigma sobre la diferencia asignada a un grupo, ignorándola o focalizándose sobre ella. El riesgo es lo que Minow (1985) ha llamado el "dilema de la diferencia".

*1.1. El dilema de la diferencia*

En la base de la creación de la EIB se encuentra la voluntad de liderazgo del movimiento para resolver la discriminación y la inmovilidad social con las que se vinculaba a la población indígena. Si bien la reivindicación de una educación propia estuvo íntimamente ligada al proyecto político aupado por los levantamientos, permanecen algunas dudas sobre su necesidad o sus alternativas. Cabía y cabe preguntarse si formar un sistema educativo separado y paralelo al oficial y aplicar una educación 'a la medida' a una parte de la población ha facilitado el proyecto decolonial e intercultural del movimiento indígena o, al contrario, ha agudizado la marginalidad social de los grupos en cuestión.

Es importante subrayar cómo en este último decenio se pasó desde una educación *de* los indígenas hacia una educación *por* los indígenas, lo cual agudizó aquellas críticas que han insistido sobre el carácter segregacionista de un modelo bilingüe. Para salir del dilema, el estudio de Quishpe Bolaños (2009) se propone analizar la función de la EIB en el momento de su creación. Según el autor, esta fue otorgada por el Estado ecuatoriano a partir de la creciente "concientización" de los indígenas de su marginalidad. Esta se tradujo en un "resurgimiento identitario", basado en la idea de una cierta homogeneidad entre cada pueblo o "nacionalidad" indígena. El proyecto estatal respondía, en parte, "a las presiones sociales y la preocupación por mantener la gobernabilidad en la región, pero también es un mecanismo simultáneo de inclusión y exclusión de estos pueblos" (Quishpe Bolaños 2009, 118).

Si, en efecto, se incluye a los grupos indígenas en la vida del país al reconocer el carácter plurilingüístico o multicultural del Estado, al mismo tiempo se los excluye al mantenerlos en su posición de marginalidad. Con esto, se evita cambiar las condiciones estructurales del país (gran parte de cuya población marginal es convertida en mano de obra barata), al mismo tiempo en que se reconoce y sostiene el proyecto educativo indígena. Según el autor,

> mediante la oferta educativa como un mecanismo que –siendo formalmente irreprochable– da la ilusión de permitirles la participación social con igualdad de oportunidades en comparación con los demás grupos sociales. [La EIB] logró saldar cuentas con un pasado de dominación y explotación, legitimado desde su origen, pero resultó en la división del sistema de educación ecuatoriano en la EIB (para indígenas) y 'educación hispana' (para no indígenas); recreando formas sutiles de exclusión de la población en base a sus diferencias socioculturales, que se reflejan en los fines y contenidos de la educación diferenciada para cada grupo, que es estimulado por las expectativas y demandas que gran parte de los padres tienen sobre la educación y la lucha social del pueblo indígena. […] Por otra parte, re-elabora estructuras de dominación colonial en el Estado republicano, pensemos, por ejemplo, en la República de blancos y la República de indios frente a la educación intercultural bilingüe y la 'educación hispana' (Quishpe Bolaños 2009, 118).

Esta crítica demoledora representa unas de las voces que ven en la EIB una suerte de mecanismo forzado a crear un currículo único o un solo modelo educativo para la nacionalidad kichwa o shuar. Se requiere más bien un diálogo que evidencie la situación real de los pueblos, y esta perspectiva no implica desconocer el valor de la lucha indígena para constituir su propia educación, sino que la dota de los antídotos hacia unas derivas esencialistas. De esta manera, se construye una nueva conciencia, para la cual se requiere otra forma y calidad de la educación.

La nueva conciencia de los pueblos indígenas debe tener en cuenta la acelerada incorporación a la vida nacional y al sistema capitalista –que ha resultado en la pérdida progresiva de sus formas de vida, conocimientos y pensamiento–, así como la integración de formas nuevas de conocimiento y pensamiento del mundo externo que por mucho tiempo les fueron negadas. No se deben olvidar las relaciones de poder en la base de estas adquisiciones, pero tampoco debe buscarse refugio en una esencia intocable de lo indígena, que en poco ayuda a resistir frente a las nuevas y viejas formas de dominación. Se tiene que aceptar que se está configurando el nuevo "rostro, cuerpo y alma de ser indígena" (Quishpe Bolaños 2009, 121). Ahí se encuentran forzosamente nuevas cuestiones y, sobre todo, *diferencias* marcadas entre cada pueblo, dirigentes y "comuneros", generaciones y géneros. Es urgente, para Quishpe Bolaños, problematizar el sistema conceptual con el cual se define y pone en práctica la lucha indígena.

José Sánchez-Parga (2007), basándose en más de dos décadas de investigación sobre la EIB en la Sierra ecuatoriana, llega a conclusiones parecidas en su artículo "¿Por qué es un error enseñar la cultura y la interculturalidad?". Subraya el rol del culturalismo en la sociedad actual y cómo "las hipertrofias culturalistas y de lo cultural tratan de encubrir y sustituir las atrofias de lo social, en base a una inversión positivista e instrumentalista de la cultura" (Sánchez-Parga

2007, 183). El autor reconoce cómo la idea de interculturalidad, así como fue implementada, responde a una tentativa de suplir a la exclusión social (y a la falta de participación en la vida pública), como si se pudiera suplantar la falta de una real acción social por unas prácticas culturales, desde la idea de que estas puedan contrarrestar las profundas desigualdades sociales.

Además, Sánchez-Parga destaca cómo la EIB "construye" identidades culturales que son en sí problemáticas (figura 1). La EIB, en esta perspectiva, reposa sobre falsos presupuestos, como el asunto de que al enseñar la cultura se pueda reforzar la identidad de un pueblo, o que la interculturalidad (además de considerarse como exclusiva responsabilidad indígena) responda, de una cierta forma, a un intercambio entre culturas. Así se corre el riesgo de comenzar un proceso de reforzamiento identitario que tendría el efecto opuesto al de un proyecto intercultural. De esta forma, estos presupuestos responderían a una idea culturalista que se podría corregir mirando al carácter relacional de cada cultura y a su sincretismo originario. La EIB, así como se está implementando, según el autor respondería a la idea de que una persona indígena, conociendo muy bien lo que se le presenta como 'su cultura', podría participar en una relación intercultural sin que le afecte la cultura dominante.

El factor designado para reforzar la identidad cultural es el idioma, al cual se identifica con la cultura *tout court* (se llega a hablar de 'cultura kichwa', como se muestra en la figura 1). Además, en la práctica de la EIB, las materias que se enseñan responderían a una suerte de "antropología vulgarizada y más o menos aplicada y simplificada" (Sánchez-Parga 2007, 191). Gracias a esta, quienes estudian aprenderían la "propia cultura como si no fuera la propia", y, aún más, *aprenderían* su propia cultura reduciéndola a objeto de enseñanza/aprendizaje, como si solo a través de este proceso pudiera adquirirse. Este procedimiento, afirma Sánchez-Parga, llevaría a cosificarla, puesto que se le negaría su transformación constante y se la volvería una "artificial búsqueda de una esencia o a su reducción […] a un código de conductas" (2007, 193) y una entidad ahistórica. Eso implicaría una fijación cultural y una identidad cultural fijada, que impondría una misma experiencia, versión y vivencia de la cultura a todo un grupo humano y convertiría los derechos culturales en obligaciones culturales.

La EIB, además de fijar identidades en las que eventualmente no es posible reconocerse, haría de la cultura un objeto de enseñanza-aprendizaje. Esto la folcloriza, centrándose en los aspectos singulares que diferencian un grupo –esto sucede particularmente en las escuelas hispanas o 'interculturales', pero en ocasiones también en las escuelas bilingües–[2] o esencializa los rasgos culturales, al olvidarse de la influencia de los acontecimientos históricos en estos.[3]

---

[2] El gobierno de Correa, al transferir la gestión del modelo bilingüe al Ministerio, refundó el sistema educativo y lo dividió en dos ramas: la educación intercultural (la que se suele llamar 'hispana') y la educación intercultural bilingüe (EIB).

[3] Sánchez-Parga, en mi perspectiva, evidencia un riesgo de la EIB poco reconocido: el efecto de la cultura enseñada sobre los estudiantes y los efectos de desreconocimiento

LA INTERCULTURALIDAD APLICADA 97

**Figura 1.** Dibujos preparados para el Día de la Raza, rebautizado Día de la Interculturalidad y Plurinacionalidad con el Decreto Ejecutivo 910, firmado en 2017 por el expresidente Rafael Correa. En estos dibujos, a través de los letreros que definen los personajes como "Kichwa" o "Castellano" se actúa una identificación ficticia entre lengua y cultura. Fotos de Elena Perino, 2018.

Por un lado, el liderazgo indígena entiende a la EIB como una medida contra el olvido –como miedo a perder prácticas y conocimientos–, pues esta propone lógicas contrahegemónicas de resistencia hacia un modo de vida cada vez más insustentable y hacia imponer una memoria sistemáticamente traicionada. Por el otro, propone una visión esencialista de aquello que ha de ser lo indígena. De este modo, se da lugar a desreconocimientos y a identidades culturales problemáticas para los sujetos que las deben encarnar. Por ejemplo, algunos estudiantes de la EIB viven su experiencia educativa y de vida como un "enfrentamiento entre culturas" (Sánchez-Parga 2007, 206).

Estas identidades que fomenta la EIB pueden originar identificaciones complicadas desde el momento en que el estudiantado no se reconoce en la imagen culturalista a la cual se lo asocia de manera perenne. Además, se encuentra la situación de jóvenes que se involucran cada vez más en procesos migratorios internos o externos, que pueden no reconocerse y no ser reconocidos en las comunidades de origen, mientras que en el medio urbano se los sigue asociando a 'lo indígena'. Estas dobles identidades se configuran, a menudo, con una búsqueda del sí no siempre exitosa, en historias de vida atormentadas que no se reconocen totalmente en ninguno de los dos mundos en los que viven los jóvenes andinos y amazónicos.

No se trata aquí de afirmar que la práctica educativa bilingüe sea la única culpable de determinar identidades rígidas. Se reconoce, en cambio, cómo estas se basan en un pasado de opresión que ha creado representaciones discriminatorias sobre lo indígena, que se reiteran en la excluyente sociedad capitalista. Sin embargo, creo necesario destacar que esta educación ha de entenderse como parte de un fenómeno más complejo: el de una reivindicación identitaria que, si bien por una parte responde a la "concientización del grupo oprimido que vuelve posible su inserción, en tanto que sujeto, en el proceso histórico" (Freire [1970] 2002, 168), por otra, lleva consigo la necesidad de demostrar la traición histórica que los indígenas han experimentado como pueblos oprimidos y dominados. Esta ha consistido en deshumanizar y en negar de manera sistemática sus prácticas y pensamientos.

---

que esto puede implicar. Encuentro, sin embargo, un riesgo inherente al análisis del autor: al ver todo efecto como apropiación cultural, se deja en la sombra o se subestima el poder "anticultural" (Remotti 2011) de la sociedad capitalista: "antes del capitalismo, difícilmente se había visto una cultura dotada de una tan grande capacidad de destrucción de las demás culturas y de la naturaleza [...] una cultura que con sus procesos de mercantilización genera donde sea 'pobreza cultural'" (Remotti 2011, 285). Considero que es urgente ver tanto la alienación que provoca una reivindicación cultural que 'mineraliza' a sus representantes para recuperar prácticas ancestrales (a menudo recuperadas de las viejas etnografías), como aquellos procesos de homologación a un estilo de vida y de pensamiento que se ha vuelto más que imperativo cuestionar desde sus bases, frente a un futuro incierto y cada vez más alarmante.

Trataré de reconocer el proyecto histórico-social y conceptual del movimiento indígena ecuatoriano en su dimensión de fuerte desafío al orden dominante, sin olvidar los conflictos, las contradicciones y los desacuerdos que se han desarrollado dentro del movimiento mismo, como los peligros de una deriva etnicista que no hace más que reproducir la doble alienación del oprimido y del opresor. Esto genera reconocimientos que, al traducirse en obligación cultural, podrían dejar de ser liberadores para convertirse en una prisión. En efecto, esta deriva etnicista es también (pero no solo) fruto de una estrategia política que privilegia el pasado, los orígenes o 'lo ancestral' como criterio de reconocimiento de una diferencia cultural. Se traduce en posibilidad, para quienes ejecutan y reproducen este discurso, de acceder a fuentes de seudorredistribución de la riqueza o de asistencialismo que normalizan las subjetividades potencialmente subversivas al cristalizarlas en un discurso multicultural.[4]

González Terreros (2012) plantea la imposibilidad de resolver este dilema, ya que esto se funda en cómo el movimiento y el Estado conciben de manera antagónica lo que ha de ser una nación y sus reglas de funcionamiento. A pesar de que ambos actores utilizan el concepto 'plurinacional', se trata de dos formas organizativas y políticas muy distintas. El movimiento indígena exige una educación diferenciada para reconocer su propia autonomía, mientras que el Estado, con otra concepción de 'interculturalidad', más bien opta por una educación unificada que integre de manera progresiva los llamados 'saberes ancestrales' (que en todo caso nunca han superado el nivel de folclor).

Debido a la misma conformación del Estado, este conflicto queda irresuelto, puesto que el movimiento indígena no se inclina hacia una reforma que lo iguale al resto de la ciudadanía, sino a refundar el Estado, sus aparatos y su funcionamiento (Walsh 2007a). Mientras que uno quiere ajustar la escuela al Estado liberal, dando al movimiento indígena el carácter de actor sin real poder decisional, este último pretende construir una escuela alternativa a ese modelo hegemónico, en la que sea reconocido como real sujeto político. De esta forma, las reivindicaciones del movimiento no se encuentran en el sistema liberal (que a menudo busca cooptarlas) de un Estado que mantiene propuestas homogeneizantes. Para González Terreros (2012), no existen soluciones duraderas a las cuestiones que plantea la EIB dentro de la escuela moderna en el proyecto del Estado nación. Más bien, se reproduce el manejo de algunas situaciones conflictivas, como integrar en el proyecto educativo estatal algunas áreas y conocimientos 'claves'. Mientras tanto, el verdadero fondo del conflicto queda irresuelto, al reconocer de manera parcial unas reivindicaciones del movimiento

---

[4] Es suficiente notar cómo la fórmula 'comunidad indígena' ha protagonizado, desde los ochenta, los proyectos de cooperación al desarrollo capaces de gestionar capitales muy importantes. Este término, junto con 'saberes ancestrales', 'medicina tradicional', 'prácticas andinas' y 'cosmovisión', se ha transformado en un discurso hegemónico, un *must have* por cualquier proyecto que quiera ser aceptado y financiado.

indígena que no cuestionan las condiciones de exclusión y desigualdad que las producen. Así se deslegitiman y se criminalizan aquellas que fracturarían los fundamentos últimos de su propia estructura.

Otra forma de mirar este dilema puede ser considerar el papel que quienes representan al estudiantado o a la comunidad otorgan al sistema escolar. Lo ven como una manera de acceder a cargos más altos de los que suele desempeñar la población indígena y una suerte de inversión de largo plazo para obtener mayores ingresos futuros. Así se genera un cierto malentendido entre un proyecto decolonial y las necesidades cotidianas de las familias. Si quienes lideran el movimiento creen en la posibilidad de acceder –mediante el diálogo simétrico entre los saberes que se construyen con la EIB– a una forma diferente de Estado y de sociedad, y romper los patrones de dominación que reiteran la marginalidad de la población indígena, este plan chocará con los de las familias, que ven en el acceso al castellano y a una educación hispana la medida más segura de *salir adelante*.

En algunas familias se valora al castellano y se le atribuye una superioridad respecto a las lenguas maternas. Esto se debe a una experiencia propia, por la cual este idioma lleva consigo mayores posibilidades de empleo y de movilidad social. He observado que ciertas familias se refieren con rabia a esta diferencia y desconfían del proyecto de EIB. Al salir de la escuela escuché con frecuencia frases como: "Si es tan buena, que apunten a sus hijos" o "Ellos están en las mejores escuelas y nos dejan a nosotros acá". Estos reproches tal vez se dirigen a los políticos o, como relieva Martínez Novo (2009), incluso hacia el liderazgo indígena.[5] Esta ambigüedad acerca del papel de la escuela en las comunidades indígenas hace que cada vez más se tienda a inscribir a hijos e hijas en escuelas

---

[5] En una entrevista de la autora a un líder indígena, este no esconde la responsabilidad del movimiento en las críticas al sistema EIB. "Yo tengo una posición muy crítica con relación a DINEIB. La educación bilingüe se ha convertido en una educación para los pobres. Pregunte usted a los maestros bilingües qué porcentaje de ellos tiene a sus hijos en la educación bilingüe. Si defendemos la educación bilingüe la debemos defender con acciones, no con discursos. Si yo defiendo la educación bilingüe, debo tener a mis hijos en la educación bilingüe. Pero si no, entonces sólo estoy defendiendo mi puesto de trabajo. Critico la educación bilingüe porque es una educación de menor calidad. […] el gobierno no ha entregado suficientes recursos. Lo que propongo es que debe ser una educación intercultural para todos. Porque hoy sólo nosotros, la gente indígena, practicamos la interculturalidad. […] Desde luego me gustaría que mis hijos aprendan kichwa. Deben aprender a leer y escribir kichwa profesionalmente. Pero también deben aprender a leer y escribir español e inglés. […] Lo que defiendo es una educación intercultural con calidad […]. Una que permita que los niños no sean excluidos porque no tuvieron una buena educación" (Martínez Novo 2009, 182).

Regresaré más adelante sobre el hecho de que los estudiantes que pasan desde el modelo EIB hacia la escuela hispana sean casi siempre forzados a repetir al menos un año.

hispanas.⁶ La autora reflexiona sobre el fenómeno en estos términos, en mi opinión ilustrativos de las situaciones que se producen al implementar el modelo bilingüe:

> A pesar de los logros de la educación intercultural bilingüe, los niños parecen estar segregados en lo que muchos en la comunidad indígena perciben como un sistema de segunda clase. Los niños indígenas, según la percepción de sus padres, están excluidos de articularse a la globalización y a la modernidad en los mismos términos que otros niños ecuatorianos. Como demuestra el ejemplo histórico de las escuelas segregadas en el sur de Estados Unidos, 'separado e igual' ha demostrado ser la mayor parte de las veces 'separado y desigual'; sobre todo cuando uno de los grupos es socialmente discriminado. Las tensiones entre el proyecto culturalista original de los actores externos y la búsqueda de la integración y la movilidad social por parte de los indígenas de base han creado ambigüedades y tensiones que aparecen claramente en el contraste entre los discursos de la educación intercultural y su implementación (Martínez Novo 2009, 192).

Este malentendido hace que a menudo, incluso en ambientes académicos, quienes rechazan las escuelas bilingües, o, por ejemplo, no han aprobado los últimos cambios en las políticas educativas (tales como el cierre de las escuelas comunitarias) sean tachados de 'malagradecidos'. Pienso que en este continuo cuestionamiento, en esta inconformidad tenaz, residen las demandas de la población indígena por un cambio estructural capaz de superar un reconocimiento formal de la diferencia cultural y de pedir unas políticas redistributivas para llegar a la 'interculturalidad crítica' a la que se refiere la actual teoría crítica latinoamericana.⁷

---

⁶ Akkari (1998) subraya cómo la EIB, que define como "*Integrated-Enrichment Bilingual Education*" típica de la región latinoamericana, registra por lo general numerosos casos de retiros en favor de las escuelas hispanas. Reflexiona sobre la incapacidad de la EIB de responder, por sí sola, a un proyecto decolonial eficaz. "Aunque la educación intercultural bilingüe se implementó inicialmente para abordar cuestiones políticas, sociales [como las] injusticias económicas y educativas, en cambio, sigue siendo un poderoso instrumento de integración de estudiantes de lengua minoritaria. Es inútil esperar que la educación bilingüe lleve a una sociedad multicultural a menos que no tenga lugar una reestructuración de la histórica relación hegemónica entre lengua y cultura" (Akkari 1998, 103).
⁷ Es importante recordar cómo en lo individual, más allá de los grupos más politizados, hay también una tendencia que tal vez no se enfoca en refundar el Estado, sino a incluirse en el sistema capitalista. Muchas personas no quieren poner en cuestión un modelo basado en la concentración de la riqueza y en la exclusión social, sino que desean ser incluidas dentro de esto como pares. Este razonamiento puede aplicarse en varios aspectos de la lucha indígena: desde la educación hasta la ecología.

Esta tendencia a abandonar los establecimientos bilingües no es siempre un síntoma de que en las familias no se valora el idioma materno o de que han depreciado las prácticas tradicionales. Muchas familias hablan cotidianamente su propio idioma. En cambio, lo que se pide a la escuela es enseñar aquello que pueda utilizarse en la sociedad mestiza, es decir, "enseñarles a ser ciudadanos modernos" (Rival 1996, 156). Esto implica que quienes estudian en el modelo bilingüe puedan percibir al idioma materno como inútil. Además, con la escasa apreciación en las familias y en la sociedad mestiza se puede generar un conflicto interno en los estudiantes: "Si el instituto aplica el modelo de EIB, ellos pueden sentir un conflicto de obediencia frente a sus padres, en cambio, si la maestra prefiere la segunda lengua [el castellano], se desarrolla un proceso de autodiscriminación" (Von Gleich 2008, 359). Este *habitus* de negación (Tallé 2009) también se reproduce en las prácticas educativas integradoras, que reiteran un desprecio hacia una parte de la experiencia cultural que se desarrollaba fuera de la clase y que allí no podía entrar, es decir, la forma de vida indígena en el sentido más amplio del término.

> Una educación que niega lo que existe y provoca en el escolar una disociación esquizofrénica entre su vida concreta y sus horas en el salón de clase. Y eso tiende explícitamente, porque la convicción de que la escuela es el camino de la redención pasa por una convicción más profunda: lo que sabes no tiene valor, lo que piensas no tiene sentido (Bonfil Batalla citado en Tallé 2009, 335).

Esta angustia, producto de procesos históricos precisos, se agrega a la ya problemática definición de un sentido de pertenencia (en relación con la cultura mestiza e indígena), que es al mismo tiempo doble e incompleto en ambos términos. Respecto a este fenómeno, vienen a la mente las palabras de Marco Aime en el prefacio de *Los ríos profundos*. Al reflexionar sobre la vida de Arguedas, recuerda que el autor sintió al Perú "en quechua y castellano", pues vivió en un "mundo a caballo entre dos mundos, sin nunca haberse sentido verdaderamente parte de ninguno de los dos [...] una condición que puede enriquecer, así como desesperar" (Aime 2011, vii).[8]

---

[8] En esta perspectiva no es difícil, sobre todo en una investigación en las escuelas hispanas urbanas, toparse con historias de vida de estudiantes indígenas que han migrado desde las comunidades y que pasan por varias tentativas de redefinirse, a menudo frente a una fuerte discriminación. Por ejemplo, según los cuentos de un profesor, los estudiantes se cortan el pelo, tratan de vestirse de forma adecuada al ambiente urbano, luego cambian de idea y reivindican sus identidades indígenas, para pasar otra vez a querer ser mestizos, a menudo confinados a su 'indigeneidad' por los mismos profesores cuando se trata de 'enseñar' a la clase las prácticas *ancestrales*, de las que se supone sean profundos conocedores. Algunos de estos estudiantes pasan por fuertes crisis con desenlaces

## 1.2. Logros y desafíos de la EIB: el contexto de investigación

Las obras que cité al principio del capítulo me servirán para hacer hincapié sobre aquellas situaciones que se han considerado comunes al implementar la EIB, y que saltan a la vista también en mi investigación. A pesar de los problemas que discutiré a continuación, tanto en la bibliografía revisada como en la práctica observada, el sistema educativo bilingüe ha representado (y sigue representando) un ambiente menos hostil para el estudiantado indígena (al cual a menudo se discrimina en las escuelas hispanas), y una posibilidad de empleo para profesionales indígenas en un sistema laboral con rasgos todavía muy discriminatorios. En algunos centros educativos urbanos serranos, quienes estudian en las comunidades rurales, que descienden de migrantes o pendulares, así como integrantes del profesorado, se insertan aún dentro de este imaginario racista construido a través de siglos de 'imaginación'. Sobre esto, el rector de una escuela hispana urbana me comentó lo siguiente:

RECTOR DE UNA ESCUELA HISPANA. [La discriminación] de una forma o de otra va a haber, va a haber porque nosotros, por ejemplo, tenemos gente que viene del campo, del medio rural, y también hay gente que viene del contexto urbano. Entonces de pronto hay la discriminación, *a veces hasta de parte de los mismos maestros*. Los mismos maestros que de pronto dicen que la gente del campo es menos que la gente del pueblo, de la ciudad. Nuestra cultura, la mentalidad es así, a veces una persona niega, a veces saca su título y se considera más que otra, entonces la discriminación se va dando a diario. Quizás, no voy a decir que solamente es nuestra institución, sino es la sociedad en sí, es la sociedad, nuestra sociedad. Para que cambie eso realmente *tienen que pasar quizás generaciones*, debemos darle la misma atención tanto a un abogado, tanto a la persona que hace labores agrícolas en el campo, o sea, acá por ejemplo nuestra gente del campo tiene una forma particular de vestir, con los pollones [...]. Yo siempre les trato igual a todos, y eso es lo que trato también de conversar con los docentes: que se les atienda por igual a toda la gente. Eso es lo que hemos hecho, no tenemos mayor inconveniente, pero *siempre se percibe algo como eso, ¿no?*[9]

Otro ejemplo de esta actitud arraigada en la discriminación es la fuerte desconfianza hacia el profesorado indígena.[10] Para algunas familias, la presencia de

---

también trágicos. Para un estudio sobre la discriminación de los estudiantes indígenas en los establecimientos educativos urbanos, véase Cárdenas Vásconez (2012).
[9] Entrevista al rector de una escuela hispana, provincia de Azuay, octubre de 2018.
[10] Fanon, cuando en *Piel negra, máscaras blancas* se refería al candidato acusado de utilizar criollismos, afirmaba que el "arma definitiva de los antillanos" era minimizar al otro por no hablar francés o no poder comunicarse de manera adecuada en esa lengua ([1952] 2009, 51). En los contextos observados, la forma más fácil de descreditar al otro es subrayar que *no sabe expresarse en español*. Muchas de las reflexiones del capítulo

docentes indígenas es ya motivación suficiente para transferir a sus hijos e hijas a las instituciones hispanas. Este es un problema muy grave.

No fue nada inusual para mí encontrar opiniones negativas sobre profesores y profesoras indígenas (entre quienes también hay docentes con mucha preparación), tanto de parte de indígenas como de mestizos. Un día, un anciano propietario de una tienda de alimentos afirmó con seguridad: "La escuela no es buena, ¡solo hay dos profesores hispanos!". Me explicó, sorprendido de que yo no lo hubiese notado, que si los profesores indígenas no eran buenos era porque supuestamente hablaban mal español: "Pierden las sílabas, casi la palabra entera, ¿usted no se dio cuenta?". Esta discriminación se vuelve más fuerte cuando un indígena, una indígena trabaja en un instituto urbano con un cuerpo docente mayoritariamente blanco-mestizo. En esta perspectiva, reporto las palabras de dos responsables de unas de las unidades educativas más prestigiosas de Cuenca. Al hablarles sobre el tema de mi investigación, en particular de la interculturalidad en los establecimientos urbanos, las dos señoras me dijeron felices: "Nosotros también tenemos un profesor indígena" ('Luchito').

PRIMERA VICERRECTORA. Tenemos el caso de un compañero que es de Saraguro, él habla a los estudiantes de esta forma tan... no sé la forma de hablar de él, una forma *tan* indígena. Yo digo 'indígena' porque él se refiere así, ¿no es cierto?

Y los guaguas [*wawa* significa niño, la misma profesora utiliza un quichuismo] captan eso, estamos hablando de niños de tres años, captan esa forma de hablar. Bueno, nosotros nunca le hemos dicho nada porque es ir en contra de una formación que ya tiene el compañero, pero sí nos preocupa un poco porque no se está manejando bien el lenguaje.

SEGUNDA VICERRECTORA. Es un *español a medias*, mezclando el indígena [el kichwa] con el español, y, mire, eso en otra circunstancia hubiera sido muy

---

"El negro y el lenguaje" se pueden aplicar en el contexto estudiado, pues son válidas las mismas premisas. "Hablar es emplear determinada sintaxis, poseer la morfología de tal o cual idioma, pero es, sobre todo, asumir una cultura, soportar el peso de una civilización. [...] el negro antillano será más blanco, es decir, se aproximará más al verdadero hombre, cuanto más suya haga la lengua francesa. No ignoramos que esta es una de las actitudes del hombre frente al Ser. Un hombre que posee el lenguaje posee por consecuencia el mundo que expresa e implica ese lenguaje. [...] Además, ampliamos el sector de nuestra descripción y, más allá del antillano, apuntamos a todo hombre colonizado. Todo pueblo colonizado, es decir, todo pueblo en cuyo seno ha nacido un complejo de inferioridad debido al entierro de la originalidad cultural local, se posiciona frente al lenguaje de la nación civilizadora, es decir, de la cultura metropolitana. El colonizado habrá escapado de su sabana en la medida en que haya hecho suyos los valores culturales de la metrópoli. Sera más blanco en la medida en que haya rechazado su negrura, su sabana" (Fanon [1952] 2009 33-34).

peyorativo y causa de problemas, porque *una persona de la ciudad que hable como un indígena*[11] no era antes bien aceptada.

Primera vicerrectora. Hemos tenido problemas con los papás [ríe] pero son detalles, son problemas que de pronto no los vemos nosotros porque es un compañero en ochenta y pico de docentes que tenemos acá, entonces no llama la atención.

Segunda vicerrectora. Al principio [con los padres] fue difícil, fue la imagen… él se viste con su atuendo, entonces como los papás sintieron un poco de… ¿y ahora le va a dar clases a mis hijos?[12]

Además, en las escuelas urbanas o hispanas, desde que la interculturalidad fue impuesta como eje transversal de la educación, el profesorado desarrolla algunas actividades incluso sin tener el conocimiento necesario. Sobre esto, en una escuela de Cuenca me comentaron que "hay una brecha entre el ministerio y lo que nos dicen que se debe hacer, no lo hacemos porque no tenemos el conocimiento, respetamos [los saberes indígenas] pero no los valoramos". A menudo se organizan las fiestas andinas del calendario vivencial,[13] satisfaciendo así lo que se supone que debe ser su involucramiento en la cuestión intercultural.[14] Tal vez como una manera de develar el racismo hacia el alumnado o el profesorado indígena, las instituciones se declaran interculturales porque organizan las 'fiestas ancestrales'. A menudo en estas interpelan a estudiantes kichwahablantes, y reiteran así su alteridad respecto a la clase.

Los y las estudiantes no tienen siempre una definición de sí acorde con las reivindicaciones de orgullo identitario del movimiento indígena, y, sin embargo, se los sigue considerando representantes de estas culturas y de los 'saberes ancestrales' que supuestamente abrazan. Para comprender este dilema entre identidades impuestas, es necesaria una mirada más amplia de la que se agota en el binomio 'autenticidad' o 'aculturación'. En esta, se ve al indígena de trenza o a la indígena de pollera como personas puras y a quienes no llevan este atuendo como una mera víctima de la aculturación occidental.

---

[11] Aquí se remite una vez más a la racialización del espacio, descrita por Weismantel (2001).
[12] Entrevista a dos vicerrectoras de escuelas de la provincia de Azuay, noviembre 2018.
[13] Así me comentaba una profesora:
Profesora de una escuela bilingüe en Cuenca. Desde la zonal les dieron [a las escuelas hispanas] un calendario andino, yo les preguntaba lo que era y nada, ellos no entendían nada, 'un libro para que después los guaguas recorten', nosotros sí sabemos el significado. Hacen planos, y dicen que practican la interculturalidad porque practican los cuatro Raymis y ya (Provincia de Azuay, septiembre de 2018).
[14] De hecho, la interculturalidad es a menudo entendida como un asunto eminentemente indígena en las escuelas hispanas.

Martínez Novo (2009), al contrastar los discursos oficiales de conservación cultural con las prácticas en el sistema bilingüe en los territorios serranos y amazónicos, subraya que una mirada etnográfica cercana a las comunidades indígenas y al sistema intercultural bilingüe puede mostrar las ambigüedades y las tensiones sobre cómo el proyecto cultural del movimiento indígena se entiende desde abajo y cómo se ha implementado en la práctica. Destaca que, "a pesar de los discursos oficiales de los líderes indígenas, los padres están demandando que se eduque a sus hijos en español y que se les enseñe a leer y escribir en ese idioma" (Martínez Novo 2009, 174). Los docentes alfabetizan primero en español y a menudo utilizan el idioma vernáculo solo para aprender textos escritos originariamente en castellano, como las traducciones de cuentos o del Himno Nacional.

El reclamo de quienes representan al estudiantado y su tendencia a abandonar el sistema bilingüe remite al problema o, mejor dicho, al malentendido entre las comunidades y el movimiento sobre el papel de la escuela. Para el primer grupo, se trata de una institución que proporciona elementos para insertarse en la sociedad dominante. Para el segundo, la EIB es una forma de lucha, junto con las movilizaciones o los levantamientos. Reconduce a aquellas condiciones y factores que permiten modificar "los presupuestos sobre la base de los cuales los activistas transforman las condiciones del reconocimiento" (Appadurai 2014, 263), en las cuales los marginados operan de manera forzosa.

Estas luchas permiten "experimentar colectivamente la fuerza de la capacidad de aspirar" (Appadurai 2014, 262). Permiten proyectarse hacia un futuro en el que, de hecho, se pueden cambiar las situaciones de exclusión y discriminación. Este malentendido hace que para algunos padres "el retorno a las tradiciones sea interpretado como un impulso externo, y no como un objetivo interno al grupo" (Martínez Novo 2009, 186). Esto está hasta cierto punto presente en cualquier sitio. Sin embargo, es más fuerte en comunidades en las cuales fuertes programas asimilacionistas les impedían utilizar el idioma y las prácticas culturales autóctonas. Ese fue el caso de algunos internados católicos salesianos en el territorio amazónico (demostraré también cómo el rol de estas últimas instituciones es profundamente complejo, también en relación con la creación de un movimiento social fuerte como los centros shuar).

Los estudios citados subrayan también los puntos débiles de un proyecto de 'descolonización epistémica'. La voluntad de poner a la luz formas otras de crear conocimiento, otras prácticas y saberes ancestrales muy a menudo se traduce en actividades que otorgan poca o ninguna importancia a formas de inscribir y transmitir el conocimiento diverso de la lectoescritura. Además, la enseñanza, lejos de posicionar "el idioma ancestral como primera lengua y el castellano como idioma de comunicación intercultural", como se dicta en el artículo 347 de la Constitución, tiende a preferir al español. De hecho, incluso en los niveles de educación más alta, se sigue un programa de kichwa o shuar que frecuentemente resulta demasiado elemental.

En mi experiencia en las aulas, cada vez que se me proponía participar en una clase de 'lengua materna', quedaba muy sorprendida por el bajo nivel de un idioma que se suponía prioritario.[15] A modo de ejemplo, un día asistí a una clase de *shuar chicham* (la lengua shuar, literalmente 'la palabra del humano') en la cual se pedía a estudiantes de 17 o 18 años (tercer curso de bachillerato, el último) dibujar al lado de un vocablo en shuar traducido al español. Esto a pesar de que muchos estudiantes eran bilingües, aunque la mayoría se negara a admitirlo de manera abierta. De acuerdo con Martínez Novo (2009), estas clases de lengua materna podrían ser *performances* para antropólogos, trabajadores del desarrollo o funcionarios. Efectivamente, durante una visita a una escuela rural de la Sierra sur donde observé clases de 'cosmovisión' y 'kichwa', un profesor me confió que había "animado" a los estudiantes a hablar el kichwa porque yo iba a observar la clase y "quería ver que se hablaba todavía el idioma". Aquí reproduzco un extracto de una conversación que tuvimos después de la clase.

PROFESOR. No hay interés [en el kichwa], se ha comprobado que no hay interés acá con los estudiantes grandes, yo les decía, es una persona que es de otro país, ella quiere ver si en realidad en la clase se aplica o no el idioma como tal. Entonces hagan el esfuerzo para que ustedes respondan, que toda la clase responda en kichwa, en ese sentido motivando ahí, a excepción de algunos que no mismo quieren hablar [...], se animaron porque les dije que ella quiere observar que todavía se mantiene en la clase el idioma materno, el kichwa como tal.[16]

Los demás retos expuestos por las etnografías citadas al principio del capítulo hablan de un sistema que por lo general se asocia con una enseñanza de mala calidad o de segunda clase. Incluso quienes forman parte del liderazgo indígena evitan este sistema y prefieren enviar a sus hijos e hijas a las escuelas hispanas de las capitales provinciales (Martínez Novo 2009). Esta situación no escapa de la observación de los miembros de las comunidades indígenas. Perciben a este modelo como un sistema que les impide adquirir conocimientos que puedan aplicarse en el mercado laboral. Además, intuyen que el objetivo es mantenerles en un estado de marginalidad social. Dado que, según representantes de las familias, el papel de la escuela sigue siendo el de una institución orientada a permitir la movilidad social, queda claro por qué cada vez un mayor número de familias opta por sacar a sus hijos e hijas del sistema EIB, aunque esto represente un mayor dispendio económico.

---

[15] El MOSEIB del año 2015 (el modelo en uso en el periodo de mi investigación) indicaba que se utilizaba el 100 % de la lengua materna en educación infantil comunitaria (edad preescolar) mientras solo se usaba un 40 % en el bachillerato.
[16] Entrevista a profesor de la provincia de Cañar, octubre de 2018.

La imagen de una escuela "considerada socialmente como un sistema educativo paupérrimo, segregacionista y de 'segunda'. Incluso [...] existe en los propios sujetos que forman parte de la EIB, maestros, estudiantes y algunos funcionarios de la DINEIB" (González Terreros 2012, 82). A este problema se le suma la grave tendencia, registrada en algunos casos, de docentes mestizos de reproducir prejuicios contra los estudiantes indígenas, lo cual permite que el racismo y la violencia convivan dentro del mismo sistema intercultural.[17]

Junto con esta situación cabe mencionar un tema que merecería mucho más espacio e investigación: la escasez de formas de rendición de cuentas en el sistema escolar. Esto permite que profesores acusados de violencia sexual hacia estudiantes reciban solo sanciones administrativas y a menudo sigan ejerciendo su actividad docente. En los datos que he recogido en mi observación en la región Amazónica y en los recopilados por Martínez Novo (2009), se puede notar que no se sanciona estos casos porque las familias involucradas no tienen suficientes recursos para acceder al sistema legal. Esta "resistencia y negligencia deliberada por parte de los maestros y autoridades que pretenden tratar el problema como falta administrativa y no como un crimen penal" (Rosero citado en Martínez Novo 2009, 190) es característica del sistema educativo en su conjunto y no solo del sistema bilingüe. Sin embargo, hay que recordar que este último fue creado también para dar una alternativa al maltrato físico y psicológico que el estudiantado indígena sufría en el sistema hispano.

A una desvalorización del idioma y a menudo de la capacidad del profesorado indígena, se suma también un problema práctico con el que las escuelas bilingües (excepto las 'escuelas del milenio' creadas con las fusiones de las escuelas comunitarias) tienen que lidiar en su día a día: la falta de presupuesto y de materiales. Esto, con las debidas excepciones que se pueden encontrar en las familias más militantes y apegadas a las reivindicaciones del movimiento, hace de estas escuelas "la última elección" de muchas familias y –puede ser doloroso admitirlo– por parte de quienes no se pueden permitir el paso a una escuela urbana o central. Estas últimas cuentan con mayores recursos económicos, mejor infraestructura y, tal vez, mayor apoyo familiar.

El profesorado de las escuelas bilingües está consciente de las comparaciones que miembros de las comunidades hacen entre las escuelas bilingües y las hispanas, al explicar las motivaciones que los llevaron a transferir sus hijos e hijas de un establecimiento al otro, como me hicieron notar dos profesores de Kichwa y Cosmovisión.

---

[17] No es raro que en los mismos establecimientos haya profesores y profesoras que están en contra del sistema bilingüe; además de no aplicar el currículo intercultural, demuestran una increíble indiferencia hacia las reivindicaciones indígenas, cuando no irritación.

Profesor de Kichwa 1. Uno de los factores [que llevan los padres a sacar los hijos del sistema EIB] ha sido la migración porque hay padres migrantes. Ellos, por el hecho de que ya poseen recursos económicos, dicen que las escuelas centrales tienen mejor calidad de educación, pero se ha demostrado con hechos en la realidad que estudiantes bachilleres que han salido de aquí, de nuestra unidad educativa, han respondido ya en las universidades mucho mejor que los colegios centrales.

La diferencia es que nosotros acá como indígenas tenemos un trato un poco diferente por el hecho de que son indígenas. Consideramos, por ejemplo, que en las escuelas centrales, por el hecho de que en la mente está que si es un profesor mestizo hay más respeto de estar puntuales en las reuniones, de mandar impecable el uniforme, de andar comprando todos los materiales que piden que a lo mejor el mismo profesor puede elaborar, pero por el hecho de que conocen que son padres que tienen recursos, pues fácilmente le dice al estudiante: "Traiga este material". En la mente del padre de familia está que por el hecho de ser mestizo se tiene que obedecer todo, se tiene que cumplir todo, pero acá en cambio un aporte para un material es medio duro, por la confianza que se tiene entre el padre de familia, que es indígena mismo, y el profesor indígena. En la mente ya está que es un mismo indígena, es un mismo hermano, entonces no se hace cumplir como es debido. Ese es el factor, decir que acá se da educación de menos calidad y allá se da más calidad de educación, no lo veo así, y se ha comprobado con los resultados que hemos tenido con los estudiantes. Pero se dice que como en las escuelas [hispanas] se estaban utilizando textos, estaban utilizando todo, la tecnología, pues allá es lo más bueno, pero acá en cambio nuestro conocimiento, nuestra sabiduría es invisible, no tenemos mucho material, espacios para impartir como se debe impartir, esa es un poco la debilidad de nosotros, no tenemos muchas herramientas, muchos materiales para poder incluso entregar material al estudiante, para que tenga material de apoyo, pero en cambio desde el ministerio ellos tienen todo el apoyo en cuanto al material, en textos más que todo. Esa es la desvaloración.

Profesor de Kichwa 2. La migración ha hecho cambiar la mente del migrante, quien todavía piensa que la cultura occidental, la cultura mestiza está sobre el conocimiento de la cultura indígena. Esto desde que muchos historiadores lo han insinuado, lo han dicho, desde mucho antes, cuando recién venían los españoles acá, hasta nos consideraron que los indígenas no tenemos ni alma. Esto les hace pensar que el runa, que el indígena es inferior, entonces piensa el migrante que la cultura occidental, que el mestizo está sobre la capacidad y el conocimiento de los indígenas en todas las áreas de estudio. En ese sentido, su pensamiento, su ideal es tener a sus hijos en las escuelas, en los colegios centrales y no valorar Sisid, por un lado. Por otro lado, los colegios, los establecimientos educativos a nivel central tienen más equipo en lo que se refiere a recursos económicos y tecnológicos. Es decir: ellos tienen computadoras, ellos tienen aulas, ellos tienen suficientes profesores, ellos tienen internet, un mejor servicio por parte del Estado y como acá es un establecimiento educativo rural, es menos considerado por las autoridades por atender infraestructura básica y tecnología. Entonces se conjugan estas situaciones.[18]

Al mismo problema tienen que hacer frente también aquellos institutos bilingües urbanos más abandonados por el Ministerio de Educación, normalmente situados en los barrios marginales, por los cuales la diferencia de trato respecto a las vecinas escuelas centrales se vuelve todavía más evidente.

DOCENTE DE UNA ESCUELA DE EIB. No hay recursos, aquí los recursos no vienen, a veces, por ejemplo, fui a ver los textos y vi que para la escuela República de Colombia y algunas estaban entregando escobas, y cosas de aseo, y entonces yo dije que sí, mi escuela está ahí, dice "¿cuál es?", "la Juan Peñafiel", y dice "no para ustedes después si nos sobran". Digo "voy a hacer un oficio", dicen "aunque haga un oficio ya esto es solo para las escuelas de acá céntricas", y son escuelas hispanas. Entonces ellos no dan mucha importancia. A veces nosotros tenemos que pedir, rogar y sentarnos días enteros para que nos den un profesor más, pero para todas las materias, porque son más importante las escuelas de ellos, acá no llegan ni los uniformes.[19]

Como señala Martínez Novo (2009), la EIB tuvo problemas de presupuesto desde su fundación, más aún después de la austeridad debida a la aplicación del ajuste neoliberal, situación que ha fragilizado mucho el sistema bilingüe autónomo. Profesores y profesoras siempre han trabajado con bonificaciones bajísimas, sin seguridad laboral y el sueldo de un maestro no ha sido suficiente para adquirir la canasta básica (esto para ambos sistemas educativos). Como me comentaba una profesora del área amazónica (téngase en cuenta que, según los datos de Martínez-Novo en 2005, el sueldo de un maestro en esta zona no llegaba a 80 dólares al mes).

PROFESORA DE MORONA SANTIAGO. Los primeros profesores eran bonificados, aunque se utilizaran las fuentes de ingreso de las comunidades. Los que ganaban menos porque el profesor titular ganaba por decir 100 000 sucres, entrábamos ganando 20 000. Porque éramos bonificadas, éramos una especie de voluntarios docentes, ahí juega lo que es el amor a la comunidad, a que nuestra gente se prepare, nuestros niños. Ganar poco no importaba para que el otro

---

[18] Entrevista a profesores de la provincia de Cañar, octubre de 2018.
[19] Entrevista a una docente de una escuela de EIB, en la provincia de Azuay, septiembre de 2018.

estudiara, hacer que termine la primaria, que llegue a ser bachiller, para que se le llene la vida, porque la educación es la base, eso hemos comprendido.[20]

A esta situación, que se refleja también en la escasez de material didáctico, en infraestructuras inadaptadas y en material escolar improvisado (por ejemplo, en más de una clase que visité se habían preparado e imprimido unos carteles en inglés con claras faltas gramaticales), se suma la actitud discriminatoria de los burócratas públicos. Estos, como subraya Luis Montaluisa,[21] son a menudo responsables de dificultades burocráticas y administrativas para cobrar los montos asignados a las escuelas bilingües. Este trato hace eco en la experiencia que me contó un profesor bilingüe kichwahablante, miembro activo del movimiento social indígena, en su camino para volverse maestro (ahora reconocido intelectual).

PROFESOR BILINGÜE KICHWAHABLANTE. En 1987 ingreso a ser docente [...]. Recibo el curso, vengo con una disposición del ministro a ser profesor aquí en Cañar, llego en la dirección provincial [...] que estaba manejada solo por la cultura mestiza o hispana, traigo la hoja y digo: "Señor director, tengo la disposición del señor ministro, tenga la bondad". La lee y me dice que muy bien [y] que vaya a trabajar. Voy a trabajar y digo ahora tengo que venir para que me legalice el nombramiento y él me dice que venga en quince días. Entonces regreso después de quince días [...], había partida presupuestaria, había dinero, había todo. Me dice que no estaba la señorita secretaria y por lo tanto no se podía hacer el nombramiento: "Venga después de quince días". Vuelvo a trabajar y regreso después de los quince días, ya estaba trabajando, pero aunque había plata, fue simple y llanamente porque no les caí bien o no estaban a gusto conmigo, entonces no hacían el nombramiento. Yo tenía que obligarme a trabajar gratuitamente, así que me hicieron pasar tres meses trabajando gratis incluso habiendo dinero. Llegó el momento en una ocasión que hasta cierto punto no lo soporté más, dije: "Señor director, usted me viene mintiendo tres meses y no me da el nombramiento, ¿qué está pasando? ¿Es porque usted no quiere o por negligencia de la señorita secretaria quien no quiere hacer el nombramiento? Quiero saber definitivamente si me va a hacer el nombramiento o voy a tener que seguir trabajando gratis un año". La señorita secretaria estaba escuchando de lado, me dijo: "¿Quién es usted?". Le contesté: "Soy XY, aspirante a un nombramiento en esta dirección, vengo trabajando dos meses y medio y sin percibir un solo centavo, a mí me cuesta dinero concurrir al establecimiento, pagar pasajes, comprar materiales y todo lo demás, por lo tanto, no creo que es justo que usted, incluso habiendo partida presupuestaria, habiendo plata, me esté haciendo trabajar gratuitamente sin percibir un solo centavo. Eso es lo que he

---

[20] Entrevista a profesora de la provincia de Morona Santiago, noviembre de 2018.
[21] Primer director de la DINEIB e intelectual indígena.

venido a reclamar" [...]. Entonces me dijo: "Usted es la primera persona que ha venido a reclamarme, yo tengo 29 años de servicio en esta institución noble que es la dirección, que un *indígena* haya venido a tratarme en esos términos de negligencia", y yo le dije: "Señorita secretaria, tome cartas en el asunto, hoy día dígame si me va a dar el nombramiento sino yo tengo que irme a Quito y decirle al señor ministro cuál es el motivo por el cual no me dan el nombramiento, de lo contrario yo dejo esto y me retiro". Entonces se pusieron a pensar, y el director dijo: "Señorita secretaria, vaya haciendo el nombramiento".

Me hicieron el nombramiento después de tres meses. ¿Cuál es mi interpretación? *Mi interpretación es que un indígena no tiene derecho*, se pusieron en un plano muy negligente en hacer un servicio a un trabajador, entonces eso *da a entender que los runas todavía no estamos en igualdad de derechos, pero si fuera un mestizo, hacer un nombramiento no demoraba ni cinco minutos y a mí me hicieron demorar tres meses.* Estamos hablando de 1987, y eso para comparar en los años en que vivieron nuestros padres o nuestros antecesores o mucho más, la explotación.[22]

### 1.3. La historia engañada: el regreso a las formas ventrílocuas de representación

Para abordar un análisis acerca de las políticas educativas que han caracterizado a la Revolución Ciudadana, es necesario referirse al denominado proceso de desmantelamiento del sistema de EIB, desde el cual se originaron los cambios en las iniciativas de educación indígena en el país. La decisión de dedicar amplio espacio a estos cambios se debe a la importancia que conceden a estos las personas con las que he dialogado. La pérdida de la educación propia es una traición que tanto líderes indígenas como profesores bilingües interpretan como un enésimo intento de relegar al pueblo indígena a una marginalidad social, de negar sus luchas y de reducirlos a actores pasivos.

Según la reconstrucción de Martínez Novo (2016b), con el decreto 1585 de 2009, las organizaciones indígenas perdieron el control sobre la EIB. Eso se ratificó después en la Ley Orgánica de Educación Intercultural (LOEI), publicada en 2011. Mediante esta normativa se creó un único Sistema Nacional de Educación, dentro del cual se inscribe el SEIB, y la interculturalidad se vuelve, en teoría, el eje transversal presente en el sistema nacional: educación intercultural y educación intercultural bilingüe.[23] Este cambio ocurrió luego de que la CONAIE organizó una manifestación contra la Ley de Minería (apenas un

---

[22] Entrevista a profesor en la provincia de Cañar, octubre de 2018.
[23] Martínez Novo (2016b, 39) indica lo siguiente: "La interculturalidad pasó de ser un proyecto político del movimiento indígena a una vaga declaración estatal que incluye tanto a los ámbitos nacionales como internacionales. [...] En los colegios de élite de Quito la interculturalidad se interpretaba como la celebración de las costumbres y comidas de los países europeos y de Estados Unidos".

mes antes del decreto), que legalizaba la minería a gran escala en el país. Tras el decreto por la derogación de la autonomía, el gobierno redujo también el presupuesto del Consejo de Desarrollo de las Nacionalidades y Pueblos de Ecuador (CODENPE),[24] pues acusaba a la secretaria (en ese entonces Lourdes Tibán) de financiar las protestas (Martínez Novo 2016b).

Después de perder la autonomía, legitimada en el discurso oficial por la supuesta tendencia de la CONAIE, en calidad de grupo corporativo, a monopolizar la educación –y por lo tanto inculpándola de las fallas del sistema, así como de politizarlo y corromperlo–,[25] la EIB pasó a estar bajo la dependencia del Ministerio de Educación, que asumió sus encargos (contratar docentes, administrar el presupuesto y elaborar el currículo y el material didáctico). Solo se involucró a la población destinataria del sistema en el Consejo de Nacionalidades (cuyos miembros eran elegidos por el Ejecutivo), con funciones únicamente consultivas. Esto desilusionó al liderazgo del movimiento y del profesorado. Se sintieron deslegitimados y desconocidos en cuanto sujetos políticos capaces de dirigir la institución que educaba a sus comunidades, y regresaron a su posición de sujetos pasivos, destinatarios de políticas pensadas 'desde lo alto'.

Dos docentes y militantes indígenas me comentaron sobre la frustración que generó esta nueva acción que tendía a debilitar el movimiento indígena.

PRIMER DOCENTE. La educación intercultural bilingüe es escrita por nuestros líderes, [...] al menos para mí, no es solo con el MOSEIB, sino desde hace muchos siglos atrás, nuestros abuelos que vivían trabajaban ya con esta educación, con esos saberes. Prácticamente estos saberes fueron construidos desde la Dolores Cacuango, desde el monseñor Leonidas Proaño, quienes conocen y vivieron esas realidades y marcaron en ese modelo de EIB, pienso que estos

---

[24] Poco después, se cerró de manera definitiva el organismo. El CODENPE era una entidad indígena adscrita a la Presidencia de la República, creada en 1998. Se basaba en disposiciones constitucionales de 1998, que establecían la obligación del Estado de permitir participar a los pueblos y nacionalidades en la toma de decisiones y decidir sus prioridades de desarrollo dentro del Estado. Como institución oficial, se diferenció del resto de las entidades gubernamentales porque, por primera vez en este nivel, la elección de la secretaría ejecutiva estaba a cargo de su Consejo Nacional, conformado por representantes de las nacionalidades y pueblos del Ecuador. El organismo fue sustituido por un 'Consejo de Igualdad', controlado por el Ejecutivo. Así terminó, incluso en este ámbito, la autonomía decisional del movimiento social indígena.

[25] Según el Ministerio de Educación, la EIB se había convertido en "botín de un puñado de líderes corruptos que habían usado el sistema para su provecho personal, lo habían 'politizado', y eran la causa de los problemas de calidad en el sistema" (Comunicado de marzo 2009 citado en Bretón y Martínez Novo 2015, 41). El hecho de que la autonomía educativa había sido reconocida sin los recursos necesarios, al estilo del multiculturalismo neoliberal, no fue mencionado como explicación de los problemas del sistema.

principios que se proponen desde el modelo son principios de las comunidades, de los pueblos, y esto no pueden a través de un decreto ejecutivo, a través de unas normativas legadas [...] no, eso no estaría [...] ni he estado de acuerdo por el respeto que todos merecemos.[26]

SEGUNDO DOCENTE. Ahora, con el 2008, ya aparece en la Constitución un Estado intercultural y plurinacional, y entonces se entra en el debate. ¿Qué hay de intercultural? ¿Qué hay de plurinacional? ¿Esta Constitución está solamente pintada allí o más bien hay una corresponsabilidad como Estado para atender las demandas y necesidades de los pueblos indígenas? Sabes que con la Constitución del 98 el sistema de EIB tenía competencias. Competencias administrativas, técnicas y financieras autónomas y descentralizadas. Pero, últimamente, con la del 2008 se habla de una educación descentralizada, pero en la realidad más bien se ha centralizado más bien. ¿Por qué digo que se ha centralizado? Porque antes sí la EIB tenía autonomías administrativas, técnicas y financieras, en cambio ahora no tiene. Quiero decir que todo, desde el ministerio, siguen manejando. Entonces lo que así se plantea es que, sí claro el Estado crea esa normativa macro, pero en cambio vacía de contenido práctico, mientras no hay políticas públicas que corroboren a poner en práctica, esto va a seguir igual de vacío, y no pasa nada.[27]

Fueron múltiples las consecuencias de abolir la autonomía indígena al implementar el programa bilingüe (Martínez Novo 2016b). La primera fue el recambio de las autoridades: se sustituyó a algunos líderes históricos de la EIB por profesionales cercanos al gobierno, o con escasa o nula experiencia política. La situación por la cual el gobierno se otorgó el poder de elegir al personal docente influyó también en la precariedad del profesorado indígena, a menudo a riesgo de ser excluido en un contexto laboral racista. Según Martínez Novo (2016b), la consecuencia más dramática del cambio de 2009 fue cerrar las escuelas comunitarias y reubicar a los estudiantes en las escuelas-eje o en las imponentes escuelas del milenio (grandes centros educativos, dotados de infraestructuras y tecnologías modernas, pensados para servir a más de 1000 estudiantes), tras el Plan de Reordenamiento de la Oferta Educativa de 2012.[28]

---

[26] Entrevista a docente de la provincia de Cañar, septiembre de 2018.
[27] Entrevista a docente de la provincia de Cañar, septiembre de 2018.
[28] Este plan previó cerrar las escuelas con menos de 25 estudiantes, para pasar de 20 402 establecimientos en 2014 a 5185 en 2017 (Rodríguez Cruz 2018, 223). Las escuelas comunitarias de pueblos aislados fueron las más golpeadas por esta política, que encontró fuertes críticas en las comunidades y en el campo académico. Para el caso ecuatoriano, véase también Granda Merchán (2018), Tuaza Castro (2016), Martínez Novo (2016b) y Rodríguez Cruz (2017). Para una perspectiva regional, véase Núñez Muñoz, Solís Araya y Soto Lagos (2013). En el documental *Se nos fue la alegría* (2013),

La clausura de miles de escuelas unidocentes y pluridocentes[29] con menos de 25 estudiantes por profesor, la mayoría localizadas en las comunidades indígenas de las zonas rurales, dificultó a muchos estudiantes acceder a la educación y negó uno de los pilares de la EIB, así como se la pensó desde la lucha indígena.[30] El proyecto no toma en cuenta (o tal vez toma demasiado en cuenta) el valor fundamental de la escuela comunitaria para las organizaciones indígenas. La conexión entre escuela y comunidades es una piedra angular de la EIB –que fue creada con fines primeramente políticos, en contra de una asimilación forzada y de la violencia hacia la niñez indígena en la escuela nacional–. Permite fortalecer la organización política indígena, al crear en la comunidad una conciencia crítica, y forma personas capaces de reclamar de manera efectiva los objetivos definidos en el movimiento. Por lo tanto, como subraya Martínez Novo (2016b, 41), "separar la educación intercultural bilingüe de la comunidad significa despolitizarla, alejarla de la lengua y de la cultura y volverla menos

---

del Contrato Social por la Educación, se muestran los impactos del cierre de las escuelas comunitarias en las provincias de Cotopaxi y Chimborazo, en la Sierra central (http://contratosocialecuador.org/index.php/noticias/senosfuealaalegria).

[29] Las estrategias utilizadas en el proceso del cierre variaron desde la 'sorpresa' (cuando el director distrital convocaba a padres, alumnos y profesores para comunicarles el cierre de la escuela), hasta el envío de funcionarios del Ministerio de Educación que, mediante varios encuentros, tenían el objetivo de convencer la comunidad de las desventajas de su propia escuela (Martínez Novo 2016b).

[30] Reporto aquí la experiencia de una profesora de un instituto intercultural bilingüe del cantón de Cuenca, una escuela fuertemente afectada por el plan de 2012.

PROFESORA. Muchos niños vienen de comunidades vecinas, esta escuela se formó gracias a que se cerraron muchas, esta es la única que queda en pie porque todas las de alrededor se cerraron para ir a la escuela del milenio. Ellos no pensaron, porque muchas cosas en las leyes de educación fueron hechas sin conocer la realidad. Las escuelas del milenio fueron hechas con el mejor propósito tal vez, pero nos cerraron muchas escuelas y dejaron a muchos wawas sin acceso a la educación, porque les cerraron en las escuelas que estaban en su comunidad. Si fuera ministra de Educación, en vez de gastar tanto en las escuelas del milenio, trataría de arreglar las escuelas pequeñas como esta. El ministerio dice "no hay plata, no hay plata" y ¿cuánta plata se va en las escuelas del milenio? Son enormes, tal vez una escuela milenio en el centro pueda funcionar, pero aquí no, las distancias son muy grandes, no hay un buen acceso terrestre. Es que es muy lejos. Por ejemplo, muchos niños de las escuelas que cerraron vinieron acá antes de irse al milenio, irse a las escuelas del milenio cuesta mucha plata en transporte, mientras que acá el bus les cobra creo que quince centavos. O sea, ellos vendrán con sesenta centavos, con treinta que se coman un arroz, quince centavos de ida y quince centavos de venida, con sesenta está solucionado, en las escuelas del Milenio dicen que ni siquiera eso. Por ejemplo, una niña que vino este año, ella había estado en la escuela del milenio, la mamá decía: "No, era la distancia, la wawa era muy pequeña y yo tenía que pagar un dólar diario para que le den un arroz y un vaso de agua, más el transporte, no me alcanza, profe" (Provincia de Azuay, septiembre de 2018).

participativa". De esta manera, la escuela pierde su papel de centro social, cultural, organizativo y político.

En el amplísimo trabajo de crítica centrado en la práctica y en el desarrollo efectivo de la política educativa, que ha llevado a cabo desde 2014, la antropóloga Rodríguez Cruz (2017) describe una realidad muy compleja, que no se ve respaldada por el ambicioso corpus normativo-legislativo progresista. Las escuelas comunitarias que quedan después del Plan se encuentran en un estado de fuerte necesidad que el gobierno no atiende, mientras que en las escuelas del milenio no se sigue un camino real hacia la interculturalidad, sino una suerte de asimilación disfrazada de lucha contra la pobreza.

Quiero subrayar dos aspectos más de la política educativa de la Revolución Ciudadana que considero significativos y graves: la sustitución de los libros elaborados por el movimiento indígena por unos textos ministeriales estandarizados y las consecuencias que surgieron de esta decisión.[31] Estas consecuencias remiten a los vínculos entre los libros de texto y la reproducción de imaginarios discriminantes, que vienen cristalizados y constantemente se vuelven a proponer al estudiantado. Los materiales en kichwa y en otros idiomas indígenas[32] eran fruto de décadas de trabajo e investigación del movimiento y de las organizaciones indígenas, así como de sujetos externos, entre los cuales figuran personas expertas en antropología y etnolingüística. Se los suplantó por los materiales uniformizados del sistema educativo público, de los cuales se borraron las referencias a los levantamientos y a la lucha indígena, tan indispensables a los ojos del liderazgo. Para esto, se partió del supuesto de que las alusiones a la movilización y a las organizaciones indígenas no les correspondían a los procesos educativos.

Por las conversaciones con los responsables del proyecto EIB, queda claro que elaborar textos escolares propios correspondía, antes que todo, a un proyecto conforme a cada realidad indígena. Al menos dentro del movimiento y de las organizaciones serranas, se planificó un currículo y los materiales educativos relacionados con este: los *Kukayos Pedagógicos*.[33] Se concibió a estos materiales, elaborados por los intelectuales indígenas, como un instrumento de lucha, un arma contra las 'versiones únicas' de la historia.[34] En estas se repro-

---

[31] Los argumentos aportados por el Ministerio de Educación y Cultura de Ecuador tuvieron que ver, al igual que en otros casos, con la carga política de la educación indígena. Sobre este tema, véase González Terreros (2012).

[32] Las consideraciones que siguen se limitan a los materiales elaborados en kichwa por los movimientos serranos, sobre la que se enfocó una parte de mi investigación.

[33] Palabra kichwa derivada da *yany* (cocido/cocinado) y *kaukayo* o *kukabi* (comida con diversidad de granos). El *kukayo* se refiere a la comida que se llevaba cuando se iba a pastorear o a trabajar en las mingas comunitarias, "para nutrir las mentes y el cuerpo de los estudiantes", según un profesor.

[34] En una entrevista, un docente afirmó: "Esos libros eran un arma por prepararnos, nos los quitaron, y es como si nos hubieran quitado un rifle" (Provincia de Cañar, octubre de 2018).

ducían los mismos regímenes de representación hacia la población indígena: historias e imágenes que legitimaban la estructura de una sociedad jerárquica y excluyente fundada sobre formas de violencias que continuaban (y continúan) reiterándose. Los *Kukayos* resultaban así una forma de reapropiarse de la historia desde los puntos de vista de los oprimidos, en contra de la hegemonía de las narraciones contadas por los vencedores. Dos profesores que participaron en este proyecto comentan sobre el tema.

Profesor 1. En el *Kukayo* estaban presentes las historias de los líderes indígenas que habían dado la vida por la tierra y los derechos humanos, historias que hacen emocionar y tomar conciencia a los estudiantes. ¡Como la de Dolores Cacuango, esa sí hace llorar! Y es esa la historia que el gobierno socialista, falso socialista, cambia. No le convenía hablar de masacres, que una masacre fuera en el programa. [Ellos] decían: "¡Estudiando todo eso los pueblos indígenas se rebelarán! ¡Quitamos eso, eso no vale!". Y así contrataron profesionistas sin algún conocimiento de las poblaciones indígenas e hicieron nuevos libros, la parte estructural copiándola desde el *Kukayo*, los contenidos a su interés […] había una foto de Correa con la banda con el escrito "mi poder".[35]

Profesor 2. Le cuento que estamos hablando de historia, sucede que dentro de la EIB, ya tuvimos libros de Matemática, de Ciencias Sociales, de Ciencias Naturales y de las cuatro áreas fundamentales y del idioma kichwa. Pasa que dentro de la historia y dentro del tema o el área de lengua ilustrábamos las fotos de los hechos históricos que vivió el pueblo runa, por decirte, hablar de hechos históricos de la cultura indígena, de los levantamientos. Ya, estaban las imágenes del levantamiento y la descripción de la historia del levantamiento, viene a ver Correa y dice: "Pero ese levantamiento, no, esto no". Vio algunas cosas que no le convenían a su gobierno, entonces, en conclusión, ¿qué hizo? "Estos materiales no sirven, están llevando a una tendencia diferente de lo que buscamos nosotros con nuestra educación intercultural". Entonces, un poco para disimular y para decir que estamos haciendo EIB, crea el sistema unificado educación intercultural, obviando el término bilingüe, entonces dice: "No, ustedes indígenas no se preocupen, ahora mi gobierno, mi ministro, estamos haciendo la educación intercultural", entonces, descartando todas las imágenes, descartando todos los conceptos, descartando todas las interpretaciones de la *real historia*. Entonces allí quedó el uso de la *taptana*,[36] entonces allí quedaron las imágenes de los hechos históricos. Estos libros se quedaron al ladito, tengan nuevos ilustrados para que propongan el material didáctico que se apliquen en todas las escuelas y colegios y dejen de lado todo lo que nosotros estuvimos

---

[35] Entrevista a docente de la provincia de Cañar, octubre de 2018.
[36] La *taptana nikichik* (término kichwa que significa 'ordenador de números') es un contador de madera originario de la región Cañar.

haciendo en este caso la historia desde la década de los sesenta había algunas imágenes, en qué circunstancias vivió y en qué circunstancias tuvimos que atravesar los pueblos indígenas.[37]

La decisión gubernamental de suspender el uso de los *Kukayos* y sustituirlos por el material estatal contribuyó a reproducir una 'historia engañada'.[38] Esta estuvo acompañada por la indignante declaración del gobierno sobre la obligación de "incluir en los currículos de estudio, de manera progresiva, la enseñanza de, al menos, un idioma ancestral, *el estudio sistemático de las realidades e historias nacionales no oficiales*, así como de los saberes locales" (LOEI, tít. 2, art. 6, lit. l; cursivas mías). Esta declaración fue recibida con resentimiento por quienes habían elaborado los *Kukayos*.[39]

Para el movimiento indígena, reconstruir y escribir su propia historia concierne al logro de un proyecto fundado en una historia de exclusión.[40] No puede reducirse a la 'politización' de los alumnos, ciertamente válida, pues no es un secreto que la escuela tenga fines políticos, ni para el movimiento, que valora este carácter, ni para el Estado ecuatoriano, que pretende denegarlo. Poner por escrito su rebelión es, utilizando una lectura metafórica del texto de Goody (1988), hacer llegar su palabra a un lugar que jamás se había podido alcanzar, ya que siempre está prohibido: la educación y la formación de los miembros de un grupo que se ha reconocido como propio. Si lo que está escrito existe, los

---

[37] Entrevista a docente de la provincia de Cañar, octubre de 2018.

[38] El término fue empleado por un profesor del sistema EIB durante una conversación informal.

[39] Después del cambio del gobierno, se han elaborado nuevos textos escolares. Esta renovación llegó a prometer, según el ministro Milton Luna Tamayo, "eliminar todo contenido de adoctrinamiento político e ideológico" (Comunicado del 16 abril 2019, Ministerio de Educación). Este planteamiento grotesco confirmó la certeza del movimiento indígena en la continuidad del nuevo gobierno con respecto a las políticas educativas pasadas. Esta certidumbre fue bien expresada en la asamblea regional por la restitución de la EIB en la que participé. Además de formular estrategias para reformar la Ley de Educación, se alternaban intervenciones que subrayaban la desconfianza hacia la nueva presidencia y la prometida devolución de la autonomía en la EIB. El comunicado "Ministerio de Educación cumple con la renovación de textos escolares para septiembre" está disponible en línea: https://www.facebook.com/MinisterioEducacionEcuador/posts/2428975553800425/.

[40] Para las comunidades, sobre todo las que no habían colaborado en la preparación de los *Kukayos*, estos no han representado siempre una alternativa válida en las escuelas bilingües. Muchas veces, han sido deslegitimados en favor del material hispano, a menudo reconocido automáticamente como mejor. Esta actitud se refleja también en la opinión de las comunidades sobre las escuelas bilingües, generalmente pensadas como escuelas de segundo orden. En algunos casos, se ha perdido la intención con la que estos textos fueron creados, y se los utiliza solo como material didáctico de apoyo, subordinados al material de la escuela hispana, que contiene el verdadero conocimiento.

logros del movimiento indígena y las violencias sufridas hubieran comenzado a existir desde el momento en que comenzaron a ser escritos por sus propias manos. Así adquirirían una autoridad frente al mundo social que solo la escritura hubiera podido conferirles, rechazando a la vez los imaginarios construidos sobre sí mismos, y empezando a narrarse y a narrar su historia con sus propios términos. Esta aptitud se refleja en las palabras de Ricardo Ulcuango, un histórico líder del movimiento indígena, cuando recuerda que "muchas veces los acontecimientos, cuando no se escriben, se van olvidando con el pasar del tiempo y como que no pasa nada [...] por eso, a mí me parece fundamental la iniciativa de que escriban todo lo que ha sucedido. [...] Cuando no son relatados, se pierde la historia" (citado en Cucurella 2001, 26).

Para el movimiento, elaborar sus propios materiales era una forma de continuar el proceso de reapropiación de la historia colectiva, ya subrayado por las reivindicaciones de los levantamientos. Lejos de las contradicciones que lo atraviesan, refleja aquella voluntad de historiar la historia, repensar sus premisas, transformar los eventos en opciones o versiones, hacer sitio a la reconsideración y a otras formas de narrar lo que pasó. Las palabras de profesores y activistas sociales que he reportado hablan también de un profundo desencuentro entre el objetivo y los medios de la EIB, así como los pensaron el movimiento y el gobierno. González Terreros (2012, 73) se refiere así a esta cuestión:

> [El gobierno] consideró que había una alusión a la movilización y a las organizaciones indígenas que no correspondía a los procesos educativos, por lo que era necesario que el Estado, y en este caso el Ministerio de Educación, tomaran las riendas de la institución. Se trata de una disputa por el tipo de indígena que se quiere para la sociedad, es decir, que sea solo actor y no que sea un real sujeto político que antagonice con las políticas hegemónicas. Por un lado, el movimiento indígena insiste en el fortalecimiento de la identidad como reivindicación del indígena que puede proponer su modelo educativo, y un ejemplo de ello son algunas unidades de los *Kukayos pedagógicos*, que están referidas al movimiento, que es activo y beligerante, y que se comporta realmente como un verdadero sujeto político. Por otro lado, el Estado, que critica férreamente ese tipo de textos por su 'sesgo político', porque incita a la movilización, pero más allá de ello, porque plantea una forma de hacer política desde las acciones de hecho, desde los movimientos de masas y los métodos de la acción directa, forma muy diferente al modelo liberal de los partidos políticos y de la limitada acción electoral.

Volver a escribir la historia se refiere aquí a reconfigurar el mundo y sus narraciones, a partir de personas, historias, cuerpos y voces removidas, alejadas y reprimidas (pues la narración del pasado es siempre un acto de decisión, de selección y omisión de los hechos). La presencia de voces que reivindican otros recuerdos y otras narraciones empuja hacia la emergencia de 'zonas de sombras' que obligan a confrontarse con aquellos que, hace poco, no tenían voz. Sus formas otras de contar la historia son intrínsecamente subversivas, en cuanto revelan la naturaleza arbitraria de las narraciones dominantes, que resultan en una crisis de la mirada occidental como fundadora del sujeto único y universal. La historia está llena de estas 'zonas de sombra' (que llevan contradicciones que derivan de su naturaleza igualmente arbitraria), que, al emerger, interrumpen el fluir de la narrativa que el Occidente ha construido de sí mismo y desvían su obstinada linealidad.

Según Rojas (2002, 43), negar las memorias otras, que es una constante en la experiencia de las poblaciones indígenas desde el tiempo de la Colonia,

> hace que el vínculo entre el pasado y el futuro sea una imposibilidad. Al ignorar las 'raíces' de un pueblo, se rompe el vínculo entre su pasado y su futuro. La violencia de suprimir la historia de un pueblo también tiene otro efecto: [...] sin saber las raíces de su sufrimiento, el indio es incapaz de curar sus cicatrices.

Estas narraciones llevan intrínseca una problemática, debida a la amenaza que contienen, sobre todo a la simetría que pueden sugerir. A este respecto, es interesante ver cómo las experiencias de autorganización indígena (levantamientos, apropiación de la escritura para autodefinirse según sus propios conceptos y términos) han llevado a que resurjan miedos hacia una colonización invertida de origen antiguo. Se trata de fantasmas bien presentes que permiten que se acepte a la interculturalidad cuando se limita a fiestas incaicas o bailes shuar, mientras que resulta aterradora e inadmisible cuando implica conceder espacios exclusivos que pueden poner en entredicho los presupuestos jerárquicos en los que se basa la experiencia de quienes siempre han tenido el monopolio de la escritura y de sus contenidos. En este sentido, reproduzco la segunda parte de la *Canción del indio que desconoce sus distantes orígenes*, citada al principio del segundo capítulo.

> Si conociera algún día
> la estirpe a que pertenece,
> el indio sentiría orgullo
> de su origen, que se pierde
> en un pasado glorioso
> que por glorioso no vuelve.
> Que el indio ignore su historia
> a sus verdugos conviene,
> porque así su explotación
> a nadie aflige ni ofende.

Este fragmento pone en relieve la relación entre la violencia de la representación (hacia la cual se orientan la empresa educativa estatal y su construcción de los materiales didácticos) y la capacidad de explotación de quienes han sido marginados, relación que en este caso reside en la supresión de la historia. Para la población indígena, reescribir la historia es "resistir ante el monólogo histórico" (Rojas 2002, 43), presentando otras memorias, otras narraciones y otros hechos que les restituyan dignidad y valor. Se encaminan, así, hacia superar sus antiguas representaciones como población indigna, 'miserable', y, hoy en día, oscilante entre criminal, pasiva, tímida, corruptible e infantil.

Lejos de visiones dicotómicas que puedan considerar el proyecto de la EIB autónoma como idílica, o a sus impulsores como meras víctimas pasivas de las políticas estatales (no se trata aquí de recrear divisiones ficticias y poco útiles), es fundamental remarcar cómo este conflicto ha permitido poner de relieve las formas radicalmente distintas de entender el rol de la educación desde los puntos de vista abordados.

*1.4. Reconstruyendo (una vez más) al sujeto indígena*

En la investigación que he llevado a cabo en diferentes unidades educativas, es evidente que estas resultan vinculadas, o transformadas y plasmadas, por la política educativa de estos últimos 10 años. El aspecto más criticado de esta política es la pérdida de la autonomía de la que gozaba el movimiento indígena en la gestión de la EIB. Con esa decisión se trajeron de regreso las formas de fabricación de ciudadanos indígenas como receptores pasivos de las políticas estatales. Se volvió así a aquellas "formas ventrílocuas de representación" que Guerrero (1997) definió a partir de la época colonial y republicana, y que parecían haberse interrumpido con los levantamientos. Esta frustración de volverse a encontrar en una posición que habían combatido por mucho tiempo se refleja en las siguientes palabras:

Profesor indígena y activista del movimiento. *El patrón paga, el patrón dispone*. Desde que la escuela perdió su autonomía, ahora si se va un profesor, por ejemplo, kichwahablante, el Ministerio manda otro de cualquier materia, no respetando las necesidades de la escuela. Si, por ejemplo, se va uno de Matemática, el Ministerio te manda uno de Ciencias Sociales y uno tiene que aceptar, si no te lo quitan y ya. En los discursos se habla de eficiencia, pero en la realidad se ve la verdad.[41]

Para un estudio profundo, no puedo eludir referirme a los demás aspectos de la educación que normalizó el gobierno de la Revolución Ciudadana, en un periodo denominado por algunos líderes como "el decenio perdido de la

---

[41] Entrevista a docente y activista de la provincia de Cañar, octubre de 2018.

Educación Intercultural Bilingüe".[42] Entre estos, cabe citar los que más incidieron en el funcionamiento del programa: el ya mencionado cierre de las escuelas comunitarias a través del programa de fusión de los establecimientos educativos y de la creación de las unidades educativas del milenio, el proyecto de actualización y fortalecimiento curricular y, por último, la evaluación de docentes y de estudiantes sobre unas bases ajenas al modelo bilingüe.

Ya he subrayado algunas incongruencias entre la promulgación de la Constitución 'radical' de 2008, la criminalización de los movimientos sociales y el neoextractivismo, que, según la Revolución Ciudadana, fue parte de su lucha contra la pobreza. Ahora quiero llamar la atención sobre la fuerte deslegitimación del movimiento indígena que se reproducía en el discurso presidencial, y que legitimó y fundamentó las políticas que argumento. En el capítulo anterior, mencioné el rol del capitalismo impreso para construir un ideal de Estado y de ciudadano, así como de fabricar un otro, su diferencia y los regímenes de representación utilizados a fin de integrarlos a la nación. También me referí a cómo en el capitalismo moderno estos canales de difusión del nacionalismo oficial se han multiplicado y cómo se han utilizado para configurar una cierta verdad respecto al 'estado de las cosas', así como unas prácticas concretas que sustentan relaciones de poder y de exclusión.

Según la investigación de Granda Vega (2016) sobre el *Enlace Ciudadano*[43] de Rafael Correa, estos discursos presidenciales se fundamentan en reproducir una imagen excluyente del indígena, como infante incapaz de hablar por sí mismo (lo cual sustenta las formas ventrílocuas de representación), como culpable de un supuesto subdesarrollo del país o como objeto exótico.[44] Según los conceptos foucaultianos de 'voluntad de verdad' y 'de saber', como principios de exclusión que imponen límites a lo que es decible y enunciable y lo que no, se puede analizar cómo los dispositivos de poder, además de impedir que proli-

---

[42] Así se referían al periodo de la Revolución Ciudadana los activistas del movimiento indígena en la Asamblea de los pueblos del Sur CONAIE y ECUARUNARI en la que tuve la oportunidad de participar en noviembre de 2018.

[43] El *Enlace Ciudadano* fue un programa televisivo (hasta 2008 exclusivamente radiofónico) a través del cual el presidente Correa promocionaba permanentemente sus actividades frente a la población ecuatoriana. En este se mostraba "la encarnación de las promesas de ruptura y de construcción de un nuevo orden social de la Revolución Ciudadana" (De la Torre citado en Granda Vega 2016, 1). Parte integrante y fundamental de la estrategia comunicativa del Ejecutivo, se transmitía cada sábado frente a un público.

[44] El autor subraya cómo los mensajes transmitidos por este medio de comunicación "producen y reproducen sentidos comunes que refuerzan una cultura –un proyecto político y económico del Estado nación– que sostiene y se sostiene de múltiples discriminaciones, mediante un discurso respaldado en lo que Foucault denominó el principio de exclusión de voluntad de verdad, intrínsecamente vinculado a representaciones racistas y sexistas" (Becker citado en Granda Vega 2016, 15).

feren discursos-otros respecto a los construidos como verdaderos, determinan aquello sobre lo cual se puede hablar y cuáles son las prácticas discursivas permitidas y practicadas. Los discursos que finalmente tienen derecho a circular no solo *hablan del otro*, sino que lo forman, *lo fabrican sistemáticamente*. En el discurso del *Enlace Ciudadano*, el indígena venía construido, personificándolo en sus líderes, en última instancia como culpable del supuesto atraso del país. El discurso se centraba de manera continua en la dialéctica entre desarrollo y subdesarrollo, y a menudo se comparaba al Ecuador con el mundo europeo como ejemplo de virtud. Correa solía relacionar el liderazgo indígena con el fundamentalismo, la mentira, la violencia y la oposición frente a todo proyecto. Por ejemplo, comentaba que los líderes indígenas "nacieron con el no, y viven del conflicto, su negocio"[45] o que "no hay que hacerles el mínimo caso".[46]

Además, se relacionaba a los indígenas con el imaginario nacional colonial que perpetuaba el discurso correísta: un grupo social eternamente manipulado (por sus propios líderes, que "les meten cosas en la cabeza",[47] por los antropólogos o los sociólogos). Estos venían aparte representados como "absoluta minoría" violenta, a la que se debía aislar o convencer de que se implementaban las políticas públicas para el bien común. Esta última forma de representar al indígena, según Martínez Novo (entrevistada por Granda Vega 2016, 21), constituía una estrategia que, a través de los datos censales, justificaba el hecho de que ellos no eran centrales en el proyecto de la nación, y que, por lo tanto, el gobierno tenía que seguir en sus políticas a pesar de la oposición de unos pocos, por el bien nacional. Este discurso fue parte de la fuerte deslegitimación y criminalización del gobierno hacia los movimientos sociales e indígenas del país.[48] A estas se acompañaron prácticas concretas como las que he mostrado

---

[45] *Enlace* del 1 de mayo de 2013 (Granda Vega 2016, 20).
[46] *Enlace* del 1 de mayo de 2013 (Granda Vega 2016, 20).
[47] *Enlace* del 15 mayo de 2015.
 [Refiriéndose a una manifestación contra la Ley de Agua] cuando llegué a Riobamba afuera había unos 20 manifestantes manipulados como siempre por un dirigente de Pachakutik y yo no tengo miedo de conversar con la gente, entonces me acerqué a conversar y verán las barbaridades que se dicen […], o sea, los eslóganes gastados, repetitivos […] ¡El agua no se vende, el agua se defiende! Me acerqué donde una compañera campesina y le dije: "Compañera, ¿por qué dice que vamos a vender el agua?" –"Porque tú vas a vender el agua a otro país". Esas son las cosas que les meten en la cabeza. De esa forma les roban la cabeza y el corazón a nuestros compañeros campesinos. Prensa, ¡vayan a investigar lo que les han dicho en las comunidades! No podemos permitir que unos cuantos nos cierren carreteras y a punta de palo y piedras, lo que no lograron en las urnas quieran lograrlo ahora, porque, además, estos dirigentes indígenas tienen sus representantes indígenas en la Asamblea, pero ¡son tres entre 124!" (Correa citado en Granda Vega 2016, 21).
[48] El movimiento indígena ha sido también descrito como un "grupo de tirapiedras" culpables de impulsar "agresiones y barbarie" y, sobre todo, de ser "defensores de los pobres". De hecho, el expresidente subrayaba en repetidas ocasiones cómo las

respecto a la gestión de la educación o, anteriormente, respecto a periodistas, otra categoría afectada por el discurso de deslegitimación del gobierno. Si me he detenido sobre este punto es porque me interesa subrayar cómo estos discursos animan prácticas y posicionamientos hacia las personas reales.[49]

Finalmente, quiero destacar que la representación del otro, o, mejor dicho, la fabricación del otro, que depende del poder (el poder de decir, la facultad de enunciar, de expresar la verdad) genera a su vez poder: el poder de hablar del otro y de actuar *en nombre de* o *por* el otro.[50] Poder hablar, en la Revolución Ciudadana, quiere decir tener un título.[51] A través de esta discriminación se producen al mismo tiempo los sujetos con derecho a expresarse y las personas desinformadas o manipuladas a causa de su ingenuidad y falta de conocimiento. Esta situación define, a su vez, un monopolio de la comunicación basado en el capital simbólico en el sentido propuesto por Bourdieu, como

---

comunidades indígenas eran comunidades de *pobres*, y que este era su verdadero problema, y no la interculturalidad, la plurinacionalidad, el 'ecologismo infantil' o la ley de agua. En su visión, el problema de la pobreza estaba lejos de resolverse, a causa de unos "supuestos activistas" que los tenían en este estado, que no sabían "lo que verdaderamente necesitan". Para una crítica al concepto de pobreza, así como se maneja en el discurso gubernamental, que, a pesar de sus declaraciones sobre el "buen vivir", no se aleja sustancialmente del desarrollismo "clásico", véanse Esteva y Sachs (2003) y Rist (1996).

[49] Quiero regresar una vez más sobre la fuerte capacidad de este discurso de plasmar las consideraciones generales sobre el indígena, tanto que hasta en el ámbito académico (además dentro del programa de la carrera en EIB) es posible encontrar docentes que critican a los líderes indígenas o de las comunidades en contra de las escuelas del milenio o de las políticas educativas gubernamentales como un grupo de 'malagradecidos', de los que 'nunca están a gusto' (se me comentaba también que "a pesar de que el presidente haya entregado el alma para ellos, ni agradecen ni son felices"). Asimismo, observé, en una escuela intercultural bilingüe, afirmaciones que hacen eco a las comparaciones entre las virtudes del mundo desarrollado y el Ecuador subdesarrollado del discurso presidencial. Por ejemplo, en una clase de lengua shuar, un profesor, al llegar, pidió a sus estudiantes que se cruzaran de brazos, diciéndoles: "Hacemos como los niños japoneses, ellos cuando viene el profesor se sientan y hacen silencio todo el tiempo, después juegan, como nosotros. Por esto el Japón y los Estados Unidos son países disciplinados, son países desarrollados, en cambio nosotros los ecuatorianos somos bien indisciplinados, por eso no aprendimos nada".

[50] Esta verdad se impone también, en el caso que analizo, mediante un cierto tipo de escuela, como institución en la que se aplica una estrategia de control, exámenes, evaluaciones, sanciones.

[51] En el discurso semanal de Correa se destaca bien la diferencia entre los 'tirapiedras', los 'mediocres' y los especialistas de los que él se rodea (a menudo enumera los títulos y las universidades –mejor si son extranjeras– que han frecuentado), únicos con derecho de palabra y de elección. Esto responde muy bien al principio ilustrado por Foucault: "Nadie entrará en el orden del discurso si no satisface ciertas exigencias o si no está, de entrada, cualificado para hacerlo" ([1971] 2005, 39).

aquel conjunto de características y experiencias a las que se otorga un valor simbólico como para permitirles ser, por sí solas, fuentes de legitimación de las alegaciones y de las prácticas de la persona que las posee.

La política educativa del gobierno se ha centrado en los conceptos de 'eficiencia' y de 'excelencia' contra los 'vestigios del subdesarrollo'. En coherencia con el discurso desarrollista de la Revolución Ciudadana, las escuelas comunitarias, columna vertebral del sistema educativo indígena, se volvieron 'escuelas de la pobreza', y, como responsables de la supuesta baja calidad del sistema educativo rural, fueron objeto de un proyecto gubernamental que preveía cerrarlas y sustituirlas por las escuelas del milenio. Como explicaré mediante los ejemplos concretos de la observación de campo, estas políticas orientadas a la 'excelencia' han tenido otras consecuencias que han debilitado aún más al sistema bilingüe. Se ha impuesto un sistema altamente burocratizado en el que predomina la lógica de la planificación continua y de la evaluación con pruebas y exámenes uniformizados. Este sistema no solo ignora la pluralidad lingüística y cultural del país, sino que ha impedido a los grupos indígenas –y esta es una hipótesis que quiero llevar a cabo– acceder a los estudios superiores de los que tradicionalmente fueron excluidos. De esta manera, se los margina de la sociedad, desde la realidad de un sistema que se puede reproducir tal cual en función de las indigencias de muchos. Además, se impide que sobreviva el sistema bilingüe planteado por el movimiento, que, aunque con fallas, representa una instancia amenazante dentro del Estado ecuatoriano.

Una última consideración resulta fundamental. Las reflexiones que siguen se relacionan y completan las observaciones de esta primera parte, que ya de por sí ha definido el ámbito de investigación y las mayores criticidades encontradas. Son observaciones fruto de investigaciones etnográficas que forzosamente reflejan una perspectiva particular. Los dos ejemplos que presento provienen de los dos establecimientos educativos donde mi investigación y presencia ha sido más prolongada.

## 2. Sisid o la interculturalidad como lucha

Sisid (Sisid Ayllu Llakta) es una comuna que se extiende desde los 2800 hasta los 4500 m s.n.m., situada entre la ciudad del Tambo e Ingapirca, provincia del Cañar, en la Sierra sur del Ecuador. Está compuesta por siete sectores, inmersos en un panorama dominado por pastos y ganado, pues la ganadería es la actividad principal en esta parte de los Andes ecuatorianos.[52] La estructura actual se conformó por los intercambios comerciales de la región, que han implicado que las familias mestizas se movilicen hacia las alturas normalmente ocupadas

---

[52] Sisid Centro, Sisid Huerto Huaico, Galoay, Culcaloma, Sisid Anejo, Atu la Virgen y San Carlos.

por comunas indígenas y han desplazado a estas hacia territorios aún más altos. Actualmente, sobre todo las pocas familias que se consideran mestizas habitan los dos sectores bajos, Sisid Centro y Sisid Huerto Huaico.

Sisid se reconoce como comuna, una organización social andina en la cual, a cambio de un lote de tierra destinado a la producción familiar, mujeres y hombres comuneros participan en los trabajos comunitarios (mingas) dedicados a mantener el territorio. En Sisid la tierra comunal está lotizada desde los 3500 m s.n.m. hacia abajo, en parcelas de 100 metros por 50 que se otorgaron a cada familia de socios a cambio de participar en la minga los días lunes. El alto territorio restante (páramos) se destina a la ganadería y la agricultura comunal.

La organización política se desarrolla alrededor de la Asamblea General, en la cual participan todos los miembros de la comunidad, y por lo general se celebra cada fin de mes. En esta, se elige a los miembros del Cabildo: un presidente, un vicepresidente, un secretario, los tesoreros y los vocales (representantes de cada sector).[53] También eligen miembros de los comités de salud, educación, medio ambiente y ganadería. Con la excepción de los sectores bajos, habitados por algunos mestizos que por lo general no llegan a ser socios de la comuna, la mayoría de habitantes se autodeclara indígena.

A través de las conversaciones con comuneros y múltiples coloquios con profesores activos en el movimiento indígena, llegué a reconstruir la historia reciente de la escuela comunitaria, la Unidad Educativa Comunitaria Intercultural Bilingüe Sisid (figura 2), y de los desafíos que todavía la atraviesan. Esta se encuentra en el sector Sisid centro, un pequeño poblado asentado a lo largo de una única calle con poco tráfico y pocas viviendas, dos tiendas de alimentos y dos iglesias que, a distancia de pocos metros una de la otra, introducen el pluralismo religioso en esta pequeña comuna. La escuela funciona en edificios de concreto, pintados de verde y blanco, fríos y austeros, alrededor de un campo de fútbol se imparte clase en los días más fríos (ya que en el interior de las aulas sería aún peor) y se practica una 'educación física intercultural'. Hay una biblioteca, cerrada desde hace algunos años y aparentemente destinada a quedarse así por falta de presupuesto. La autoridad distrital no puede contratar a un bibliotecario y la hipótesis de confiar su gestión a la misma escuela no parece viable debido a problemas burocráticos. El establecimiento ofrece actualmente una educación desde el nivel inicial hasta el bachillerato (desde los tres años hasta los 18). Cuenta con 18 docentes y alrededor de 250 estudiantes. Además, está luchando para constituirse en unidad del milenio, proyecto en el que se gastan muchas de las energías de un grupo de comuneros apegados a la vida del instituto (sobre todo padres de familia, miembros del comité de educación, exprofesores y rectores).

---

[53] Quienes integran el Cabildo son miembros de la comunidad, elegidos y reconocidos por esta. Su función es representar legalmente a la comunidad, ejercer la autoridad y realizar las actividades que le atribuyen las leyes, sus usos, costumbres y el reglamento interno de cada comunidad.

LA INTERCULTURALIDAD APLICADA  127

**Figura 2.** Unidad Educativa Comunitaria Intercultural Bilingüe Sisid.
Foto de Elena Perino, 2018.

**Figura 3.** Saludo a la bandera. Foto de Elena Perino, 2018.

## 2.1. Observaciones desde la cotidianidad escolar

La vida de la escuela empieza el lunes por la mañana con el saludo a la bandera (figura 3), una ceremonia (o un ritual de la patria[54]) que inaugura la semana laboral. En los establecimientos bilingües, en este día el estudiantado asiste con la vestimenta típica de sus regiones. Alineados según el grado en la gran explanada al centro de los edificios escolares, las chicas y los chicos cantan el himno nacional en castellano y en kichwa, en frente de la bandera ecuatoriana y de la *wiphala*,[55] izadas por el abanderado o la abanderada (una o un estudiante que ha tenido los mejores resultados en las evaluaciones). Después del canto, algunos estudiantes exponen un texto a propósito de los símbolos de la patria, del movimiento indígena o de la historia nacional; a continuación el rector o un profesor designado enuncia el programa de la semana, las actividades a las que la escuela es invitada a participar (normalmente a presentar los bailes tradicionales) y las indicaciones respecto al orden, a la disciplina o a la vida escolar.

Después de la ceremonia, regresan a las clases, que duran hasta las primeras horas de la tarde. En medio de las clases hay dos recreos, en los cuales suelen salir del plantel para comprar dulces o helados que se venden delante de la entrada, o papas fritas en la casa de una mujer de la comunidad, a unos cinco minutos de la escuela. Al final de la jornada, empiezan tal vez a recorrer un largo camino para regresar a los sectores más altos, mientras que el profesorado regresa a Cañar, la ciudad cabecera cantonal donde habita la mayoría (ninguno vive en la comuna).

Aprovecho el tiempo del recreo para ponerme de acuerdo con los profesores sobre las entrevistas y las observaciones en las clases, y para hablar con el conserje, en ocasiones con el psicólogo que visita el establecimiento una vez a la semana y con representantes de las familias que de vez en cuando llegan a la escuela a resolver algún asunto. Entre las primeras curiosidades que me surgen está las materias impartidas, como 'Etnomatemática', 'Etnohistoria', 'Etnociencia', 'Cosmovisión' y, sobre todo, 'Educación Física Intercultural'. En las primeras conversaciones se me aclara un poco cómo funciona la escuela. El docente

---

[54] En el sentido que les otorga Hernández Cruz (2000, 79): "Rituales en donde se ponen en evidencia las principales estructuras de reproducción del sistema educativo".
[55] La bandera que representa a los pueblos indígenas que habitan el Tawantinsuyu, es decir, los territorios que hacían parte del Imperio incaico. La wiphala representa los siete colores del arcoíris; en Ecuador y Perú se representa con siete líneas horizontales, en Bolivia con los colores intercalados en recuadros. Es actualmente unos de los emblemas más utilizados en los movimientos sociales indígenas del área andina. Los múltiples significados de la wiphala en los diversos países renvían al concepto ya citado de 'unidad en la diversidad'. Para un análisis de este símbolo y en general sobre la política de la identidad en la base de la reinvención de las identidades y culturas indígenas en el contexto de la globalización, véase Pajuelo Teves (2007).

de Etnomatemática, un hombre mestizo[56] que trabaja en la escuela desde que se fundó, me asegura que esta es la misma Matemática que se imparte en las escuelas hispanas, y que se le ha cambiado el nombre, en virtud de la vocación intercultural de la escuela (me pide que le pregunte a un profesor indígena que, en su opinión, me hubiera podido responder mejor). Quienes imparten las demás materias, en cambio, muestran una fuerte voluntad de articular los conocimientos que llaman "occidentales" con aquellos definidos como "ancestrales". Este espíritu les anima a encontrar otras formas de hacer escuela, a veces fuera del aula, porque "no se puede hacer educación en cuatro paredes, porque, aunque esté caliente, está frío". Por eso, a veces les llevan a caminar por la mañana o por la noche, para visitar lugares significativos de la cultura cañari.

En cambio, en las clases de Cosmovisión o de Lengua Kichwa, observé una falta de atención o de interés, a pesar de que a menudo las lecciones se preparaban con mucho cuidado, y eran muy interactivas y prácticas. Un día, por ejemplo, observé un curso de Cosmovisión que preveía que los estudiantes prepararan solos una *chakana*[57] con pétalos de flores (figura 4).[58] En la operación participó casi toda la clase, salvo una estudiante que, como quienes pertenecen a grupos evangélicos, no tenía el permiso de seguir estos cursos debido a las prácticas y doctrinas que contrastaban con su fe. Durante la tarea, estaban muy distraídos, reían mucho y escuchaban poco. Al empezar la ceremonia alrededor de la *chakana* (en cuyo centro habían puesto agua, fuego y maíz), el profesor dio un discurso sobre los elementos presentes. Ellas y ellos, con una combinación de diversión y vergüenza, escucharon el discurso, y, al final de la clase, ordenaron todo para irse a sus hogares lo más pronto posible. Entonces intercepté al profesor para preguntarle (consciente de que mi presencia había tornado la lección aún más divertida a los ojos de los estudiantes) si habitualmente era más fácil dar clases de un curso de aquel tipo. Él me respondió que

---

[56] Me confiaron, luego, que profesoras y profesores que envían del Ministerio (como el ejemplo mencionado) no tienen ningún interés en los denominados 'saberes ancestrales', prefieren limitarse a aplicar el currículo nacional, y tal vez resultan abiertamente contrarios a los principios fundacionales de la EIB.
[57] La *chakana* (cruz andina) es una cruz cuadrada sujeta a múltiples interpretaciones. Es utilizada para definir el calendario vivencial y normalmente viene trazada en la tierra con pétalos de flores, frijoles, granos de maíz o habas. En las 'ceremonias ancestrales' que observé en ocasión del Killa Raymi (celebración de la luna, de la siembra y de las deidades femeninas del 20 de septiembre), o de las fiestas comunitarias, se ubican varios elementos en medio de esta (fuego, agua, maíz, cristales y piedras). En los cuatro puntos de la *chakana*, correspondientes a los puntos cardinales, se posicionan los oradores, mientras que alrededor se sitúan las personas participantes.
[58] Al participar en el curso se percibe una suerte de forzamiento, que remite a las palabras ya mencionadas de Sánchez-Parga, cuando habla de la "imposibilidad de enseñar la cultura", que viene entonces conocida "como si no fuera la propia" y provoca una conversión de esta en "obligación" (2007, 192-194).

era muy difícil, sobre todo con estudiantes que habían empezado desde hace poco a estudiar la cosmovisión, lo que les dificultaba "tomarla en serio". Esta misma dificultad perciben otros profesores de Lengua Kichwa, que a menudo encuentran una fuerte resistencia.

DOCENTE DE LENGUA KICHWA. Más que todo por las influencias, el castellano es una lengua global, que supuestamente es más superior, o sea, eso es el concepto de nuestra gente, de nuestros padres de familia, de los estudiantes, ese elemento cultural que es la lengua propia de nosotros no dan esa importancia, más bien ellos tratan de menospreciar, incluso algunos dicen "tenemos vergüenza de hablar el kichwa, tenemos vergüenza", entonces el profesor, a lo mejor, como es un área, tiene que tratar de dar clase, pero ya no con los estudiantes que verdaderamente quieren seguir desarrollando, quieren seguir manteniendo el idioma materno que es el kichwa.[59]

Respecto a la resistencia de muchos hacia aprender la lengua y las prácticas culturales 'ancestrales', otro problema al aplicar el currículo EIB se encuentra en el difícil diálogo con las numerosas religiones presentes en la comuna. Primeramente, con la Iglesia católica y con los comuneros más creyentes. Como afirmó un profesor indígena, "al hablar sobre los males que han hecho se corre el riesgo de hacer la parte de aquellos que nunca se olvidan". Con las demás confesiones se genera una fuerte interferencia y contrariedad con las actividades escolares interculturales. En efecto, en la comuna se encuentran numerosas iglesias, y esto a menudo irrita a los profesores, sobre todo en las clases de primaria, porque los estudiantes no pueden participar en los bailes y cantos preparados para las fiestas comunales (a las que muchos comuneros han dejado de acudir porque manifiestan sentimientos paganos o diabólicos).

Otra consecuencia de la multiplicación de las confesiones, quizás la más importante y grave, es la gran dificultad que se encuentra, en la comuna, para organizar reivindicaciones por el derecho a la educación. Si la escuela recibe muy pocos recursos o las movilizaciones para requerir una unidad del milenio no tienen seguimiento por falta de interés o de dedicación y voluntad de las instituciones, organizar una manifestación o un debate conjunto se vuelve cada vez más difícil porque los adeptos a los diversos grupos religiosos están sujetos a múltiples prohibiciones. Se demarca así una realidad en la que se obstruye la aplicación del currículo bilingüe intercultural por motivos tanto prácticos ("el castellano es el idioma superior, más útil") como religiosos. Ya he destacado que estos fenómenos son típicos de todo establecimiento bilingüe, pero en este caso es importante subrayar dos aspectos significativos. Primero, se necesita poner de manifiesto la frontera étnica que marca la vida de la comunidad y que definió la construcción del establecimiento educativo. A continuación, es

---

[59] Entrevista a docente de Lengua Kichwa en Sisid, octubre de 2018.

LA INTERCULTURALIDAD APLICADA 131

**Figura 4.** Observación de un curso de Cosmovisión. En la primera imagen los estudiantes están trazando una *chakana* según las indicaciones del profesor. En la segunda, el docente, después de haberse puesto su poncho, se prepara para la celebración. Foto de Elena Perino, 2018.

preciso también relievar la conflictividad que implica aplicar una educación que, a pesar de los intentos antihegemónicos, encuentra una obstinada resistencia en un contexto de intensa migración.

### 2.2. La violencia constitutiva: marcar la diferencia

La escuela de Sisid se constituyó gracias a un convenio bilateral, en 1985, entre los gobiernos de Ecuador y la República Federal de Alemania. Mediante la Sociedad Alemana de Cooperación Técnica (GTZ), se creó el Proyecto de Educación Bilingüe Intercultural (proyecto EBI). Debido a las difíciles relaciones entre indígenas y mestizos, que se remontan, según la historia local, a los primeros momentos de la comuna, la población mestiza se resistió rápidamente al establecimiento de la escuela.[60] Temía ver a sus hijos forzados a frecuentar la 'escuela de los runas'. Por esto, el proyecto EBI no fue bien recibido por la población mestiza, que llegó incluso a crear una escuela 'hispana' separada de la comunidad de clara mayoría indígena.

Comunero de Sisid. [Los mestizos] no aceptaron. Antes [del proyecto EBI] era una escuela Manuel María Sánchez [...] hasta 1987 eran solo mestizos, solo hispanos, eran como ocho profesores, eran solo mestizos. En el año de 1986 ingresa un solo bilingüe, al siguiente año se suma otro bilingüe, lo que hace 8 mestizos y 2 bilingües, y después se crea este como colegio, y acá estuvimos la mitad como bilingües y la mitad hispanos. De los alumnos aquí toda la vida han sido 95 % bilingües y el 5 % mestizos. Los profesores decían: "Nosotros no, ustedes vendrán, harán EBI, pero nosotros tenemos nuestra formación y nosotros haremos la educación que nosotros hemos venido haciendo y disculpen no podemos hacer más". Se llega al extremo de que el 5 % de mestizos a eso sumado unos pocos bilingües, padres de familia bilingües que quieren que

---

[60] La documentación colonial da cuenta de una escritura de compra y venta, y de dos testamentos. La escritura, según el blog del líder de la comuna Segundo Palchizaca, fue realizada en Santa Ana de Cuenca en 1603, a favor de los indígenas por medio de la acción de la lideresa María Inca Gañalshug, que, a cambio de la tierra de la comuna, "pagó la suma de 500 pesos en moneda de plata y dos onzas en oro en polvo". En los dos testamentos dejados por María a su hermana Elvira, se lee que los mestizos tienen atribución de salir de la ceja para arriba, y prohíbe que tengan acceso a todo tipo de recursos naturales: "en caso de que saliesen deben votar con la ceniza, polvo, ají hasta el día de juicio, no saldrán para la paja, agua ni para pastorear. A estos sitios no lo consientan ni a nadie, ni a los ayamaitus y se casase las doñas con los mestizos echarán al río grande y que de allí nunca salgan". En el segundo se lee: "Por estar enferma de cuerpo declara que han vivido desde 1.565 son tierras legítimas de la comuna de Sisid desde antes de los conquistadores que somos dueños legítimos". Documentación disponible en http://sisidkawsay.blogspot.com/.

los profesores sean los hispanos, y otra parte de los indígenas, padres de familia de los estudiantes que dicen que nosotros queremos que sea EIB, entonces este problema de dos grupos sociales hace que un día venga la subsecretaria regional de Cuenca para ver qué estaba pasando. Dice: "Bueno, aquí ha habido dos culturas, cultura hispana y cultura bilingüe, no estemos en conflictos, simple y llanamente los hispanos que hagan educación hispana y bilingües que hagan educación bilingüe". Se crean entonces dos modalidades de estudio, los hispanos aquí y los bilingües acá. Continuaba el mismo conflicto. Hasta en las canchas se quitaban, acá estaban los hispanos y allá los bilingües, y en el receso cuando tocaba jugar había choque de estudiantes, los unos y los otros querían utilizar la cancha, un conflicto social, hasta entre estudiantes, porque los mestizos inculcaban que ellos son más, que tenían más derecho y todo eso. Entonces eso comenzaba un poco a contagiar a los estudiantes, a los jóvenes también, a decir nosotros somos educación hispana y nosotros somos interculturales bilingües, se llegó al extremo de que como los hispanos son poquitos tuvieron desde ahí que crear una escuela. Ahí un padre de familia dio un cuerpo de terreno para que instauren lo que es la educación hispana, y los bilingües nos quedamos acá.[61]

Se creó una situación de división interna a la comunidad, un *apartheid* educativo que empezó en las aulas comunes y terminó en una separación definitiva de los establecimientos (escuela Manuel María Sánchez y Unidad Intercultural Bilingüe Sisid). Muchos profesores recuerdan que los representantes de las familias trazaron líneas en las aulas y el jardín. Sobre esto, un padre y profesor mestizo, en ese entonces uno de los fundadores de la escuela bilingüe, comenta lo siguiente:

PADRE Y PROFESOR MESTIZO. Los mestizos no querían [la EIB], decían que eran blancos no indios para aprender el kichwa. La comuna actuó radicalmente, no cedió frente a las agresiones físicas, psicológicas o verbales. Dividieron las canchas y las aulas con una línea: aquí los indígenas, allá los mestizos. Seguían los enfrentamientos verbales y psicológicos, [los padres] inducían [a] los niños hispanos a agredir los niños indígenas, ellos eran *tímidos* y los demás aprovechaban. Ha habido reuniones clandestinas para planificar la estrategia para defender la educación bilingüe y para quitar los dominios mentales [los indígenas] eran *tímidos*.[62]

Estas actitudes remiten a lo afirmado anteriormente en relación con la discriminación actual que sufre el profesorado indígena. Esta hace eco a las preo- cupaciones de los pocos habitantes mestizos de la comuna hacia una

---

[61] Entrevista a comunero en Sisid, octubre de 2018.
[62] Entrevista a padre y docente en Sisid, octubre de 2018. El hecho de ser tímido es frecuentemente asociado al indígena. Véase la investigación de Fletcher (2003) sobre los términos vinculados a este estereotipo.

"colonización a la inversa" a la que supuestamente habría llevado la creación de una escuela bilingüe.

Padre y profesor mestizo. Hablemos de hace algunos 15 años, cuando la gente mestiza, un grupo de gente mestiza, jamás ellos aceptaron que un profesor indígena esté impartiendo conocimiento a los hijos mestizos. Decían que no es posible que un indígena esté sobre nosotros, él no va a impartir un conocimiento como un mestizo, jamás estaban de acuerdo, había un racismo marcadísimo, en esto incluyeron hasta a los maestros, a los padres de familia, de que cada vez iba incrementando más los profesores bilingües, indígenas, y que una educación hispana que poco a poco iba ir decayendo y que solamente va a haber EIB. Entonces eso iba a pasar, pero de pronto ellos reaccionaron frente a eso e hicieron un gran manifiesto para que no suceda eso, por eso hay un claro hecho que hicieron una escuela aparte, decían acá deben estar los mestizos y acá solamente los indígenas, imagínese la mentalidad. Estar bajo el mando de los indígenas, *eso no es aceptable*.[63]

La escuela 'hispana' desapareció pocos años después, a causa de una obvia falta de estudiantes que no permitía mantener el proyecto mestizo (figura 5). Como he mencionado, con la creación de la DINEIB en 1988, los establecimientos educativos con al menos un 80 % de estudiantes indígenas empezaron a aplicar el modelo EIB de manera automática, y Sisid pasó a ser parte del sistema bilingüe. Considerar las dificultades para implementar este modelo da la medida de cómo la discriminación hacia el pueblo indígena se vuelve violenta en aquellos lugares donde la convivencia con la población mestiza es más estrecha.

En los años setenta, Paulston (1972) reflexionaba, siempre en referencia al medio escolar, sobre la naturaleza social y cultural del concepto de 'raza' en Latinoamérica. Este autor menciona que, con los medios económicos suficientes y una incorporación importante de la 'cultura' europea, un *indio* puede ser *blanco* y, sin estos requisitos, un *blanco* puede ser considerado *amerindio*. De estas premisas deriva la necesidad para los mestizos 'pobres' de portarse de una manera específica para no ser confundidos o identificados con la cultura indígena. Además, quien ha podido subir en la escala social tiende a rechazar la subcultura de origen y a identificarse con el comportamiento del estrato inmediatamente superior. En la misma línea, Carlos de la Torre (1997) subraya que el afán de las clases bajas mestizas de "marcar una diferencia" con los indígenas, se vuelve prerrogativa fundamental.

De la Torre (1997) se refiere a la reproducción y la influencia del racismo de las clases altas en los fenómenos de discriminación de parte de las clases bajas (que se fundamentan en los regímenes de representación adoptados por estas).

---

[63] Entrevista a padre y docente en Sisid, octubre de 2018.

**Figura 5.** Instalaciones escolares abandonadas, creadas para estudiantes mestizos de Sisid. Foto de Elena Perino, 2018.

Sostiene que, mientras las élites no necesitan demostrar su superioridad en la vida cotidiana porque sus espacios son exclusivos y entran en contacto con los miembros de los grupos dominados desde posiciones que no cuestionan su poder, las clases bajas corren este *riesgo* de manera cotidiana. Por lo tanto, el racismo de clase baja no solo reproduce el de las élites, sino que también es ambiguo. Si, por un lado, otorga un capital simbólico a los blancos/mestizos de 'clase baja', "a su vez es una forma de autodio constante" (De la Torre 1997, 118). En efecto, "el blanco mestizo pobre está muy próximo al mundo indio y muy lejos de los blancos. En cada acto de odio al indio se odia a sí mismo aun sabiendo que la meta de la blancura es un ideal inalcanzable" (118).

Así, la fuerte discriminación fundada en este autodio o "reniego de una parte de su ser" (127) lleva a la población mestiza a sentir miedo de que sus orígenes sociales puedan estar cercanos a los de los indios. De allí nace la necesidad de demostrar constantemente su supuesta superioridad y la tendencia a "dilapidar energías obsesionándose con cómo diferenciarse y agredir al indio 'otro'", aun cuando estos despliegues "solo ilustren la imposibilidad de que los mestizos acepten su humanidad blanca e india" (De la Torre 1996, 24).

Este recorrido por la historia de la fundación de la escuela habla de una comunidad todavía dividida, en la cual siguen reproduciéndose las tensiones entre los grupos sociales de acuerdo con las diferencias étnicas, cada vez más marcadas y reivindicadas. Al hablar con los miembros de la comunidad, escuché opiniones arraigadas en las construcciones identitarias tanto blanco-mestizas como indígenas. Al ser construcciones culturalistas en el sentido que le otorga Sánchez-Parga (2007), favorecen las divisiones y los enfrentamientos, o, en todo caso, una serie de comportamientos que no paran de subrayar las diferencias entre dos grupos aparentemente separados y de alimentar tratos discriminatorios o desconfianza recíproca. Por ejemplo, fueron fuertes mi sorpresa y malestar cuando un exprofesor que se consideraba gran defensor de los derechos indígenas y de la educación bilingüe mostró comportamientos muy discriminatorios hacia unos campesinos indígenas a quienes visitamos por cuestiones de trabajo, así como su desprecio hacia lo que definió como "idioma de los indígenas".

No faltan las circunstancias para remarcar las diferencias. Esta hostilidad mutua se expresa también en el testimonio de un comunero indígena, dueño de una tienda cerca de la escuela, que no esconde su desilusión por la presencia mestiza en la comunidad. Me habla del testamento de María Inga Gañalshug, en el que se declaró prohibido conceder la tierra comunal a la "gente blanca", y me indica que "no tendrían que ser socios". Me cuenta que en el sector de Sisid Anejo solo se le había dado permiso a un mestizo, muy mayor, pues los demás "vienen, abusan". En Sisid Centro, la división no es tan marcada y la exclusión no es tan estricta, lo cual preocupa mucho al propietario de la pequeña tienda: "Si yo hubiera sido el líder, no lo habría permitido, [fue un] fracaso, los líderes se equivocaron, ahora ha venido gente blanca aplastando y dominando". Los habitantes mestizos tampoco esconden la impresión y la molestia de tener que sentirse siempre culpables frente a los indígenas, sujetos a un rencor que inexplicablemente no se apaga. Por ejemplo, en una asamblea comunitaria un mestizo me confesó, cansado de que los blancos fueran "todavía inculpados por lo que hicieron hace 500 años", haber aclarado en frente de todos los presentes que él no había elegido "ser mestizo".[64] Les dijo: "No es mi culpa si mis padres me han hecho mestizo. ¿Podía yo pedirle a mi madre hacerme indígena? *¿Y qué culpa tengo de lo que han hecho hace 500 años?*".

Estas continuas divergencias, la omnipresencia de una "frontera étnica que había sido construida de ambos lados: indígena y mestizo, y que se justificaba con base en diferencias culturales asumidas" (Lentz 2000), marcan la vida de la comunidad. En esta no faltan aquellos procesos, inherentes al espacio poscolonial, de "transculturación"[65] (Smith Belote y Belote 2000), es decir, la tendencia de 'pasar por' blanco o mestizo (Goffman, en 1963, usa el término *passing* refiriéndose a las experiencias de los estigmatizados). Como subraya un profesor indígena:

Profesor indígena. El mestizaje, hablemos de mestizaje, aquí en estos entornos social no es el 'mestizo-mestizo', sino más bien es el indígena que simplemente se ha cortado el pelo y se ha cambiado la vestimenta y en algún momento, cuando alguien le pregunta: "¿Y usted qué es, es indígena o mestizo?". "Ah, yo

---

[64] Acompaña a este testimonio una fuerte queja hacia lo que él interpreta como actos de "racismo a la inversa", pues, en la escuela, durante el himno nacional, los pocos mestizos, al contrario de los indígenas, deben quitarse el sombrero. Recopilo también una serie de anécdotas que muestran fricciones en las situaciones cotidianas. Por ejemplo, los comuneros muestran hilaridad hacia las fiestas o prácticas mestizas: "Ellos no festejan el Día de la Madre ni del Padre, porque fueron llevados por los españoles" y "se ríen durante el desfile de Navidad, pero cuando nosotros nos encontramos en una fiesta de ellos, tenemos que participar, ¡y serios, señores!". Un profesor mestizo me comentó un episodio en un paseo con un docente indígena, en el cual él se arrodilló enfrente de una iglesia.
Profesor mestizo. No sé si sea justo o no, pero así me enseñaron mis padres. [El docente indígena] me ha dicho: "¿Por qué te arrodillas enfrente de un bloque de concreto?". Entonces, en ese momento, sí me enojé y le dije: "¿Y ustedes? ¿Por qué adoran el sol y la luna? ¿Cuál taita Sol? Es un astro, punto. ¿Y la luna qué? ¡Es un satélite!" (Sisid, octubre de 2018).
[65] Smith Belote y Belote (2000, 85-86), en su trabajo sobre el "cambio individual de la identidad étnica" en Saraguro, definen la 'transculturación' como un cambio de pertenencia, más o menos rápido, de un grupo étnico a otro por parte de un individuo. Este, en el proceso, altera los indicadores significativos de su identidad étnica y –con o sin ocultamiento– es aceptado por los miembros del grupo receptor como uno más de ellos. La transculturación es una acción llevada a cabo por un individuo sobre la base de decisiones conscientes y elecciones.

mestizo". ¿Por qué? Porque hay mucha gente que en el inconsciente está llevando que el mestizo es superior, entonces se cree mestizo.[66]

Estos reproches, junto con un continuo regreso a los conceptos de 'raza', 'cultura', 'etnia' (y 'grupo étnico', a veces utilizado como sinónimo de 'indígenas'), marcan la presencia de aquellos espectros coloniales todavía presentes en las prácticas y en las palabras de los comuneros. También definen los efectos de las categorías forjadas por las disciplinas antropológicas cuando salen de la academia y, al difundirse, llegan a permear los discursos, volviéndose omnipresentes y omnicomprensivas (Wikan 1999). Acerca de la imposibilidad de voltearse hacia el pasado en la pos-Colonia, Beneduce comenta que "cuando la historia está tejida de violencias y humillaciones, [...] la espiral de rencores y sospechas parece no tener fin, y cualquier cosa puede hacer resurgir el dolor y la mortificación de un pasado irredimido" (2010a, 45). Por eso, una investigación sobre uno de los frutos más importantes del movimiento indígena no puede pasar por alto las premisas a partir de las cuales se construyó la lucha indígena, y los presupuestos en los que se basan las definiciones de identidad, la permanencia obstinada de un racismo que se reitera de manera cotidiana y el rol, en este contexto, de una fuerte reivindicación identitaria con base étnica.

### 2.3. La lucha contra la homologación cultural: la migración y la resistencia hacia el proyecto intercultural

En la actualidad, la unidad educativa de Sisid opera bajo el modelo EIB. Se la considera, tal vez por la presencia de intelectuales indígenas cercanos al movimiento y al partido Pachakutik, un importante medio de lucha por reivindicar los derechos colectivos y rescatar la memoria indígena. También se la ve como un proyecto, aunque tal vez insuficiente, en contra de la homologación cultural, a la cual se percibe, sobre todo, como consecuencia de la fuerte migración que la región ha sufrido desde hace más de tres décadas. Si bien la migración transnacional ha ocurrido en el país al menos desde 1960, desde los noventa el fenómeno se ha agudizado con tal fuerza que involucra a cerca de la mitad de la gente cañarense, la enorme mayoría proveniente del medio rural. Por esto en las comunas, ya transformadas por la migración interna, a menudo falta una generación y Sisid no es la excepción.[67]

---

[66] Entrevista a profesor indígena en Sisid, octubre de 2018.
[67] Una vez que un migrante ha logrado entrar clandestinamente en el país de destino, se vuelve peligroso intentar otro viaje para tener la posibilidad de regresar a casa y visitar a la familia, así que la experiencia migratoria acaba durando décadas, años en los cuales los migrantes trabajan como mano de obra barata principalmente en los sectores de la construcción, agricultura y servicios. La meta principal sigue siendo Estados Unidos (Escobar García 2008a, 2008b; Herrera 2013). Quien migra se vuelve confiado de "un

Lo que más llama la atención al investigar en el medio rural de la provincia es la gran proporción de niños y jóvenes que viven lejos de los progenitores, en algunos casos sin haberlos conocido jamás. Aunque decidí no emprender una investigación en contacto directo con los estudiantes, mediante los testimonios de los profesores conocí las historias acerca del dolor de quienes han tenido una infancia marcada por la despedida temprana de los progenitores, o la confusión de los menores que los conocen a través de una pantalla. Muchos estudiantes viven solos o con abuelos o tíos,[68] y la ausencia de una generación entera está marcada por la identidad doble de los hijos de migrantes. Muchos aspiran a alcanzarlos en Estados Unidos y no encuentran en la EIB un medio adecuado que los prepare para eso. Los padres, a su vez, tienden a desvalorizar el modelo bilingüe, prefieren que sus hijos cursen en una escuela hispana en la que recibirán más horas de Inglés y Computación. Por eso, las familias con miembros migrantes raramente apoyan el sistema EIB. Según la perspectiva de Escobar García,

> los objetivos fundamentales de los padres que emprenden su proyecto migratorio incluyen no solo garantizar la reproducción de sus familias, sino también asegurar un futuro mejor para sus hijos. […] Los padres que buscan crear mejores oportunidades para la formación de sus hijos los envían a estudiar fuera de sus comunidades. Esta práctica se observa principalmente en los hogares indígenas. Entre aquellos que asisten al sistema de educación formal, el 17 % se encuentra matriculado en un establecimiento ubicado lejos de su comunidad o ciudad y el 84 % asiste al sistema de educación hispano y no al intercultural bilingüe. Vemos el afán de los padres de asegurar una mejor educación y crear condiciones para la movilidad social de sus hijos (2008a, 255).

---

mandato colectivo que lo ve implicado respecto a su grupo de referencia como 'forma de inversión' (psicológica y marcadamente económica) por todos los que se quedan […] [él] tiene así la 'obligación del éxito' que se expresa frente a sí mismo y en relación con las expectativas de su familia y de su grupo social […]" (Taliani y Vacchiano 2006, 176-177). Los estudiantes con quienes trabajé me hablaron a menudo del "mito del regreso" mencionado por los autores (Taliani y Vacchiano 2006, 254) en relación con la idealización de sus padres, tal vez, porque pudieron finalmente verlos de vuelta o verlos por primera vez; tal idealización está marcada por la desilusión del encuentro con las personas verdaderas, ya no a la altura de las expectativas de unos hijos que los estaban esperando toda la vida.
[68] Los profesores y el psicólogo encargado de la institución me han comentado sobre la vida de estos estudiantes, a menudo conflictiva con la familia de los padres (tíos o abuelos). Debido a que no son tratados como "verdaderos hijos", muchos de ellos se vuelven adictos al alcohol o a las drogas (esto es posible por la disponibilidad de dinero que poseen por ser hijos de migrantes), y en muchos casos tales estudiantes se ven involucrados en embarazos precoces.

Esto demuestra que quien tiene dinero no acude al sistema intercultural bilingüe. Por esto, a pesar de sus importantes dimensiones, la unidad educativa ha perdido a varios inscritos.

Cambiar de sistema escolar puede ser un indicio de que las familias intentan mejorar su estatus, y acercarse al estilo de vida y de consumo de la sociedad mestiza. Es un reflejo de la tendencia a desvalorizar aquello que se percibe como indígena, y que se relaciona (a causa de imaginaciones históricamente construidas con fines económicos y políticos) con lo atrasado, lo antimoderno y lo marginal. Como estas imaginaciones no solo piensan al otro, sino que lo fabrican y fabrican su marginalidad y exclusión social, para la juventud, rechazar el kichwa en favor del inglés y de la computación implica, tal vez, salir de un espacio de invisibilidad al que les redujo una sociedad que no reconoce lo intercultural más allá de un objeto folclórico. Estos comportamientos pueden ser una forma de rechazar una interculturalidad que hasta ahora se ha circunscrito solo a indígenas, que no reniegan las reivindicaciones decoloniales del movimiento indígena. Al contrario, sacan a la luz los límites y las contradicciones de unas posturas caracterizadas por la inversión del estigma o la reivindicación étnica que todavía se juegan en un terreno de alienación, en lugar de liberar al dominador y al dominado. Esto no implica no reconocer en las historias y en las palabras de profesores, profesoras y comuneros la capacidad del sistema capitalista de imponer una única visión del mundo y de provocar una homologación cultural hacia un estilo de vida insustentable. Únicamente cabe argumentar contra una tendencia a ver 'complejos' o 'alienación' solo por un lado, que puede impedir focalizarse sobre el punto que considero común: una descolonización del pensamiento y del imaginario, junto con el fin de la discriminación, como lo plantea el movimiento.

### 3. Bosco Wisuma: la EIB entre resistencias y malentendidos

La Unidad Educativa del Milenio Guardiana de la Lengua Bosco Wisuma (figura 6) está situada en la pequeña comunidad de Sagrado Corazón, en la parroquia de Sevilla Don Bosco (a 10 km de la ciudad de Macas, la capital provincial), en la provincia amazónica de Morona Santiago. La comunidad está compuesta en su mayoría por casas de madera alejadas unas de otras y de la calle de tierra que conecta la comunidad con los otros poblados cercanos. A pesar de que por ella transitan los buses que llevan estudiantes a la escuela, la calle principal está prácticamente desierta. Las viviendas están circundadas por la selva, y a una o dos horas de camino se encuentran el ganado y las plantaciones de plátanos y yuca de los comuneros.

La escuela, un gran plantel construido por el Cuerpo de Ingenieros del Ejército e inaugurado en 2013, cuenta con salones equipados con mobiliarios modernos (figura 7), cuatro aulas de educación inicial, seis de educación básica, nueve de bachillerato, dos laboratorios, un centro de cómputo, una biblioteca y un centro del Buen Vivir (que consiste en una típica casa shuar). Circundan la estructura altos muros de concreto y la vigilan guardias que se turnan durante las 24 horas del día. Como lo señala Martínez Novo (2016b, 44), las unidades del milenio fueron planeadas para que cada "edificio imitara las casas de una comunidad y que tuviera comunidades y animalitos dibujados en sus paredes. Esta forma de recuperar lo andino como simulacro, o lo que el movimiento indígena ha llamado 'la folklorización de lo étnico', es una perspectiva más amplia del gobierno de Correa".

La Bosco Wisuma fue unas de las escuelas más costosas del Plan de Reordenamiento de la Oferta Educativa correísta: cerca de cinco millones de dólares (frente a semejantes gastos, el gobierno decidió dejar de construir las unidades del milenio en favor de las más sobrias unidades del siglo XXI).[69] La escuela funciona en dos turnos, matutino y vespertino (como en todas las escuelas del milenio), para aprovechar al máximo las instalaciones y el equipamiento, y ofrece los niveles educativos inicial, educación básica y bachillerato. El estudiantado proviene de pequeños centros ubicados alrededor de la ciudad de Sevilla Don Bosco, en los cuales ya no existe una escuela comunitaria.

La unidad educativa cuenta con 45 docentes (27 shuar y 18 mestizos) y 815 estudiantes, divididos entre shuar y colonos (figura 8). Esta división reproduce la frontera étnica, una omnipresente condición que estructura las relaciones sociales. En cada una de las numerosas aulas se encuentran grandes pinturas de la selva o de las entidades no humanas de la cultura shuar (Shakaim, Nunkui, Tsunki), tantas veces descritas en las etnografías clásicas. Los edificios se ubican alrededor de un patio de concreto, donde cada lunes, como en todas las escuelas de la nación, se efectúa el saludo a la bandera. Además, como en cada instituto intercultural bilingüe, ese día el estudiantado asiste con las vestimentas tradicionales, que se suelen adaptar a las necesidades (los padres de familia se opusieron a que asistieran todo un día escolar descalzos y sin camiseta). Después de cantar el himno nacional en castellano y en shuar (sujeto a una traducción somera debido a la introducción de conceptos ajenos al idioma), hay una breve ceremonia de rezo que, a pesar de la vocación laica de la escuela, la rectora tuvo que insertar debido a la insistencia de las familias. Después de los habituales avisos o comentarios acerca de la vida escolar, regresan a sus aulas para comenzar la jornada de estudio.

La comunidad y sus vecinas fueron algunos de los lugares de la región que más conflictos tuvieron con el gobierno, y la construcción de una obra tan opulenta en una comunidad demasiado modesta es fruto de estos enfrentamientos.

---

[69] Las primeras UEM costaron entre uno y tres millones de dólares. Luego pasaron a convertirse en megaplanteles, a un costo de aproximadamente cinco millones. A partir de 2016, el gobierno empezó a construir las unidades educativas del siglo XXI, escuelas prefabricadas y menos costosas, a cargo de la empresa china Railway.

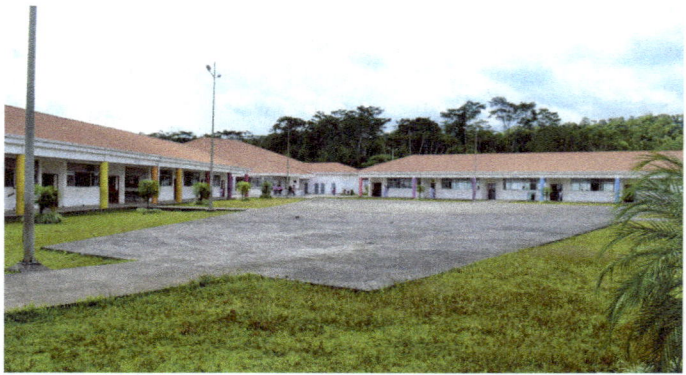

**Figura 6.** Unidad Educativa Guardiana de la Lengua Bosco Wisuma. Foto de Elena Perino, 2018.

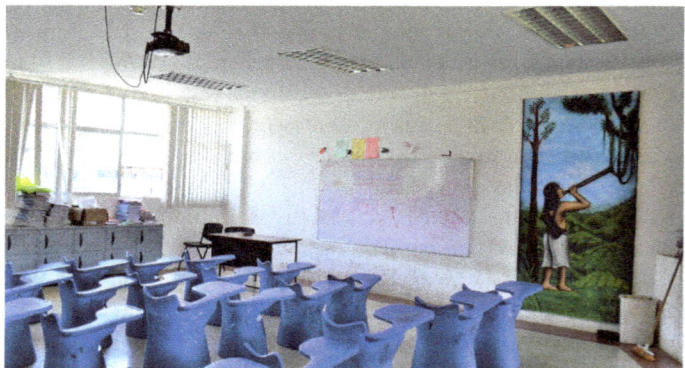

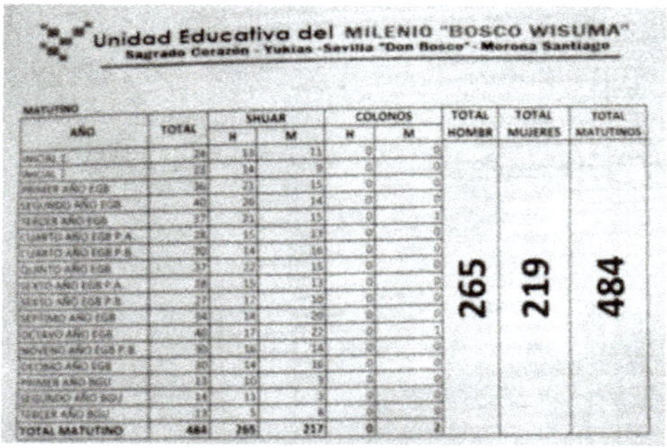

**Figura 7.** Aulas de la escuela Bosco Wisuma, dotadas de proyector y de equipamientos modernos. Foto de Elena Perino, 2018.

Unidad Educativa del MILENIO "BOSCO WISUMA"
Sagrado Corazón - Yukias - Sevilla "Don Bosco" - Morona Santiago

MATUTINO

| AÑO | TOTAL | SHUAR | | COLONOS | | TOTAL HOMBR | TOTAL MUJERES | TOTAL MATUTINOS |
|---|---|---|---|---|---|---|---|---|
| | | H | M | H | M | | | |
| INICIAL 1 | 24 | 13 | 11 | 0 | 0 | 265 | 219 | 484 |
| INICIAL 2 | 23 | 14 | 9 | 0 | 0 | | | |
| PRIMER AÑO EGB | 36 | 21 | 15 | 0 | 0 | | | |
| SEGUNDO AÑO EGB | 40 | 26 | 14 | 0 | 0 | | | |
| TERCER AÑO EGB | 37 | 21 | 15 | 0 | 1 | | | |
| CUARTO AÑO EGB P.A. | 28 | 15 | 13 | 0 | 0 | | | |
| CUARTO AÑO EGB P.B. | 30 | 14 | 16 | 0 | 0 | | | |
| QUINTO AÑO EGB | 37 | 22 | 15 | 0 | 0 | | | |
| SEXTO AÑO EGB P.A. | 28 | 15 | 13 | 0 | 0 | | | |
| SEXTO AÑO EGB P.B. | 27 | 17 | 10 | 0 | 0 | | | |
| SÉPTIMO AÑO EGB | 34 | 14 | 20 | 0 | 0 | | | |
| OCTAVO AÑO EGB | 40 | 17 | 22 | 0 | 1 | | | |
| NOVENO AÑO EGB P.B. | 30 | 16 | 14 | 0 | 0 | | | |
| DÉCIMO AÑO EGB | 30 | 14 | 16 | 0 | 0 | | | |
| PRIMER AÑO BGU | 13 | 10 | 3 | 0 | 0 | | | |
| SEGUNDO AÑO BGU | 14 | 11 | 3 | 0 | 0 | | | |
| TERCER AÑO BGU | 13 | 5 | 8 | 0 | 0 | | | |
| TOTAL MATUTINO | 484 | 265 | 217 | 0 | 2 | | | |

**Figura 8.** Documento que ilustra el número de estudiantes repartidos por grados. Se puede observar cómo estos se dividen en 'shuar' y 'colonos'. Foto de Elena Perino, 2018.

Antes de ilustrar las particularidades que el sistema de EIB asume en el contexto amazónico, revisaré aquellas dinámicas que han hecho de este territorio uno de los más atormentados por las políticas extractivistas y la criminalización de la lucha indígena en el país. Trujillo Montalvo (2001, 10) resume así esta historia marcada por la violencia: "Enfrentamientos diversos y contradictorios intereses, extracción desmedida de recursos, invisibilización de actores, conflictos étnicos, violencia, han sido los patrones de la historia de la Amazonía ecuatoriana y de la gran cuenca amazónica en general".

### 3.1. *Del permanente estado de excepción*

Morona Santiago es un territorio con una población históricamente en disputa con el Estado central por el acceso y el manejo de los abundantes recursos naturales que la región posee. En la segunda década del siglo XXI, el gobierno emprendió una doble estrategia para facilitar y legitimar su penetración en el territorio, cada vez más masiva e invasiva. Esta se ha desarrollado alrededor de un discurso nacionalista en el que se ha justificado la necesidad de implementar políticas extractivistas con la necesidad de mejorar las condiciones de vida de la población y por la criminalización de la protesta social. La primera estrategia se puede resumir en el lema "Superar el extractivismo con el extractivismo" (Suárez Cantos 2017). De acuerdo con lo que he ilustrado a partir de las tesis de Bretón (2013), esta táctica consiste en proporcionar un discurso que legitime la extracción en el marco de su misma superación y tránsito hacia una economía del conocimiento, para finalmente alcanzar el Buen Vivir o Sumak Kawsay.

Más allá de las declaraciones, el gobierno tuvo que demostrar que el Estado había regresado a la vida de sus ciudadanos. Para esto, aumentó las acciones e inversiones en sectores como la educación o la sanidad, que han permitido sustentar la imagen propagandeada de un Estado fuerte, unitario y activo que beneficia a la ciudadanía. Sin embargo, como indica Carlos de la Torre (2011), el gasto social en favor de la población indígena estuvo marcado por una lógica clientelar,[70] pensada para debilitar y deslegitimizar a algunos movimientos sociales y a cierto periodismo, a los que calificó como "enemigos de

---

[70] Los programas sociales, como el bono de 35 dólares, los proyectos de apoyo a la vivienda o de protección de los páramos respondían a una lógica no propiamente altruista. De hecho, para acceder a esos programas se debía participar en una organización comunitaria, y, como la CONAIE estaba en conflicto con el Ejecutivo, empezaron a emerger organizaciones paralelas. Esta estrategia hace eco en la ya mencionada tendencia de evitar el diálogo con las federaciones nacionales y de revivir a organizaciones ya inactivas como la Federación Ecuatoriana de Indios (FEI).

la revolución".[71] La creación de la necesidad de penetrar en Morona Santiago y extraer sus recursos naturales (resumida en la premisa del "no podemos ser mendigos sentados en un saco de oro") se llevó a cabo mediante una retórica de intensa deslegitimación del movimiento indígena, acompañada de una militarización de la región en la que las detenciones y las condenas se volvieron cada vez más frecuentes.[72] En 2016, cuando, según Suárez Cantos (2017), culminó una empresa para construir el consenso en torno a la necesidad de explotar la región, se agudizó aún más el conflicto en la zona. En diciembre, la protesta contra un campamento de la minera china ExplorCobres (a cargo de 41 800 hectáreas con una concesión para 25 años), que había ocupado y después expropiado una comunidad shuar, desencadenó una serie de enfrentamientos, allanamientos y detenciones, la muerte de un policía y la militarización del lugar. Entonces, el gobierno de Rafael Correa declaró el estado de excepción en la zona, "con la voluntad de que se emprendan las acciones necesarias para poder recuperar la seguridad ciudadana en esta provincia".[73]

En enero de 2017, mediante el Decreto Ejecutivo 1294, se amplió el estado de excepción por 30 días más, "debido a los efectos de las agresiones a miembros de la Policía Nacional y de las Fuerzas Armadas en los cantones San Juan Bosco y Limón Indanza". Se movilizó a un gran número de fuerzas la Policía Nacional para "garantizar el orden interno" y se ordenó toda acción que garantizara a los habitantes de esa provincia "la seguridad interna, ciudadana y humana, derechos tutelados por la Constitución y deberes del Estado".[74] Con la progresiva apertura de la minería a gran escala, episodios como el de Morona Santiago se repitieron en otras partes del país, como en el barrio de San Marcos, en la provincia de Zamora Chinchipe, amenazada por el megaproyecto a cielo abierto El Mirador (figura 9).[75] En estas zonas, que visité en el trascurso

---

[71] La persecución de periodistas es una de las caras más oscuras del decenio de la Revolución Ciudadana.

[72] En esta perspectiva, Pablo Dávalos (2013) ha cuestionado esta afirmación y que las rentas del extractivismo financiarían el gasto social, en especial en salud y educación.

[73] "En Morona, violentos quieren tomarse el campamento minero San Carlos Panantza. Tenemos un policía fallecido y varios heridos. ¡Criminales!", escribió Correa en Twitter (*El Universo*. 2016. "Decretan estado de excepción en Morona Santiago". 15 de diciembre. https://bit.ly/3rJ6ZjC). Sobre el tema, véase Ortiz Lemos (2016).

[74] *El Comercio*. 2017. "El estado de excepción en Morona se mantiene por 30 días". 12 de enero. https://bit.ly/3G5RFmh

[75] San Marcos es (o, mejor dicho, era) una comunidad shuar situada en la parroquia de Tundayme, cantón El Pangui, provincia de Zamora Chinchipe, que conocí en octubre de 2018. Este pequeño poblado estaba enclavado en la cordillera del Cóndor (entre Zamora Chinchipe y Morona Santiago), donde se desarrolla uno de los proyectos de minería a gran escala a cielo abierto aprobados por el gobierno de Correa (antes de la Revolución Ciudadana no había en el país ni minería metálica abierta a gran escala ni en producción industrial), de 9928 hectáreas, divididas en 11 bloques. Aquí, como en otras zonas del

de mi investigación, con unas lógicas parecidas se expropió a una comunidad entera dejando lugar a la devastación ambiental. Esta situación fue percibida como particularmente dramática y dolorosa también a causa de las retóricas ambientalistas con las que estos proyectos vienen descritos y propagandeados a nivel nacional e internacional (figura 10). Un profesor de la Universidad Estatal Amazónica me aclaró que estas modalidades de desalojo prevén siempre fomentar divisiones –preexistentes o instigadas– en la comunidad y formar organizaciones paralelas a aquellas del movimiento indígena (centros y federaciones shuar).

Profesor de la Universidad Estatal Amazónica. Han dividido o han fraccionado a las comunidades shuar, hay algunos fraccionamientos y es uno de los principales problemas en las comunidades indígenas, acuérdate de que los shuar tienen una organización muy bien estructurada, muy bien desarrollada, sin embargo incluso la misma empresa dividió o fraccionó la Federación Shuar, o sea, se supone que la Federación Shuar es una sola, por cada provincia, en toda Zamora Chinchipe hay una sola federación, pero aquí empezaron con algunos organismos paralelos a las organizaciones shuar con el objetivo de dividir. Entonces así empezó el proyecto, esto de la división de los shuar.

Si bien estos conflictos ocurrieron en los últimos años de la Revolución Ciudadana, ya en la primera década del 2000 se producían aquellas condiciones que dieron lugar a que aumentara la protesta y la organización social en la provincia. En este contexto se construyó la escuela del milenio en la pequeña comunidad de Sagrado Corazón. En septiembre de 2009 tuvo lugar un importante levantamiento convocado por la UNE y la CONAIE, en el marco del debate sobre la Ley de Recursos Hídricos, Usos y Aprovechamiento del Agua.[76] Las organizaciones se oponían a la Ley de Aguas y al ajuste del sueldo de hombres y mujeres docentes.[77] Bloquearon un puente sobre el río Upano, muy cerca de la comunidad de Sagrado Corazón, un lugar estratégico que conecta a las ciudades de Macas y Sevilla Don Bosco. Los enfrentamientos con los policías, enviados desde los centros urbanos (incluso desde la capital del país), dejaron varios heridos y causaron la muerte del maestro bilingüe shuar Bosco Wisuma por un impacto de perdigón. Enseguida, los canales oficiales de información

---

país, las 32 familias que componían la comunidad fueron desalojadas, pues el espacio en donde surgía la comuna estaba destinado a las piscinas de relaves.
[76] La UNE se disolvió en 2016, con base en la nueva Ley de Participación Ciudadana, que otorgó al Ejecutivo la posibilidad de disolver las organizaciones con derivas políticas o acusadas de atentar contra la seguridad del país.
[77] Los movimientos sostenían que la Ley de Recursos Hídricos hubiera permitido desarrollar proyectos mineros en nacimientos de agua, asegurando la provisión de agua a las mineras, pero no a las comunidades indígenas y campesinas, y que no habría resuelto el tema urgente de la contaminación de los cursos.

**Figura 9.** Vista desde las alturas del proyecto Mirador en la cordillera del Cóndor. Foto de Elena Perino, 2018.

**Figura 10.** Letreros que invitan a la población local y a los trabajadores a respetar el medio ambiente en relación con la devastación de la minería. Fotos de Elena Perino, 2018.

*Nota:* Los mensajes de este tipo se encuentran desde la entrada de la carretera que lleva a San Marcos, con un gran letrero que dice: "Bienvenidos a la minería responsable". Continúan con una sucesión de letreros: "No botes basura", "Cuide el medio ambiente", invitaciones que suenan grotescas considerando la obra que domina la cordillera. Según los datos que me facilitó un profesor de la Universidad Estatal Amazónica, el 30 % del territorio de Morona Santiago y de Zamora Chinchipe está concesionado, y, de este, el 90 % es territorio indígena.

difundieron la noticia de que el maestro había sido asesinado por un exceso de violencia de sus propios compañeros, que, por equivocación, le dispararon (hipótesis que se sustentó en un perdigón supuestamente ajeno a los armamentos de la Policía). Asimismo, se empezó a investigar a la radio comunitaria zonal *La voz de Arutam*, que, según los medios de comunicación gubernamentales, había incitado a los comuneros a presentarse armados de "lanzas y flechas envenenadas".[78] Al contrario, la Federación Shuar condenó los hechos como crimen de Estado (junto con los medios de comunicación privados e independientes).

Como consecuencia de la muerte de Bosco Wisuma, docente en la pequeña escuela comunitaria de Sagrado Corazón, se inició un proceso penal contra varios dirigentes indígenas de la Federación Interprovincial de Centros Shuar, acusados del asesinato. Se consideró a los dirigentes indígenas Pepe Acacho y Pedro Mashiant responsables de la muerte del docente y se los procesó por terrorismo organizado y sabotaje. La Corte Nacional de Justicia los condenó a 12 años de reclusión; sin embargo, el 15 de enero del 2018 cambió la figura del delito, acusándolos de obstaculizar vías y los condenó a ocho meses de cárcel. En septiembre del mismo año, Pepe Acacho, sobre quien pesaba una orden de captura emitida por la Corte Provincial de Morona Santiago por negarse a presentarse voluntariamente para cumplir la sentencia, fue detenido y encarcelado, y en seguida indultado por el presidente Lenín Moreno el 3 de octubre de 2018.

Se garantizó el olvido de los acontecimientos que llevaron a la muerte de Bosco Wisuma al fundar uno de los modelos de escuela del milenio más costosos en la misma comunidad en la que el docente enseñaba. El entonces presidente Correa recordó la muerte del profesor shuar en el *Enlace Ciudadano* del 18 de enero de 2014 en Sevilla Don Bosco.

> Esta escuela lleva el nombre de ese maestro Bosco Wisuma, es nuestra manera de homenajear a nuestro compañero caído en *las insensatas* protestas del 30 de septiembre de 2009, donde irresponsables llamaron a tomarse

---

[78] En un artículo del diario oficialista *El Telégrafo* (2011), se describe la situación mediante una traducción que además de referirse a los más antiguos estereotipos sobre la población amazónica no fue nunca reconocida por el movimiento. "Los peritos de la entidad y el trabajo realizado por la traductora shuar Marta Masana Kajekai permitieron al país conocer cuáles habían sido las declaraciones emitidas en la programación de la emisora en los días previos a los enfrentamientos sobre el puente del Upano. 'Estamos preparándonos con machetes y lanzas, estamos reunidos, mañana vamos a llamar a un carro para bajar a apoyar a ustedes […] estamos afilando las lanzas preparándonos para salir […] trae afilando bien las lanzas y traigan bastante veneno poniendo en botellas de cristal […] necesitamos bastante veneno, trae por favor', fueron algunos de los mensajes que se transmitieron horas antes de la muerte de Wisuma […]" (*El Telégrafo*. 2011. "Un llamado que derivó en la muerte de un maestro". 12 de abril. https://bit.ly/3fYw1WA).

el puente Upano [...]. Protestar por protestar, *le aseguro que ni saben por qué andaban protestando*. Cuatro años han bloqueado la Ley de Aguas y después descaradamente se opusieron a esa Ley y llamaron a salir armados *con lanzas envenenadas*, dispararon y cayó el maestro Bosco Wisuma. La mejor manera de homenajear el maestro, que perdió su vida por la educación, es esta escuela del milenio, que tal vez ni siquiera imaginó, ni siquiera soñó, pero por su sacrificio, ahora su querida comunidad tiene tal vez la mejor escuela del país.

En otro comunicado gubernamental, se habla sobre el origen de la escuela.[79]

Esta es quizás la mejor escuela de todo el país y en ella se ha invertido cerca de 5 millones de dólares y atenderá a cerca de 1300 alumnos. La hemos llamado así en memoria de ese hermano shuar Bosco Wisuma *que cayó herido con los perdigones que salieron de las armas de los mismos manifestantes* [...] fue asesinado el 30 de septiembre de 2009 (Presidencia Gobierno de Ecuador 2013; cursivas mías).

En los discursos gubernamentales se insiste en la necesidad de proteger a la población o la seguridad nacional. Mas allá de la efectiva aplicación de un estado de excepción que se impuso y se revocó entre el año 2016 y 2017, se asiste en realidad a una multiplicación de las excepciones y de las medidas extremas para responder eficazmente a la igual multiplicación de protestas y resistencias tachadas de terrorismo contra el Estado. Lo que se ha ido dibujando es un estado de excepción permanente, en el que cualquier acción se vuelve lícita en nombre de una seguridad nacional y de una necesidad que se vuelve "fundamento último y fuente misma de la ley [...] fundamento de la validez de los decretos con fuerza de ley emanados por el ejecutivo en el estado de excepción" (Agamben 2003, 37), y, en su total arbitrariedad, única razón llamada en causa para legitimar y justificar las acciones emprendidas. Así, gozando del hecho

---

[79] En la comuna escuché testimonios diferentes. Una mujer de Sagrado Corazón que conocía al docente y que sigue conservando sus documentos –que me muestra con emoción– comentó lo siguiente:
MUJER DE SAGRADO CORAZÓN. A Bosco Wisuma le mataron a [en] un puente porque estaba defendiendo el medio ambiente, al paro de UNE, él pasó palabra por el paro: "Vamos a hacer el paro, yo sí que debo de luchar porque ese es mi deber, esto es mi derecho, porque nos volvimos profesores no solo por estar sentados cobrando dinero mensual dijo, voy a hacer paro", dijo. Y él se va, "me voy a hacer paro, tía". Ya hicieron paro el lunes, martes, y el miércoles le mataron. Mi esposo soñó mal, ya va a haber algo. Estos militares bajaron este día, bajaron tres carros de militares, estos que son verdes, y venían acercándose estos policías. Los policías lo mataron directo. Lo mataron por paro, para matarnos a nosotros, o sea, para matar a la gente. Él ha sido huérfano, ha estudiado en la misión, estudió en Macas, en Sevilla y después aquí como docente.

de que no "hay ninguna salvaguardia institucional capaz de garantizar que los poderes de emergencia sean efectivamente utilizados al propósito de salvar la constitución" (17), el estado de excepción posibilita una "guerra civil legal, que permite la eliminación física de categorías enteras de ciudadanos que, por alguna razón, resulten no integrables en el sistema político" (11), de allí el "significado inmediatamente biopolítico del estado de excepción" (12), piénsense en las decenas de líderes indígenas detenidos solo en esta última década.

### 3.2. La doble cara de la actividad salesiana: los internados, la tabula rasa y la valorización cultural

Al dialogar con las personas involucradas en el proyecto bilingüe –profesorado y representantes de las familias–, es imposible no notar una continua referencia a la actividad salesiana de la zona. Muchas de las personas con quienes me contacté fueron educadas en un internado católico (sobre todo en Sevilla Don Bosco), o descienden de aquellos niños que se arrebataron a las familias originarias para que se educaran exclusivamente en español, para "transformarlos en útiles y laboriosos ciudadanos" (Colbacchini citado en Colajanni 2004, 164). En este contexto, se dibuja un panorama particular, en el que los actuales procesos de recuperación cultural y de 'renacimiento identitario' se desarrollan en el trasfondo de memorias y experiencias que niegan y condenan las prácticas indígenas, ocurridas en algunos casos muy pocos años antes de que se instituyera la educación bilingüe. Estos factores van construyendo un contexto marcado por la desconfianza hacia el proyecto de la EIB, y por conflictos y desencuentros entre profesorado y comunidad, en una situación de fuerte marginalidad social y una marcada exclusión del mercado laboral.

Los salesianos se establecieron en la Amazonía en 1888, cuando el presidente Flores, guiado por la urgencia de controlar y proteger la zona suroriental de las miras de Perú,[80] instituyó cuatro vicariatos apostólicos. Pensaba en controlar la zona mediante una organización misionera bien estructurada, conducida justamente por los salesianos –llegados en 1884–, los dominicos, los franciscanos y los jesuitas. El objetivo de esta acción era "difundir el cristianismo entre las poblaciones bárbaras de aquellas tierras, y consentir al mismo tiempo a las mismas conocer la luz de la civilización y de la colonización productiva" (Colajanni 2004, 160).[81] Esta decisión respondía a la misma lógica

---

[80] El expansionismo peruano en zonas ricas en caucho –un producto clave para las economías sudamericanas en aquella época– no es el único motivo en el que se basaba la demanda del presidente Flores. Sin embargo, por razones de espacio, no profundizo en el análisis de los intereses económicos y políticos de varias empresas estatales para incorporar el territorio amazónico.

[81] El autor traza una breve historia de la actividad salesiana en Ecuador e invita a reflexionar sobre cómo los misioneros han sido uno de los grupos profesionales

del proyecto de incorporar a la Amazonía para construir un Estado nación homogéneo, al disciplinar tanto el territorio como las mentes y los cuerpos de sus habitantes (esto se puso en práctica al inculcar el ideal de trabajo, de familia y de consumo).

La domesticación de los cuerpos y del ambiente se fusionó en un proyecto que, en los años siguientes a las reformas agrarias, tomó la forma de una misión para garantizar la paz y la seguridad. El objetivo era facilitar que las poblaciones andinas colonizaran el Oriente, pues estas eran las únicas que hubieran sabido cómo "explotar la exuberante riqueza del lugar, una vez amansados los 'vigorosos' y tenaces habitantes locales" (Colajanni 2004, 160). Al integrar este territorio a la nación, se integraron y se fundieron los proyectos de evangelización con los de colonización e implantación de un sistema productivo capitalista para ejercer "el control y la utilización de los hombres" (Foucault 1976, 153).

Por tanto, los internados tenían el fin de transformar radicalmente a la sociedad shuar: "cambiar los comportamientos" y ejercer una expresión peculiar de la biopolítica en algunos aspectos análoga a la del Estado y de sus instituciones. En este caso el poder no es ejercido como poder de definir el derecho a la vida sino más bien como poder de dar forma a esta última (Beneduce 2010a, 130 y 135). El objetivo era transformar "un conjunto de paganos 'infelices hijos de la selva', en un pueblo cristiano caracterizado por rasgos observables, como asentamientos 'estables', cada uno con su capilla, residencias unifamiliares, una economía agrícola y de cría de ganado" (Gnerre 2012, 569), es decir, ciudadanos *útiles* para la nación, mediante la obra demiúrgica de los misioneros.

Aunque el esfuerzo de estos últimos había sido constante desde finales del siglo XIX, después de algunas décadas los resultados esperados por los religiosos tardaban en manifestarse, y los shuar eran reticentes a aplicar aquellos cambios considerados necesarios para pasar de la barbarie a la civilización.[82] En

---

que más ha tomado en serio las contribuciones de antropólogos y antropólogas y se han convertido, a su vez, en productores fértiles de informaciones etnográficas. La antropología aplicada misionera representa un terreno privilegiado para estudiar los efectos de la salida de saberes y conceptos fuera de su lugar de producción, y las imprevisibilidades en el uso de nociones antropológicas reorientadas a la catequesis.

[82] En efecto, las misiones anteriores causaron en muchos casos gran frustración en los religiosos: "En 1920, monseñor D. Comín, el propio Vicario Apostólico del vicariato de 'Méndez y Gualaquiza' [Morona Santiago], durante una visita al papa Benedito XV, refiriéndose a la actuación de sus misioneros entre los jíbaros dijo: 'Santidad, estamos regando un palo seco'" (Gnerre 2012, 570). En los escritos del misionero Spinelli, sobre el mismo periodo, se puede leer: "Por desgracia, hasta aquí son raros los Jívaros que habiendo recibido el bautismo vivan como es debido". El mismo Spinelli más adelante menciona, como mejor solución al problema planteado por la resistencia shuar, lo que se definirá como el "sistema preventivo", que consistía en dirigir la actividad salesiana exclusivamente hacia los niños, un método que se impondrá en las décadas sucesivas. "Es de suma necesidad que el misionero católico cuente con medios suficientes para

cambio, la conversión fue sencilla. Como indica Rubenstein (2005), los shuar católicos tenían ventajas sobre los no católicos, ya que los misioneros ejercían un control legal sobre el territorio shuar, proveían bienes de intercambio y, por lo tanto, organizaban el acceso de estos a la economía de mercado. La estrategia más empleada para la población autóctona era obtener el máximo beneficio de la misión, convirtiéndose mediante el bautizo, sin dejar las prácticas de la poligamia o de lo que generalmente se definía como 'brujería'. Cuando en la década de los cuarenta la Iglesia cambió de estrategia para concentrar su atención sobre los niños, los cambios empezaron a ser más rápidos y profundos.[83] Según el comentario de Eduardo Kohn al texto de Rubenstein,

> empleando una de las tácticas más nefastas de la colonización en las Américas [...] los salesianos se dieron cuenta de que, si lograban sacar a los niños de sus ámbitos familiares e internarlos en "la misión" podían obtener cambios mucho más profundos en ellos y, por consecuencia, sobre la sociedad indígena. Lo lograron, según nos demuestra Rubenstein, gracias a una habilidad para efectuar una especie de "traducción" entre la estructura tradicional del hogar shuar y la jerarquía socioeconómica, política y racial del Estado ecuatoriano. La jerarquía de la Iglesia católica servía como medio para esta traducción, y la misión funcionaba como el sitio en donde esto se hacía realidad. Al pasar por esta jerarquía, el niño shuar salía transformado, y a través de él, también se transformaba la relación que tenían los shuar con un mundo más amplio (Kohn 2005, 114).

La escuela se volvió un centro importante en la reserva shuar, y ellos, al aprender las reglas de la misión, iban a aprender a integrarse en la más amplia sociedad ecuatoriana. Según Rubenstein (2005, 34; cursivas mías), "la misión socializaba a los niños shuar para que se desempeñen en un nuevo tipo de jerarquía. Ellos crecerían como ciudadanos ecuatorianos, subordinados al Estado. [...] Educados en *lugares centrales* dentro del territorio shuar, ellos se convertirían en *personas centrales* de la sociedad shuar".

En las escuelas estudiaban también 'los colonos', que, al contrario de los shuar, regresaban a sus habitaciones después de la jornada laboral. Niñas y

---

obligar a los niños [...] y establecer escuelas a fin de instruirlos en la religión y en las letras y en el trabajo: tanto más que suelen criarse sumamente ociosos y les gusta tan solo la pesca, la cacería, el paseo" (Bottasso 1993, 174).

[83] Aunque el internado había sido el ideal de acción de los misioneros desde su primera llegada a Ecuador (basado en el principio de la *tabula rasa*), no logró imponerse hasta mediados del siglo pasado, en un clima de preocupación general por la cuestión fronteriza. Los salesianos combinaron las dos tácticas fundamentales de la integración de las poblaciones fronterizas al Estado: la colonización, y la acción directa sobre la niñez y la juventud shuar. En esta época la actividad misionera asumió funciones nacionalistas y la defensa territorial se fundamentó en una alianza entre los misioneros y el Ejército.

niños shuar, provenientes de lugares muy alejados en la selva, dejaban por años sus casas y se volvían así habitantes estables de la misión.

De esta manera, los salesianos lograron producir los niños huérfanos y desamparados en los que se enfocaba el fundador de la orden. Más importante aún, ellos produjeron ciudadanos ecuatorianos. Hicieron esto a través de una reorganización de las relaciones, a través de tres ejes estratégicos: entre padre e hijo, maestro y estudiante, y marido y mujer (Rubenstein 2005, 34).

Los misioneros solían entregar vestimenta, bienes de consumo y herramientas a cambio de que niñas y niños acudieran a los internados, uniendo, según el autor, el poder espiritual con el material. Así demostraban ser superiores en controlar y distribuir bienes manufacturados. Este poder ejercía una suerte de fascinación sobre el pueblo shuar, en cuanto los bienes representaban un mundo al cual deseaban tener acceso, o en el que, de cualquier forma, ser incluidos. La capacidad de entretejer vínculos con los misioneros era considerada fuente de poder y de prestigio, y enviar a sus hijos a las misiones era una forma de que accedieran al nuevo estilo de vida, una estrategia para introducirles a las instituciones nacientes en la región. La razón material se unía con la "puesta en circulación de nuevos capitales simbólicos capaces de competir con los precedentes" (Mbembe citado en Beneduce 2010a, 129).

La educación salesiana se desarrollaba en los internados y se enfocaba en enseñar castellano y religión católica. En la época que va desde 1950 y aún después de las reformas agrarias y la colonización, los esfuerzos para erradicar el idioma y las prácticas shuar se volvieron más importantes, y pasaron en segundo lugar los proyectos de los religiosos para aprender el idioma autóctono. El misionero y fundador de la editorial Abya-Yala, Juan Bottasso, cuya obra sobre la presencia salesiana en el territorio shuar es riquísima, se refiere a ese periodo como una época de cambios notables.

> Los internados conocen su máximo florecimiento. El imperativo prioritario que se advierte es el de enseñar el castellano, porque la población mestiza que llega de la Cordillera va en aumento. En este ambiente el estudio del shuar se lo ve menos apremiante: se plantea con más fuerza el problema de la convivencia y la integración (Bottasso 2003, 218).

El 'problema de la convivencia' en algunos internados se tradujo, a menudo, en una enseñanza forzosa del idioma castellano y la prohibición imperativa de utilizar la lengua y las prácticas shuar. Reproduzco a continuación dos testimonios, de una profesora y de una mujer de la comunidad, respecto a la vida en el internado, importantes para comprender la actual actitud hacia el proyecto de educación intercultural bilingüe. La docente me contó cómo internaron a su madre y cómo esto influyó en su posibilidad de aprender el idioma shuar.

Docente shuar. Es en los años cincuenta. No podías hablar shuar en las misiones salesianas, iban a las casas de los jíbaros, como nos decían a nosotros en la montaña y en la selva, cogían a los niños pequeñitos, mi mamá ya tenía como cinco años y le llevan a la misión, ahí la crían y la educan, entonces ahí cuando ellos a veces entraban personas más grandes no conocían las costumbres nuestras, aunque sean de cinco años sí se acuerdan, todas las costumbres habían, se les ponían a hacer ayampacos [comida típica de esta zona de la selva] para comer. Dice que una religiosa vino y les había pateado, les había botado el fogón, que eso es salvajismo, obra del demonio, comida del demonio, porque todo era relacionado con la religión. Entonces ellos habían llorado, por eso es que a veces yo tengo como decir unos desencuentros con mi mamá,[84] porque yo le digo ahorita yo vengo con esto [la EIB], hay que valorar lo nuestro, nuestro idioma, porque mi mamá nunca me habló en mi idioma, entonces mi mamá viene así, *¿pero si a nosotros nos prohibieron a ustedes son libres de hablar?* Entonces también tengo tanta libertad que a mis hijos casi me olvidaba de enseñarles a hablar el idioma, pues allá es su problema, yo aprendí mi idioma con mi abuela, en nuestros ratos libres con ella era solo comunicarse en idioma shuar, no podía hablar español, no entendía, no podía hablar, entonces con ella, con mis dos abuelas, la mamá de mi papá y la mamá de mi mamá.[85]

Una segunda mujer de la comuna (hoy muy contraria a la educación bilingüe) me describió su experiencia.

Mujer de la comuna. Cuando yo entré eran unos 250 internados. Yo entré a los seis años. Como a los cinco y medio entré. No podía recibir bien las clases porque era muy pequeña, cuando me dormía me castigaban con papa china, esta que sabe dar comezón, me las ponían aquí en la espalda estas monjas, me frotaban en mi espalda para que me dé comezón. Otra monja me dijo que regresara a la casa ya cuando tenga seis años he de regresar. Regresé a la casa, a los seis de vuelta me fui.

Mis padres me llevaban. Era una orden, el teniente político amenazaba cuando no le mandaban al internado. Eran amenazados por las autoridades, cuando los padres no querían ya enviar sus hijos, buscaban casa por casa para mandarle a la cárcel. Éramos presionados, entonces nuestros padres a los seis años tenían que dejarnos, varón o mujer. Puede venir un teniente político acá y te dice que tu hijo tiene que ir a la misión, usted no lo va a tener aquí, y los papás tenían que mandar. No sabía castellano, solo en shuar sabía hablar entonces ahí cuando yo no hablaba ellos dictaban en clase, puro hispano era, en castellano entonces no podía leer, y entonces allí nos castigaban, nos daban

---

[84] En otra ocasión me contó también cómo la madre le prohibía hablar shuar con la abuela.
[85] Entrevista a docente shuar de la provincia de Morona Santiago, noviembre de 2018.

con vara en la cabeza, así nos tenían, a los seis me fui [al internado] y ya no me salí, me quedé para siempre, hasta hacerme ya joven, señorita.

En mi época ya a los diez yo cogía escoba, barría, a los doce me enviaron en la cocina a lavar platos, desgranar poroto, lavar papas, pelar papas, así las monjas. Yo aprendí a cocinar, las mujeres nomás cocinaban, y llevaban las comidas sin verse a los padres y a los chicos. Fue un sufrimiento porque ya desde tierna edad, de seis años, siempre se tiene pena a papá y mamá, y como mi hermana estaba en la misión, entonces me adapté, ella era ya señorita y me lavaba la ropita y me hacía bañar, allí yo me crie. Ella me ayudó, a hacer deberes me ayudó, como ya era señorita. Cada lunes íbamos al río Upano a lavar ropa y a llevar arena y piedra para una casa por la iglesia, arena y piedras, chicos y chicas, nunca íbamos juntos.[86]

Uno de los resultados de los internamientos prolongados (una anciana, a partir de su experiencia, me indicó que se solía internar a niñas y niños alrededor de los cuatro o cinco años y que salían con más de veinte) es, junto con la evidente tendencia al abandono de la lengua shuar y de las prácticas con las que se había entrado en contacto en los primeros años de vida, la tendencia a evitar trasmitir tanto la primera como las segundas a la descendencia. A propósito de este último fenómeno, fundamentado en las fuertes discriminaciones, una mujer de la comunidad me mencionaba los comentarios despectivos con los que se acompañaban los proyectos de cambio cultural: "[Nos decían] 'estos jíbaros', no somos jíbaros, ¡somos humanos!".

Esta tendencia hace evidente la dificultad que encontró el cambio de paradigma tanto en el estilo de evangelización misionera como en la práctica educativa bilingüe. En efecto, se fue desarrollando una situación paradójica por la cual, después de décadas en las que se había prohibido utilizar la lengua materna y se habían estigmatizado las prácticas tradicionales, se impuso un contradiscurso de valorización identitaria con fundamentos en aquellas.

> Los nuevos shuar caen en el ocio y en la desnutrición. [...] Hoy [después de la colonización y del cambio radical inducido por la 'civilización' de los shuar], para los shuar la naturaleza se hace cada vez más vacía, y ellos se sienten cada vez más solos, en un terrible vacío espiritual. Para ellos la naturaleza ha dejado de tener significado, a veces les espanta, ya no pueden interpretarla como antes lo hacían. Aparece claro al misionero que para salvar a los shuar se necesita esencialmente liberarlos del complejo de inferioridad con respectos a los colonos, valorizar su cultura, tratando también de asegurarles *un territorio suficiente para que puedan vivir tranquilos y organizarse*

---

[86] Entrevista a mujer de la comuna shuar, provincia de Morona Santiago, noviembre de 2018.

*según su forma tradicional, según su visión del mundo, según sus creencias* (Colajanni 2004, 184; cursivas mías).

Quiero poner en evidencia este 'orden contradictorio'. Se trata de un trabajo de la memoria que se injerta en un trabajo del olvido, ambos constantemente impuestos, que dejan a las personas sujetas a estas políticas con un sentimiento de impotencia por no haber nunca elegido nada. Cuando la profesora citada cuenta cómo regaña a su madre por no hablar shuar,[87] queda claro cómo esta recuperación identitaria puede resultar conflictiva en lugares donde las políticas del olvido fueron ampliamente impuestas, a pesar de los cambios progresistas y del apoyo de los salesianos a la organización indígena.

En este punto, cabe al menos mencionar que la actividad misionera en la zona estuvo muy fragmentada en sus principios y prácticas. Desde los más tradicionales y conservadores hasta aquellos grupos de religiosos más orientados a fortalecer las organizaciones indígenas regionales (los centros y las federaciones shuar), comprometidos con los grupos locales para alcanzar una mayor autonomía territorial (sobre todo como resultado del Concilio Vaticano II). Según Rubenstein (2005, 45),

> la historia misional de los salesianos no solamente coincide con la historia de la formación de la Federación shuar; esta historia es una sola en la que los misioneros y los shuar participaron por igual: los misioneros construyeron (y se apropiaron de) una noción de la familia shuar para desarrollar las escuelas misioneras; los alumnos construyeron sobre (y se apropiaron de) las escuelas de la misión para crear centros shuar; y los líderes de los centros construyeron sobre (y se apropiaron de) la idea de centralización para crear la Federación shuar la que representa simultáneamente al 'pueblo shuar' y al Estado ecuatoriano. Mientras que la Federación shuar reproduce la forma y las funciones del Estado, la territorialidad de la identidad shuar es fundamental, no sólo para la etnogénesis de los shuar, sino también para la formación del Estado ecuatoriano. Si esto es así, al mismo tiempo que los shuar se convertían en un grupo étnico, también se convirtieron en ciudadanos ecuatorianos. Después de su internamiento en las escuelas de la misión, los shuar misionales emprendieron la creación de centros, después las asociaciones de centros, y finalmente la federación de centros, cada etapa constituye la posibilidad de una acción mayor y más inclusiva.

El proceso de autonomización de los shuar respecto a la misión salesiana se debió a muchos factores: el logro de un pleno estatus de ciudadanos (a raíz de su regular inscripción en el Registro Civil), su crecimiento económico (por la

---

[87] "Nosotros le hemos dicho: '¿Cómo no se va a acordar si a los cinco años hablaban un mismo idioma? ¡Pues que usted no quiere acordarse y sí se acordaba!'".

formación de las asociaciones de centros y de las cooperativas de producción), y su conocimiento cada vez más completo de los mecanismos políticos y de poder (como consecuencia de su generalizada alfabetización, escolarización, acceso a las radios nacionales y a la propia Radio Federación). Si la misión ha asumido la estructura del Estado ecuatoriano, el estudiantado de los internados ha heredado esta estructura hasta llegar a organizar instancias propias y, si antes de la presencia salesiana "quedaba fuera tanto del control estatal como del acceso a su poder, gracias a la misión, se apropiaron de un aparato que imita a la estructura estatal, y con esto pudieron entrar a la esfera de influencia del poder público del Estado" (Khon 2005, 116). Esta última afirmación debe ser tomada en cuenta sin olvidar, como subraya el mismo autor, el rol activo de los shuar que tomaron ventaja de la presencia misionera, así como las consecuencias que han debido enfrentar los misioneros y el Estado ecuatoriano (en estrecha colaboración) para imponer en sus proyectos la creación de un nuevo tipo de persona shuar: dócil, trabajadora, buena cristiana y ciudadana *útil*.

En suma, en los discursos de docentes y de la gente de las comunidades, en su desconfianza y resistencia hacia la educación bilingüe y en las fricciones generacionales que esta ha creado, se pueden entrever los efectos de una operación que ha tendido indudablemente a eliminar saberes y prácticas autóctonas, al menos en determinadas coyunturas. Las prohibiciones y las amenazas (de hecho, recientísimas) resuenan en las tendencias no solo de quien directamente sufrió la pedagogía de los internados, sino también en las hijas y los hijos de aquellas personas a las que se les enseñó a rechazar todo lo que se relacionaba las prácticas shuar.[88] Estas consideraciones hacen parecer contradictorias las conclusiones del discurso de Juan Bottasso (2003, 221-222) al incorporarse a la Academia Nacional de Historia del Ecuador.

> De todas maneras, nace espontáneo preguntarse si habrá valido la pena que decenas de salesianos, a lo largo de un siglo, desplegaran increíbles esfuerzos, primero para conocer la lengua de un pueblo de unas 30 000 personas y después para defenderla y preservarla, cuando ahora, ese mismo pueblo, tiene dudas al respecto. Las respuestas a preguntas de este tipo son siempre muy difíciles. Pero algo resulta evidente. Si los shuar se han organizado y son un pueblo orgulloso de sí, lo deben también a la labor de quienes los han acompañado, ayudándolos a fijar su lengua en documentos que desafiarán

---

[88] La ambivalencia hacia la práctica misionera y hacia los saberes shuar (como una docente me confió: "Traté de olvidarme todo eso porque decían que era cosa del demonio") es uno de los factores que más me llamaron la atención. Si unos docentes declaraban sin rodeos: "Nosotros queremos servir, queremos trabajar [...] los misioneros hicieron bien, el adoctrinamiento, la evangelización, un excelente trabajo en hacernos creer en un solo dios. Ahora somos ciudadanos", otros reconocían (por ejemplo, uno de los profesores) cómo esta "prohibición" se había pasado "de padre a hijo", complicando la trasmisión de la memoria de generación en generación hacia un único destino: "Vamos a desaparecer".

la embestida de los cambios. Y si un día renunciaran a dejarse encandilar por los aspectos más fútiles de la modernización y quieran sobrevivir como pueblo, redescubrirán la importancia de la memoria histórica y del valor insustituible de la lengua, hablada y escrita, para conservarla.

## 3.3. Observaciones sobre una interculturalidad problemática

En mi observación del contexto amazónico, se vuelven a presentar las consideraciones iniciales sobre los desafíos del sistema educativo bilingüe (escasez de presupuesto, tendencia de los padres de familia a abandonarlo en favor de las escuelas urbanas 'hispanas', desconfianza hacia el profesorado indígena, escasa aplicación de las lenguas maternas y de formas alternativas de producir o de transmitir el conocimiento). Algunos autores se han centrado en las formas locales de transmitir la memoria –reprimida por la educación oficial–, en la pérdida cultural de las poblaciones amazónicas y en las conflictividades derivadas de la introducción de un instituto escolar (Rival 1996; Uzendoski 2009), o en el funcionamiento general de la educación bilingüe en la Amazonía (Martínez Novo 2009). Sin embargo, quiero subrayar la dificultad de aplicar un sistema vivido a menudo como segregacionista e impuesto.

Como señala Martínez Novo, si bien la enseñanza del lenguaje y de la cultura son las razones centrales para tener un sistema bilingüe, esto parece ser percibido, paradójicamente, como algo impuesto o de escasa utilidad. Esta tendencia ha de relacionarse de alguna manera con el trabajo de castellanización que se impulsó en los internados, y esta afirmación es confirmada por el estudio de la autora, en el momento en que, al entrevistar a una shuar parte del movimiento indígena, quien se declara contraria a la EIB; ella afirma: "Y ahora los salesianos quieren que volvamos a nuestro pasado" (Martínez Novo 2009, 184).

Quiero también subrayar una tendencia de los representantes de las familias y del profesorado que entrevisté a utilizar los conceptos misioneros más tradicionalistas y conservadores. A pesar de que se aprecie el trabajo de la obra salesiana o que se sigan denunciando las violencias sufridas, hay una fuerte tendencia a pensar y hablar de su propia experiencia a través de términos como 'civilización' (y de 'civilizado' por describir toda persona que no es considerada shuar), 'utilidad', 'domesticación' y 'salvaje'. Así me comentó una profesora sobre el trabajo en las clases:

PROFESORA. Ahorita me he dado cuenta de que nuestros niños tienden a esa libertad, te has dado cuenta, se aburren en ambiente cerrado, eso también es propio de un niño, ser libre, pero es más con el niño shuar, porque creo que [lo] posee en su inconsciente colectivo anterior, tiende a eso de ser libre, trepar a los árboles, saltar, todo eso, esa vitalidad y no se compara. Yo también he trabajado en otro ambiente que no es shuar, en ambiente mestizo, *son más dóciles*, escuchan, acatan normas, así, lo nuestro es difícil. Es como algo libre, innato, espontáneo, no le puedes sujetar y aquí es fuerte ese trabajo, de *domesticación*, algo así [...] hay que corregir unas cuestiones, por decir, el *orden*, la *disciplina* el *aseo*.[89]

Si recuperar la lengua es considerado una imposición esquizofrénica, en total disonancia con todo lo que, a distancia de una sola generación, había sido prohibido, esta postura remite también al malentendido fundamental sobre el papel que las comunidades otorgan a la escuela. De acuerdo con lo afirmado antes, generalmente los padres inscriben a sus hijas e hijos en un establecimiento educativo con la esperanza de que así adquieran los elementos fundamentales para integrarse en la sociedad, en el mundo laboral y, tal vez, en el mundo académico. Las escuelas bilingües resultan, por eso, un obstáculo para aprender aquellas materias a las que se les otorga una importancia fundamental (Inglés, Computación, Español).

A pesar de que oficialmente el currículo nacional y el bilingüe prevén los mismos contenidos, los padres perciben que, a través de una mayor insistencia en la enseñanza de los idiomas ancestrales, se concede menor atención y tiempo a los conocimientos juzgados como más útiles para el futuro de los estudiantes. El pequeño pueblo parece tener las ideas claras sobre el proyecto bilingüe, y todos los testimonios y discusiones recopilados convergen en destacar la necesidad de 'reducir la interculturalidad', es decir, tratar el idioma shuar 'como si fuera una sola materia'. Asimismo, se solicita disminuir las horas dedicadas a aquellas actividades relacionadas con la enseñanza del idioma (que se condensan, en la práctica, en bailes y en los cursos de 'cosmovisión'), juzgadas como superfluas y a veces nocivas.

La idea de que el modelo bilingüe implique una menor preparación respecto a las escuelas hispanas se acompaña, también en este contexto, por una desconfianza general hacia el profesorado indígena. De hecho, es fuerte la tendencia a desvalorizar, a pesar de la reivindicación étnica puesta en marcha desde hace ya casi tres décadas, lo relacionado con 'lo shuar'. Las imágenes construidas alrededor de estos pueblos, así como las actividades misioneras, han generado una fuerte ambivalencia en los comportamientos. En este sentido, muchos comuneros y muchas comuneras han llegado a cambiar de apellido para que no se les reconozca como shuar, y ante los discutibles cuestionarios proporcionados a estudiantes de la escuela, la tendencia es a denominarse mestizos. En estos comportamientos se pueden percibir las huellas de una historia impregnada de discriminación y de exclusión social, en la cual las imágenes construidas dentro de un régimen de representación basado en la necesidad de explotar la tierra y los cuerpos se suman a las tendencias de revalorización identitaria contrahegemónica del movimiento indígena. Estas últimas se traducen, a su

---

[89] Entrevista a profesora de la provincia de Morona Santiago, noviembre de 2018.

vez, en construcciones folclóricas que hacen eco de los proyectos puestos en pie por la comunidad en el marco del turismo comunitario. Se multiplican, en efecto, tours guiados para visitar la selva y asistir a 'auténticas tradiciones shuar' (tampoco condenables, pues son fuente de ingresos en un contexto de fuerte discriminación en el mercado laboral) o, con gran éxito entre la población de Europa y Norteamérica, las experiencias ligadas al uso de plantas psicotrópicas como la ayahuasca.[90]

Entre estos dos extremos, la actividad de la escuela se reduce cada vez más a reproducir danzas y contar mitos recuperados que, en lugar de representar una práctica contrahegemónica, corren el riesgo de proporcionar a los estudiantes (y a sus padres) imágenes de una cultura mineralizada. Algunos tratan de alejarse de esta, acusados de 'volverse racistas en contra de su misma raza', situación que no ayuda a la actual desvalorización hacia las prácticas y la cultura local. De cara a esta tendencia contradictoria, una vez más cabría interrogarse sobre las reacciones de los estudiantes, que, como en el caso de la Sierra, quedan en este espacio intermedio entre discriminación difundida, autodesvaloración y reivindicaciones identitarias por parte del programa escolar y gobernativo.[91]

Junto con la desvalorización de lo que se define como cultura ancestral, cabe también señalar al menos otras dos tendencias que permiten que la EIB esté sufriendo de una fuerte crisis en el contexto descrito y, más allá, dentro de las comunidades indígenas: la fuerte discriminación a estudiantes y docentes indígenas, y los criterios de selección para los estudios superiores, que no

---

[90] Estos son los tipos de invitación que un joven de Sagrado Corazón suele proponer a los turistas a través de las redes sociales: "Gran entretenimiento en la selva, camitas, cascadas, comida típica, ayampacos y pescados a la bavacua. Ven y disfruta lo nuestro y mitos, idiomas, artesanías, danzas, costumbres, aventuras y más con el profesional de la selva y guiador turístico".

[91] Un profesor shuar (parte del movimiento), que decidió reflexionar sobre estas cuestiones en sus clases, me habló acerca de la tendencia a desvalorizar los saberes shuar. PROFESOR SHUAR. Ese estereotipo también sigue matando a quien lo cree, todavía la gente sigue creyendo que la ciencia occidental es la mejor, entonces hay una distinción, [se cree que] el mestizo sabe más, que la gente shuar no sabe nada, que el profesor mestizo sabe más y que el profesor shuar no sabe nada. Es como una teoría de psicosis, como estamos mareados todos pensamos que él es mejor y por esta razón los niños están pensando que la vida del mestizo, la civilización del mestizo es mejor. Se olvida todo de lo que es lo suyo, hasta su idioma. Frente a esta realidad yo trabajé para sacar el asunto en mi aula… un niño levantó la mano y dijo: "Profesor discúlpanos, pero son nuestros padres, porque no nos hablan en la lengua shuar". Y otra niña levantó la mano y dijo: "Son la gente mestiza porque ellos se ríen de nuestra lengua, por eso no queremos hablar". Otro niño dijo: "Los que no pueden son nuestros padres, después es nuestra culpa porque no queremos hablar". Había tres criterios: que eran responsables los padres, otro que eran culpables los mestizos y otro que eran culpables ellos mismos. Ese debate era tremendo (Entrevista en la provincia de Morona Santiago, noviembre de 2018).

tienen en cuenta las especificidades del modelo bilingüe. Reflexionaré sobre el segundo factor más adelante, ahora quiero comentar brevemente el primero. En el caso de docentes indígenas, la EIB representa una fuente de trabajo seguro, en un contexto en el que sería difícil insertarse como profesional. Una vez que ingresen en una institución (que puede ser de por sí muy complicado), a pesar de que algunos tengan títulos universitarios y continúen formándose aun trabajando, quedan siempre, encubiertamente o de forma manifiesta, expuestos a quejas tanto de padres de familia (que preferirían más profesores hispanos o colonos) como de colegas. El testimonio de un profesor 'mestizo' es un buen ejemplo de esta discriminación, que no deja de presentarse dentro de un proyecto que surgió como un antídoto contra estas actitudes, revelan la tenacidad de las imágenes que fabrican continuamente al otro.

Un día, mientras desayunaba con la rectora y algunos docentes y estudiantes de la UNAE en el pequeño bar de la escuela, se me acercó un profesor que me preguntó si podía "tener una entrevista" conmigo, porque, según él, tenía unas cosas muy importantes que decirme. Nos encontramos en la biblioteca de la escuela, y, a la hora del recreo, entre la música ensordecedora que los estudiantes mayores ponían para enseñar a bailar a los más chiquitos, intentamos empezar una conversación. Lo que le urgía subrayar eran los problemas derivados de la gestión de la institución por parte de docentes shuar (según dijo, diferentes de los ecuatorianos "comunes y corrientes").

PROFESOR. *Desde el punto de vista sociológico*, yo veo que lo que les interesa [a los shuar] es sentir la sensación de poder, de sentirse importantes, aunque no sepan administrar todavía su mundo, *cuando nosotros hemos estudiado el pensamiento*, los autores que he leído y pienso que es así, ellos tienen un pensamiento oriental, el pensamiento del blanco o del mestizo es racional: el pensamiento occidental. Son dos formas de pensar distintas. La lógica de los pensamientos es distinta. Entonces no sé si nosotros no les entendemos porque nosotros somos racionalistas hasta los huesos, ¿no? Entonces racionalista, capitalistas, nosotros nos marcan nuestra manera de vivir, hasta se ha vuelto genético, imagínate, ese es mi punto de vista. Y algunos teóricos juzgan a las tribus o amazónicos, que tienen un pensamiento de tipo oriental, de lógica distinta, por eso aquí se da una materia que [se] llama 'Cosmovisión', 'Cosmovisión Shuar' se entiende, ni eso enseñan, el profesor que está enseñando te enseña filosofía occidental [risas], enseña a Aristóteles, a Platón, yo le he dicho: "Oye, ¿pero no es cosmovisión shuar?". "Es que no sé", dicen. El pensamiento de ellos no está sistematizado, *¡ellos están muy atrasados todavía, muy atrasados!* Tú comparas el nivel de un kichwa de la Sierra, comparas con los shuar, parece de otro mundo comparado con ellos, tienen un pensamiento más avanzado. Un compatriota suyo, los salesianos se llaman, él decía que los shuar están atrasados.

Yo cuando he venido aquí he empezado a recordar esa teoría [risas], yo decía qué exagerado, pero cuando llego aquí yo digo que no estaba lejos, *el shuar lleva una vida todavía demasiado elemental*, de los cinco años que estoy aquí es lo que veo, a él todavía no le interesa ganar o perder el año, cuando no quiere no viene a clases y punto no ha pasado nada. Puede no venir una semana [risas], puede no venir en quince días, no pasa nada, el papá cuando quiere le hace que vaya a clases, cuando no quiere no, y no pasa nada, para ellos todavía no, no es importante. Entonces te hablo yo, ellos tienen una cosmovisión distinta, ¿no? Para ellos son importantes otras cosas, y *por ende todavía no han encajado en el mundo, nos guste o no nos guste, del pensamiento o sistema occidental*, entonces por esto ellos ignoran totalmente los conceptos más básicos de administración, por esto esta institución tiene un bajo nivel académico. Puede haber profesores dispuestos a enseñar bien, *como los mestizos y los blancos*. Por esto la institución no marcha bien, no saben los conceptos elementales, no saben nada y como no saben no lo hacen, y esto influye bastante. Entonces los profesores se dan cuenta de que no saben y se aprovechan de esto: "entonces yo no hago", "entonces yo no cumplo", "hago lo que me da la gana", y, *aunque pueda sonar a racismo, mientras esta institución esté en un mando de shuar, va a estar mal*.

El shuar quiere comer bien, beber bien y el resto no le importa, tener poder, sentirse jefe. [En] lo que sí ha sido hábil, eso sí, ha aprendido bien del occidental, [es] ser corrupto, eso sí le aprendió bien al blanco, al colono, al mestizo. La gente que muchas veces viene con los shuar cae en quererle compadecer en decir todos 'pobres shuar'. Antes eran paternalistas, les daban todo, por ejemplo, una de las cosas que les quitaron fue el internado, antes tenían inmensos internados, ahora los tienen, pero con poca gente. Antes todo era gratis, todo era para ellos, todo les conseguían, en gestiones para traer dinero para invertir con ellos, para mejorar, pero *el shuar sigue igual*, más bien hicieron mal, ellos piensan todavía que hay que darles gratis todo, les hicieron un terrible mal los salesianos y ellos lo reconocen, fue una posición paternalista de los salesianos, lo cual ya han dejado afortunadamente, siguen dando sus servicios educativos, pero ya desde otro ángulo ya no como antes. Les hicieron un mal porque ellos piensan que todo hay que darles gratis.

En la Sierra es muy distinto el indígena es un poco más occidentalizado. Como son nómadas los shuar, ellos cambian con mucha facilidad el lugar de vivienda, ellos están aquí y mañana con mucha facilidad se van a Zamora. Todavía hay la mentalidad nómada, ellos no se hacen problemas, se llevan a sus hijos, les sacan de la escuela y no hay problema. ¡Es su pensamiento! [risas].[92]

En este sentido, el sistema de EIB, concebido para revalorar los saberes, rescatar la memoria colectiva hacia otras formas de imaginarse y proyectarse en la sociedad más allá de las representaciones tradicionales, se vuelve a menudo lugar de discriminación. Profesores, profesoras y estudiantes pueden ser discriminados por sus propios colegas, maestros, maestras, compañeras

---

[92] Entrevista a profesor, provincia de Morona Santiago, noviembre de 2018.

y compañeros, y jóvenes que eligen frecuentar una escuela 'hispana' generalmente se encuentran mal acogidos.

## 4. Notas conclusivas

Al inicio del capítulo presenté las dificultades acerca de la aplicación de la EIB que destaca la reciente literatura etnográfica. Enseguida, expuse los resultados de mi investigación de campo, en la que encontré estas mismas problemáticas y demostré cómo este proyecto educativo es un terreno de lucha y de confrontación permanente entre el movimiento indígena, el Estado ecuatoriano y los padres de los alumnos, que no paran de cuestionar una educación a veces percibida como segregacionista, a veces como instrumento de lucha contra una sociedad obstinadamente racista, por el rescate y la reapropiación de la memoria colectiva.

Ahora considero necesario ampliar la reflexión y tratar de trascender las barreras tanto geográficas (Sierra/Amazonía) como temáticas (EIB/escuela 'hispana'), a través de una reflexión más general sobre los efectos de unas políticas excluyentes que destacan el carácter inmutado de la institución escolar estatal en cuanto entidad reproductora de desigualdades (y que nutren las ambivalencias con las que la comunidad recibe a la EIB). Estas consideraciones serán acompañadas por una investigación desarrollada en las escuelas urbanas. Estos enfoques permitirán profundizar el análisis y dar cuenta de las consecuencias de los discursos y las políticas en la vida de las personas, en particular de aquellos estudiantes a quienes se pide encarnar la educación intercultural bilingüe en el rol de *representantes* de una cultura.

### 4.1. Las evaluaciones: la reproducción de la herencia cultural bourdieuana en la pos-Colonia y el vaciamiento de la interculturalidad

La impresión de mi experiencia amazónica es la de una comunidad que vive la EIB como una estrategia elaborada para dejarlos fuera de la vida del país. Con mucha claridad, los padres argumentan que en la universidad o en un futuro empleo sus hijos e hijas no van a necesitar del idioma shuar, y menos de las danzas o de los mitos. Esto no se ha de entender como pura devaluación de aquellas prácticas, sino como una lúcida reflexión acerca de un sistema educativo en el que, como subraya Madrid Tamayo (2019, 8), existen dos mundos: mientras "mayoritariamente los descendientes de la clase dominante consiguen resultados de aprendizaje y destrezas pertinentes a su condición social, los dominados naturalizan el *habitus* de su propia dominación".

En el contexto serrano, aunque las razones pueden ser diferentes, se considera a la educación hispana como una institución capaz de proporcionar los elementos necesarios para relacionarse de forma ventajosa con la sociedad nacional, y, tal vez, poder migrar. Esta situación remite nuevamente a aquel malentendido entre el proyecto de la educación como lo percibe, por un lado, el movimiento (no exento de grandes contradicciones internas) y, por otro, sus bases. El proyecto inicial fue ciertamente cooptado por las fuerzas estatales. Como subrayan Bretón y Martínez Novo (2015), estas centralizaron la toma de decisiones en el Ejecutivo, que asumió la responsabilidad de implementar la interculturalidad en la sociedad, remplazándola por la planteada originalmente por el movimiento y criminalizando la protesta dentro del sistema educativo. Sin embargo, este no es el punto en el que me quiero centrar.

Lo que quiero sacar a la luz es la objetiva dificultad para un estudiante o una estudiante indígena de acceder a la educación superior. Esto se complicó aún más desde que se introdujeron pruebas estandarizadas a partir de la primera década del siglo XXI. Además de influir en la desconfianza de los padres de familia hacia la EIB, como instrumento de emancipación frente a la histórica exclusión y marginalidad, estas evaluaciones hacen "del acceso a la universidad un privilegio en lugar de un derecho" (Madrid Tamayo 2019, 14). Se impuso una prueba común a todo el país (Ser Bachiller), en la que no se considera la particularidad del sistema bilingüe, sino que se basa exclusivamente en las destrezas que, mediante 160 preguntas, los estudiantes tienen que demostrar en cinco dominios (matemático, lingüístico –claramente castellano– científico, social y 'aptitud abstracta').[93] Una docente de una escuela EIB, cantón de Cuenca, me describió esta nueva condición.

Profesora. [Después de la LOEI y de la pérdida de autonomía del movimiento sobre la educación] nos metieron como decir a todos en una misma olla, y no nos separaron. Nos ataron muchas cosas de mano, porque seguimos a un mismo modelo, como hay muchas escuelas hispanas, nos quieren medir a todos con la misma regla, a todas iguales. [Esto] se ve reflejado en las evaluaciones, además no le da sentido a muchas cosas que nosotros rescatamos, que nosotros hacemos. Allá [en las escuelas hispanas] no enseñan mucho, muchas cosas, lógicamente sí nos tratan de medir. Una vez en una reunión algo que me sorprendió mucho es que les pusieron un árbol, y esa era la evaluación, que tenían que trepar al árbol un elefante, un pescado y un mono, más o menos eso nos está pasando, nosotros somos el elefante o el pescado y que nos ponen a trepar a un árbol, entonces nuestras evaluaciones lógicamente no van a salir

---

[93] "El examen Ser Bachiller es el instrumento que evalúa el desarrollo de las aptitudes y destrezas que los estudiantes deben alcanzar al culminar la educación intermedia y que son necesarias para el desenvolvimiento exitoso como ciudadanos y para poder acceder a estudios de educación superior" (sitio oficial del Ministerio de Educación: http://admision.senescyt.gob.ec/faq/que-es-el-examen-ser-bachiller/). El examen permite al estudiantado obtener sus títulos de bachilleres y al mismo tiempo acceder a los estudios de educación superior en las universidades y escuelas politécnicas del país.

favorables, además de que competimos con escuelas como [hace referencia a una escuela central de Cuenca], en donde tienen el profesor solo para inglés, o solo para eso.[94]

Esta medida se presenta como un verdadero vaciamiento de la vocación intercultural y plurinacional del país, que demuestra no ser más que una fórmula retórica bajo la cual se reproducen las exclusiones de siempre. Bourdieu, en su célebre artículo del 1966 "La transmisión de la herencia cultural" ([1966] 1972, 149), funda las bases para su futura teoría de la reproducción, al subrayar cómo

> para ofrecer ventajas a los más favorecidos y desventajas a los más desfavorecidos, es necesario y suficiente que la escuela ignore los contenidos de la enseñanza transmitida, en los métodos y en las técnicas de transmisión y en los criterios de juicio, las desigualdades sociales existentes entre los jóvenes de las diferentes clases sociales: en otras palabras, tratando a todos los alumnos, aunque de hecho desiguales, como iguales en derechos y en deberes, el sistema escolar acaba de hecho por consagrar las desigualdades iniciales frente a la cultura.

En el caso que estudio, en el cual la escuela ignora tanto los contenidos que impartió (las diferencias de currículo entre la educación intercultural y la educación intercultural bilingüe) como las situaciones socioeconómicas de quienes estudian en ellas, no solo se perpetúan las diferencias de clase, sino que se acentúan. Esto convierte el acceso a las universidades públicas en algo exclusivo de una minoría.[95] Según Madrid Tamayo,

> deliberadamente se omiten las condiciones de vida y el proceso de instrucción diferenciado de los bachilleres y con estas reglas de juego –legales, aunque no legítimas– se mide bajo el mismo rasero capacidades disímiles que se forjaron al calor de las desigualdades socioeconómicas. Con ademán negligente, se separa la universidad del problema de la educación pública, llegando a absurdos. La SENESCYT [Secretaría de Educación Superior, Ciencia, Tecnología e Innovación] observa que, tanto en la Sierra como en la Costa, los estudiantes de colegios fiscales obtienen menor puntaje que los estudiantes de establecimientos municipales y privados, siendo más grave el problema en las zonas rurales. Así, la población que proviene de la clase obrera manual o campesina tiene más dificultades para abrirse paso en la universidad. El *ranking* de colegios según el puntaje en el examen de ingreso lo encabezan las instituciones particulares con el agregado de que

---

[94] Entrevista a profesora, provincia de Azuay, septiembre de 2018.
[95] Las universidades privadas, por lo general, no aplican una prueba de ingreso.

los costos por pensión en la mayoría de los colegios mejor puntuados, y en buena parte de los casos, son superiores al salario básico unificado. Es más una evaluación sobre la desigualdad social que sobre el aprendizaje de los estudiantes (Madrid Tamayo 2019, 14).[96]

Los exámenes de ingreso son una política excluyente, que sostiene la desigualdad preexistente en las zonas rurales, entre indígenas y afroecuatorianos. Además, estas pruebas se desarrollan en el marco de una educación intercultural bilingüe englobada en este sistema estatal, que la despoja de sus reales finalidades para volverla un instrumento como otro con el fin de, para utilizar nuevamente la fórmula valerosa y provocativa de Altmann, "endulzar el mandato de asimilación" (2017b, 34). No sorprende que los padres y las madres juzguen el sistema bilingüe como un engaño o como una estrategia para dejarlos fuera de la vida del país.[97] Esto ocurre porque sufren los efectos de la histórica exclusión y discriminación, además de una fuerte marginalización social, y no llegan a formular o adoptar las reivindicaciones más radicales del movimiento, sino que ven en el acceso a niveles de consumo parecidos a los mestizos la única vía de rescatarse. De ahí la tendencia a sacar a sus hijos e hijas de estas instituciones apenas tengan la oportunidad.

Además, la experiencia que los estudiantes tienen cuando cambian de escuela –quienes provienen de la EIB son asignados a grados inferiores cuando entran en las escuelas hispanas (González Terreros 2012)– no hace más que confirmar la desconfianza de los padres hacia una institución que prometía sacarles de su historia de opresión.[98] Como me comentó la madre de un estudiante de Sagrado Corazón que prefirió apuntar su hijo en la escuela hispana de Macas, muchos de quienes provienen de la escuela bilingüe son víctimas de discriminación: "En la escuela hispana se juntan con los colonos, carcajadas

---

[96] El autor continúa así: "Los indígenas y afroecuatorianos, entre 2000 y 2010, asistieron entre el 200 y el 300 % menos que los mestizos y blancos, la diferencia entre los más pobres y los más ricos, medida por el quintil de ingreso, en el mismo periodo fluctuó entre el 250 % y el 200 %. Esta situación se puede explicar, en parte, por la situación de la educación intercultural bilingüe que no superó el 5 % del total de la matrícula nacional ni el 10 % de la matrícula rural, ni el 5 % del presupuesto del Estado para educación" (Madrid Tamayo 2019, 15).
[97] Algunos de los comentarios que recopilé durante mi investigación hablan de una fuerte desilusión hacia la EIB: "nos han lavado la cabeza", "los estudiantes EIB no han continuado los estudios, no pueden desenvolverse en la sociedad, no tienen que manipularnos con la excusa que van a enseñar, quisiera que esto [la EIB] no existiera, que fuera [el shuar] solo una materia, el primer idioma es el inglés ¿o me equivoco? Sería mejor que aprendan inglés".
[98] La evaluación en la escuela hispana se impone como mecanismo fundamental para mostrar a la comunidad la superioridad (o la validez exclusiva) del conocimiento allí impartido, contribuyendo así a fabricar el imaginario discriminatorio acerca de la EIB.

se botan cuando uno no puede formular una frase bien. Él me dice que no le gusta, que le molesta que boten carcajadas". Me explicó que por eso los padres de la pequeña comunidad no quieren la educación bilingüe, porque sus hijos "han conocido la discriminación". Una docente de una escuela bilingüe cerca de Cuenca me lo confirmó.

PROFESORA. Los wawas que salieron de décimo [es decir que se fueron por frecuentar el bachillerato] un día vinieron a visitarnos, y les dije: "Hijos, ¿cómo les está yendo?", y dicen: "Bien, profe, pero, mal, porque la profe de Inglés…". Los wawas estaban bien en Matemáticas, estaban bien en todo, pero en Inglés son un poco bajitos, le damos más importancia al kichwa que al Inglés lógicamente, entonces la profesora de Inglés les había dicho: "¿Ustedes de qué escuela vienen que están tan bajos en conocimiento de Inglés?, ¿no les dan Inglés allí?", y responden: "No, nos dan kichwa". *"Eso que les dan no sirve de nada", "ya tuviste mala nota", "porque venías aprendiendo el kichwa", "el kichwa no sirve para nada", "qué pena por vos"*. Entonces no les dan los medios o la igualdad de oportunidades, aquí somos pluridocentes, entonces tratamos de cumplir con todo lo del niño lógicamente. Hay materias que tal vez nos fallen un poquito, pero allá piensan que todos tienen que tener la misma igualdad y por eso vienen después las personas desertoras. La mayoría de los padres de familia aquí hablan kichwa y conocen el kichwa, pero no todos están de acuerdo, hay algunos que dicen: "Profe, ya no enseñemos kichwa, dé más Inglés", y yo digo: "No pero ustedes saben", "Sí, pero vea mi wawa perdió el año en Inglés". Lo que sí dicen es que demos menos horas de kichwa y den más inglés. Ellos justifican diciendo: "Profe, vea mi wawa pasó en todas las materias y tenemos wawas que pierden el año solo en Inglés", y les digo: "Pero díganles a sus wawas que le evalúen en kichwa", pero allá no quieren, son bachilleratos que no son interculturales.[99]

Finalmente, los padres evalúan la educación desde el papel que ellos piensan que ha de tener: si no sirve para integrarse mejor al mundo occidental, entonces la EIB no sirve de mucho.

En relación con las evaluaciones estandarizadas, es fácil comprender cómo esta tipología de pruebas puede afectar a algunos estudiantes, en un contexto en el que estos, en su mayoría, tienen que ayudar en el trabajo a los padres o a los abuelos, o en el que ellos y ellas son responsables del hogar (sobre todo en un contexto caracterizado por una fuerte migración) y en el que además reciben ayuda en los estudios de personas principalmente kichwa o shuarhablantes. En estas circunstancias, el tiempo y la posibilidad de llevar a cabo una trayectoria escolar suficientemente buena de acuerdo con los criterios de eficacia y eficiencia, así como los plantea el modelo único ministerial, puede ser muy arduo. Si

---

[99] Entrevista a profesora, provincia de Azuay, septiembre de 2018.

a eso se le suma la escasez de recursos de las escuelas rurales, y el total menosprecio y desconocimiento de las autoridades de la particularidad del currículo bilingüe, la exclusión desde la educación superior (que es también exclusión de las posiciones laborales más remuneradas) se vuelve, más que una lamentable tendencia, una consecuencia respaldada por las medidas ministeriales,

> un dispositivo que funciona con precisión, que genera inclusión para la adopción del ethos moderno y, a la par, exclusión en el desarrollo de las capacidades propias de la élite dominante. En la modernidad contemporánea educación y desigualdad caminan de la mano y sostienen una relación de reciprocidad (Madrid Tamayo 2019, 15).[100]

En definitiva, o se apoya el sistema bilingüe otorgándole, más allá de la forma discursiva, un estatus de par con las instituciones centrales y urbanas (y esto implicaría, mucho más allá de revisar el presupuesto o de la capacitación docente, una verdadera revolución epistemológica como la planteada por Mignolo y Walsh, 2018), o se le niega todo esto, reduciéndola a ser un dispositivo más por la reproducción de las jerarquías sociales.

De esta manera, el malentendido se amplía: las familias quieren una escuela para insertarse eficazmente en la sociedad blanco-mestiza, mientras que esta es implementada para no permitirles salir de su marginalización. El movimiento indígena, por su lado, plantea una refundación radical del Estado, que, sin embargo, se está poniendo en práctica a través de una educación que ya perdió su independencia desde los programas gubernamentales. Por eso, difícilmente esta cuestionará las jerarquías de saberes y personas que se construyen y alimentan de manera mutua según un patrón que nunca ha cambiado.

## 4.2. Reflexiones acerca de una integración difícil

> *Melting pot*, mestizaje, hibridación, criollización son términos desde hace tiempo recurrentes para describir las contemporáneas sociedades

---

[100] "El sentido común indica que el sistema educativo cumple la función de transmitir conocimientos o, como gustan decir actualmente, desarrollar destrezas y competencias. Los datos muestran lo contario. La enseñanza-aprendizaje de contenidos no es el objetivo primordial y el sistema educativo ecuatoriano no es un fracaso. Todo lo contrario. Son mayoritariamente los descendientes de la clase dominante quienes consiguen logros de aprendizaje para cumplir con su función en la sociedad, mientras que las clases bajas tienen mayores problemas de aprendizaje. La naturalización de los procesos de exclusión y de los roles sociales, transmitidos en el proceso de educación y reforzados en diferentes campos de la interacción social, son parte de un todo en la modernidad capitalista" (Madrid Tamayo 2019, 15).

'multiculturales', pero lo que sucede concretamente a los distintos actores de estos procesos, lo que ellos experimentan en su propio cuerpo, raramente se explora.

—Roberto Beneduce

Un último elemento que quiero poner de relieve tiene que ver con las consecuencias de la frontera étnica, el discurso culturalista y la continua discriminación en la definición identitaria del estudiantado, así como se manifiesta en las voluntades de cambio o con los malestares mostrados en el contexto escolar. Puesto que esta definición no siempre es conflictiva o problemática, las informaciones que recopilé en el trabajo de campo me indican que la juventud se encuentra ante la necesidad de reformular una identidad propia respecto a la voluntad de realizar una cierta integración al estilo de vida proveniente del mundo blanco-mestizo, sin abandonar por eso el universo simbólico de sus familias de origen.

Como he destacado mediante varias referencias a lo largo del capítulo, esta negociación de una definición del sí que sepa juntar dos mundos (por cuanto estos están entrelazados y son el fruto a su vez de hibridaciones continuas, aunque separados por la frontera étnica) se refleja también en la forma de acercarse a la escuela, bilingüe o hispana, y en el modo de rechazar las imágenes folclóricas del sujeto indígena. El objetivo es insertarse en la sociedad ecuatoriana, tal vez reivindicando sus raíces y tal vez tratando de rechazarlas, en una suerte de oscilación cuyos desenlaces no son siempre exitosos. Para terminar, aludiré a estas confusiones, a las cuales se han referido los y las docentes.

Es necesario, primero, destacar la diferencia entre el contexto en el que se forjaron las demandas del discurso étnico del movimiento indígena y que es hoy la realidad cotidiana de la juventud indígena. Quishpe Bolaños (2009, 112) se refiere a un "divorcio generacional entre los sueños y la vivencia de su ser entre adultos y jóvenes indígenas" en relación con estas distintas formas de pensarse y de valorar las herencias culturales entre generaciones. El autor subraya cómo las experiencias de vida de las personas más ancianas fueron marcadas por la violencia y la discriminación en contra de las cuales surgieron las reivindicaciones hacia un cambio radical de sus condiciones de vida. Al contrario, las personas jóvenes, aunque continúan siendo víctimas de comportamientos discriminatorios, no vivieron las experiencias de servidumbre y de opresión en las que se fundamentó el discurso culturalista de sus padres. La fuerza de las experiencias de dominación que estos últimos vivieron hace que sientan una ambivalencia hacia la voluntad de transmitir a sus hijos valores culturales propios, que fueron tan duramente atacados y reprimidos. Aunque los padres continúan refiriéndose a sus sistemas culturales, tienden a concebir algunos de sus aspectos como no esenciales, y hasta perjudiciales para la formación de sus hijos e hijas, pues pueden ser posibles fuentes de la misma discriminación y marginalización que ellos habían sufrido.

> Los adultos consideran que sus hijos no 'pueden' vivir igual que ellos y deben lograr olvidar mucho de sus raíces: lengua, vestido, tradiciones, costumbres, alimentos, la vida del campo en general. Este proceso se da de manera acelerada, y en varias comunidades se constituye ya en un elemento de preocupación frente al cual se articulan sanciones drásticas y negociaciones no siempre exitosas con los jóvenes (Quishpe Bolaños 2009, 112).

La juventud encarna esta ambivalencia: continúan refiriéndose a aquellos universos simbólicos que todavía representan memorias y vínculos importantes, pero también se inclinan hacia el otro mundo y a otros sistemas simbólicos (en esto a menudo respaldados activamente por los padres).[101]

Partiendo desde esta perspectiva –que no es universalmente válida, dada la existencia de contextos en los cuales estas problemáticas son menos sentidas, o la reivindicación y el orgullo étnico mucho más fuertes–, estas *negociaciones no siempre exitosas*, con las cuales las mujeres y los hombres jóvenes construyen su identidad a partir de un contexto en el que coexisten la discriminación y la reivindicación hacia lo indígena, repercuten en las experiencias escolares. En ese sentido, la escuela, como lugar para transmitir prácticas y valores y sitio para construir a la persona, resulta esencial en la biografía de los jóvenes. Quien cursa en una escuela bilingüe (que lleva en sí el objetivo de valorizar la cultura indígena) tal vez, y con el respaldo de los proyectos y las voluntades de las familias, puede no reconocerse en esta. Esto puede ocurrir por la voluntad de adoptar aquellos conocimientos para alcanzar un mayor capital simbólico, para pensarse y ser reconocidos como ciudadanos (lo que en las conversaciones con los docentes se llama 'voluntad de aculturación'), o por una inconformidad hacia la cultura, así como lo formula la EIB, en algunos casos ligadas a aquellas imágenes esencialistas productoras de desreconocimientos. En las escuelas bilingües muchos estudiantes tienden a oponerse a aprender y a utilizar el kichwa o el shuar, y declaran, de manera cortante, no saberlos o tener vergüenza en hablarlos. Estas respuestas se reflejan en un fuerte sentimiento de frustración y de derrota de los docentes.

---

[101] El autor habla de la idea de "igualarse" para negociar en condiciones de paridad con el resto de la sociedad ecuatoriana: "Esto consiste en alcanzar la mayor cantidad de elementos simbólicos de los 'mestizos', mishus o laichus para ser respetados, generando una dinámica distinta a la tradicional que se ha visto estimulada por la penetración sistemática de los valores de la modernidad, el mercado, el consumo y la migración. Nos referimos al manejo de la lengua castellana, escolaridad, formas de vestido, acceso a cargos públicos, ejercicio profesional, bienes inmuebles como casas modernas o con elementos de modernidad" (Quishpe Bolaños 2009, 112).

Docente de Cosmovisión. Ha habido estudiantes que han dicho de frente que "a mí no me interesa ya" hablar el propio idioma, "ya no me interesa, y hasta tengo vergüenza de hablar" porque no sé qué, que me diga mi amigo, el otro amigo afuera del grupo, entonces, hasta ellos se han declarado de esa manera de que ya no quieren por más que uno hable y diga que nuestra cultura todavía es viva, es una cultura importante, es una cultura que ha venido desde miles de años y ha permanecido, en unos se ha dado ese concepto, pero no se puede frenar eso de la aculturación, entonces la aculturación sigue cada vez más.[102]

Otro profesor se refería a estas mismas problemáticas en estos términos.

Docente de Lengua Kichwa. Me siento desmotivado, me siento, cómo diría, es un sentir en el corazón que nosotros hemos vivido esa época, hemos vivido con nuestros taitas y hemos convivido en cuanto una convivencia familiar, en la comunidad, se ha convivido, pero verdaderamente el conocimiento ancestral mismo, en ese caso en nuestra época, por ejemplo, casi ni hablábamos el castellano, la comunicación era en kichwa. Igual hemos vivido en la época de la alimentación que era propia, alimentación nutritiva, nuestros ancestros que vivieron la pobreza. En todo ello no han vivido, pero yo creo que ahora también en los estudiantes es otro factor creo que la migración. La mayoría, un sesenta por ciento, de estudiantes son hijos de padres migrantes, entonces ellos como de alguna manera tienen esa posibilidad de tener más dinero entonces le dan esa posibilidad, esa facilidad de que a los hijos no le falte el dinero. Entonces ellos, como tienen el dinero, tienen toda la posibilidad, no les importa el resto, no tienen una conciencia, ni una formación, un estudiante debe respetar esas costumbres, esas sabidurías, en ese caso la lengua. A ellos les interesa tener el celular al lado y tener toda la tecnología, todo el nuevo material, en este caso la computadora, que tenga allí a la mano todo y con eso está conforme. Pero la realidad misma que viven nuestras comunidades, nuestras sociedades no les interesa, pase lo que pase.[103]

La tendencia a rechazar el idioma y los saberes puede deberse, en parte, a la propensión de los progenitores a desvalorizar su utilidad futura. Ellos, a menudo, son los primeros en querer que el currículo se modifique en favor de otros conocimientos (inglés, computación). Si bien esta tendencia responde a situaciones de orden práctico, también se hace eco de una empresa –ampliamente descrita– que ha operado históricamente en función de este progresivo desprecio hacia las formas culturales propias (y contra de los cuales algunos docentes bilingües están tratando de trabajar).

---

[102] Entrevista a docente de Cosmovisión, provincia de Cañar, octubre de 2018.
[103] Entrevista a docente de Lengua Kichwa, provincia de Cañar, octubre de 2018.

También se puede explicar esta tendencia, sobre todo allí donde el currículo bilingüe es aplicado más superficialmente en parte como el resultado de la enseñanza-aprendizaje de la cultura, como lo menciona Sánchez-Parga (2007). Destaca cómo este proceso puede fijar una identidad cultural particular, que no permite posibles identificaciones culturales futuras, e impide que quienes comparten la cultura indígena la puedan vivir e interpretar de manera diversa, volviéndola así una obligación cultural, "en la medida que la cultura dejaría de ser producto de la libertad y libremente vivida" (Sánchez-Parga 2007, 195). La educación intercultural bilingüe, según Sánchez-Parga, se destina a crear formas de desreconocimiento cuando no sabe ir más allá de una propuesta que "o más bien folkloriza la cultura, o bien esencializa rasgos culturales no considerados como histórica y sociológicamente condicionados" (2007, 195).[104]

También hay que reconocer que la escasa utilización del idioma materno acompaña, tal vez, a la dificultad de aprender castellano. En la unidad educativa Bosco Wisuma este problema –que hace que un profesor mestizo de la escuela amazónica llegue a decir, tendiendo a una exageración poco realista, que los estudiantes "llegan al bachillerato [...] sin saber ni leer ni escribir"– puede interpretarse como un resultado de los obstáculos concretos (padres o abuelos semi o totalmente analfabetos, mala calidad de la enseñanza, dificultad en conciliar estudio y trabajo), pero también como una más profunda dificultad de integrar los diferentes universos simbólicos que su doble pertenencia implica, en un contexto donde todavía permanecen los conflictos irresueltos de las generaciones precedentes. A menudo, el conocimiento quizá no excelente del idioma materno se combina con las dificultades del castellano, que, si bien en una escuela bilingüe pueden ser aceptadas, en una escuela hispana pueden representar desconfianza y humillación.

La incomodidad de los y las estudiantes al negarse a emplear el idioma o realizar las prácticas ancestrales en la escuela bilingüe, junto con una mayor perspectiva de futuro, pueden hacer que se cambien de escuela, sin que implique romper con la cultura de la familia de origen. Como lo indica Beneduce, si bien pensando en un contexto diferente, el universo cultural familiar, aunque el estudiante se encuentre en un nuevo ámbito,

> sigue siendo un lugar cargado de significados conflictivos, una reserva de memoria a la cual se puede más o menos recurrir y en la cual se teme tal vez sumergirse, cuyo rol se revela fundamental tanto en la constitución identitaria de los jóvenes [...] como en las transformaciones que caracterizan el ciclo vital de sus familias (2004, 192).

---

[104] Hay, sin embargo, que reconocer que muchos establecimientos educativos han sabido ir más allá de una propuesta de una cultura mineralizada y que, también, cabría interrogarnos sobre la libertad que los estudiantes tienen de reconocerse en modelos de vida y de consumo juzgados como ajenos.

Los y las jóvenes, al elegir o imponérseles integrarse a un contexto diferente, pueden ser reconocidos como representantes de aquellas imágenes mineralizadas de las que trataban de alejarse. De este modo, se transforman de manera automática en portadores de una sabiduría ancestral ligada a prácticas milenarias folclorizadas al máximo, que les alejan del mundo ciudadano, urbano y moderno.[105] Quedan sujetos a una concepción de cultura esencializada, según la cual cada representante es un reproductor ciego y automático de una suerte de código de conductas siempre igual a sí mismo.

Estos estudiantes viven en su propia piel los estereotipos ligados a su cultura, que no deja de ser aludida por estudiantes y profesores mestizos, sobre todo al poner en práctica el escaso currículo intercultural de las escuelas hispanas. Esto se limita a mencionar aquellos saberes ancestrales debidamente reducidos a lo que los docentes llaman 'sus creencias' o 'sus bailes y cantos', lejanos espacial y temporalmente de la modernidad urbana, muy difícil de asimilar para un niño o una niña 'de la ciudad'. Lo que se me señaló, a propósito de estos saberes, es su carácter *de imposición* con respecto a las escuelas urbanas.

DOCENTE MESTIZO. Pero también es impuesto, porque imagínese lo que es para una persona hasta con un credo diferente, uno por un credo, por una formación espiritual diferente, ver que unas personas estén haciendo una adoración al sol, a los granos que en otras épocas, o tal vez sigan continuando con esa misma formación espiritual, uno puede respetar pero no comparte porque la formación de uno es diferente, o sea, no le permite valorar, o sea, respetamos pero no valoramos y también por esa razón no se puede participar de lo que ellos están haciendo.[106]

Además, los estudiantes que pasan de una escuela bilingüe a una hispana se encuentran, en un cierto sentido, expuestos a que los diferentes actores involucrados en el mundo escolar controlen su conducta. Si estos, en un establecimiento educativo hispano, mantienen la voluntad de identificarse con aquellos

---

[105] Como afirma Walsh, "el reconocimiento de la naturaleza multi o pluricultural de las sociedades significó un poco menos que las mínimas (y a menudo estereotipadas) consideraciones hacia la 'diversidad étnica'. La significación práctica de este problema, particularmente en educación, puede observarse en una cantidad de esferas incluidas; por ejemplo, la producción de textos escolares, la formación de maestros y los currículos usados en las escuelas. Bajo la sombrilla de la 'interculturalidad', los libros de texto que se publican responden a una política de representación que, incorporando muchas imágenes de indígenas y de los pueblos negros, sólo sirven para reforzar estereotipos y procesos coloniales de racialización. En la formación docente, la discusión sobre la interculturalidad se encuentra en general limitada al tratamiento antropológico de la tradición folklórica. En la clase, la aplicación es marginal al máximo" (2007a, 54).
[106] Entrevista a docente mestizo de una escuela hispana urbana, provincia de Azuay, octubre de 2018.

aspectos más vinculados con su cultura de origen (lengua y vestimentas son los que se me citaron como indicadores de la pertenencia de un estudiante a los grupos étnicos), se exponen al riesgo de sufrir discriminación. Así me lo confirma una profesora de un establecimiento urbano central: "En eso sí se ha dado muchísimo, ese no aceptar a las diferentes etnias, en general problemas de xenofobia por las diferentes etnias culturales".[107]

Si en cambio estos mismos alumnos eligen dejar a un lado estos aspectos pueden, de igual manera, ser reprobados por sus docentes bilingües.

Docente de escuela IEB. Los wawas acaban en una institución décimo de básica y después van a bachillerato en una escuela hispana, en donde ya no aprenden kichwa, sino que dan la prioridad al inglés, donde todo eso queda atrás, tienen departamento médico y ellos hasta se olvidan de su medicina, de su vivencia, de su calendario vivencial y de sus raíces, donde van allá y ya ni les gusta ni ponerse polleras cuando aquí son fascinados.[108]

Al mismo tiempo en que los docentes pertenecientes al sistema EIB los pueden considerar aculturados, los hispanos tienden, en cambio, a verlos como víctimas de un sistema impuesto.

Docente mestizo. Ellos [los padres] *son los que se tienen que adaptar a los hijos*, y a veces es un choque cultural con los mismos padres porque no admiten que sus hijos no respeten sus vestimentas, hasta su misma cosmovisión. Por ejemplo, tenemos las señoras que venden en el mercado y que llevan su atuendo como es la chola, que viven aquí y todavía mantienen así mismo su vestimenta, pero son de la ciudad. Hay esa ruptura entre los padres y las más jóvenes que ya no utilizan pollera y los hijos que prácticamente ya no quieren saber nada de esto. Entonces ahí viene otra generación nueva que ya va a ir dejando todas estas raíces. Pero yo pienso que para ellos sí debe ser difícil, porque la idea que se tenía del área rural nunca fue valorizada, nunca el cholo, el longo, el indio... más bien muy despreciada, ya hasta como insulto. Por ejemplo, el hecho de que alguna persona se haya casado, o haya un matrimonio entre una niña cuya madre use una pollera y la otra familia no lo haga, era una situación que no se podía tolerar, entonces

---

[107] La profesora vincula esta discriminación a la actitud de "los indígenas":
Profesora. Imagínese el joven que venga de la educación bilingüe: tiene que venirse a adoptar a lo nuestro, ¿por qué se origina? Ellos, o sea, los grupos étnicos, no quisieron que se pierda su lengua, que se pierdan sus saberes ancestrales, entonces ellos fueron los que plantearon esta división, porque la división comienza también con ellos, y yo había hablado alguna vez con estudiantes que teníamos en la Sierra centro y me decían que era muy difícil, ellos hacen una división entre los mestizos y los indígenas puros, entonces allí más bien hay una rivalidad muy muy fuerte porque *no dejan ingresar a personas a sus etnias* (Entrevista en la provincia de Azuay, noviembre de 2018).
[108] Entrevista a docente de escuela EIB, provincia de Azuay, septiembre de 2018.

siempre hubo así, y también para ellos debe ser difícil, en eso sí nunca me había puesto a pensar porque también lo he visto como natural, o sea, es natural que las personas del área rural se casen entre los del área rural, [risas] y no que una persona del área rural se case con otras personas si no hubiera sido maltratada.[109]

Finalmente, los y las jóvenes, en muchos casos, se pueden sentir atrapados entre las opiniones de profesores (de ambos establecimientos), compañeros y sus familias. Aun cuando no se ponen en práctica acciones de fuerte discriminación, se verán obligados a renegociar su identidad. Esto ocurre, sobre todo pero no exclusivamente, al pasar de un contexto educativo bilingüe, apegado a aquel discurso étnico esencialista fundamental para el movimiento, a un sitio hispano que ya no exige valorizar las prácticas tradicionales, sino que a menudo siente hacia ellas, al mismo tiempo, una atracción que remite a imágenes exóticas y una repulsión de lo que se considera atrasado.

A partir de estas ambigüedades, serán frecuentes los casos en los que estos jóvenes alternen momentos de rechazo y apego a lo que sienten o a lo que se les presenta como su cultura de origen. Este sentimiento se relaciona con la doble identidad con la que se vinculan (alejándose y acercándose repetidamente). Por un lado, la identidad que ofrece la cultura mestiza, representada por el discurso oficial del Estado, que a pesar de las declaraciones constitucionales sigue representando a una cultura hegemónica. Por otro lado, la cultura indígena, representada por el discurso del movimiento, caracterizado por el esencialismo estratégico que, si bien es funcional a los objetivos de reivindicación política, se enfrenta con la voluntad de cambio, de renegociación y de redefinición de los jóvenes que no pueden reconocerse totalmente en este. Estas dobles identidades se entrelazan con las posiciones de los familiares, que a menudo representan una ulterior ambivalencia hacia los modelos culturales que, frente a siglos de violencia y de relaciones de poder asimétricas, encuentran una cierta resistencia en ser transmitidos.

Los y las estudiantes indígenas se encuentran entre concepciones del sí provenientes de la cultura de origen y de la mestiza, claramente entrelazadas y mezcladas, pero demarcadas en sus diferencias. Estas formas de concebirse, que oscilan entre dos mundos, reforzadas por las prácticas que continúan en la producción del 'otro en cuanto otro' y las reivindicaciones étnicas, se entrelazan con cada historia individual, tal vez marcada por la migración de progenitores nunca conocidos, desplazamientos hacia el contexto urbano, y obstinada marginalidad y exclusión social. Cada individuo vive de forma diferente este complejo proceso de construcción identitaria, según sus propias experiencias y según la relevancia con que en la familia asumen los elementos culturales diferentes.

Esta búsqueda identitaria puede reflejarse en situaciones de incertidumbre y problematicidad que, si bien pueden dar lugar a formas de reivindicación de una especificidad cultural, también pueden llevar a situaciones conflictivas más

---

[109] Entrevista a docente mestizo, escuela hispana, provincia de Azuay, octubre de 2018.

complejas. Tal vez estos jóvenes sienten una dificultad en reconocerse en un mundo cultural que puede parecer de carácter exclusivo, capaz de identificar a un solo tipo de indígena y a un solo tipo de mestizo.[110] Puede ser problemático para ellos formular sus propias identidades, ya que parece que no se comprenden las formas de hibridación o de ser indígena, diferentes de los ideales comunes, pues las formas de reconocimiento se reducen a menudo a modelos rígidos, como los que proporcionan los cuestionarios. En estos, a pesar de sus autodefiniciones, su identidad parece de todas formas ya elegida *a priori* por otros.[111] En la escuela bilingüe amazónica una profesora mestiza me comentó que algunos estudiantes shuar se autodefinen como mestizos, aunque –parece decirme– es *obvio* que son indígenas. Diferentes formas de concebirse se muestran sobre todo en los más jóvenes, en todo su carácter conflictivo, y generan dudas y tentativas de definirse que se reflejan a menudo en comportamientos nocivos. Sobre esto, un profesor de una escuela hispana me comentaba: "Esta problemática que se da de discriminación, embarazos, suicidios, droga y tanta cosa".

Sin adentrarme en problemas cuya urgencia impondría una mayor investigación futura (de hecho, en las dos unidades educativas bilingües que visité los problemas de drogodependencia son una dramática realidad), mi deseo es manifestar la voluntad de la juventud indígena de elaborar una propia 'definición del sí' sin renunciar a la identidad de su propia familia. Es decir, sin que sus prácticas pierdan sentido y sin, por tanto, identificarse siempre como portadores de aquellos saberes ancestrales, definidos por la esencialización y la folclorización a las que a menudo están sujetos. Estas situaciones contribuyen a volver ambivalentes sus posturas hacia la educación bilingüe, en las que se alternan rechazos abiertos, abandonos, regresos, tentativas de migración fracasadas y pasajes a una educación hispana, como me refirió un docente en una escuela urbana de Cuenca.

---

[110] En algunos casos, es imposible para los estudiantes indígenas huir de las identidades impuestas. "La frontera étnica sigue en pie, pues tanto los mestizos como los indígenas insisten en conservarla. Ni la asimilación externa ni el ascenso económico o educativo hacen de un indígena un mestizo. Aun cuando un indígena 'asimilado' intente negar su origen, existe un acuerdo en la región sobre su 'verdadera' identidad, dado que se conoce su pasado. Los traspasos individuales de la frontera étnica como un cambio de pertenencia sólo resultan posibles cortando sus relaciones con su región de origen" (Lentz 2000, 227).
Una de las contraestrategias puesta en marcha por los jóvenes es, una vez más, recuperar el estigma en clave positiva, que se traduce en reivindicar términos despectivos como 'cholo'.
[111] Como comentaba un profesor de la UNAE a sus estudiantes, efectivamente los entrevistadores, al revisar los cuestionarios, se basan en las apariencias exteriores de los alumnos que los han rellenado (color de la piel, vestimenta, etc.) y tienden a no tomar en cuenta las respuestas en disonancia con lo 'directamente observable'.

Docente de escuela urbana. Pero sí hay un rechazo, o sea, se nota mucho en las familias, por ejemplo, hay estudiantes cuyos papás son indígenas, venden artesanías pero en cambio los hijos tienen otra forma de expresarse. Entonces ya no se visten como ellos, ya no frecuentan los lugares como ellos. Por ejemplo, aquí *es raro que un hijo se sienta orgulloso de su origen*, sale de ese contexto, entonces muchas veces eligen situaciones negativas para ellos. En nuestro contexto vemos consumo de drogas, alcohol, es el decir yo soy indígena y los demás son mestizos es una creencia que van arrastrando porque el indígena siempre se siente de menos. Claro que no es esa la intención, sino más bien una integración. Nosotros tenemos varios estudiantes de padres indígenas pero no, o sea, ellos no 'calzan', ellos se sienten que no 'calzan' aquí, entonces por eso yo le decía lo anterior. Entonces tenemos que optar desde la forma de vestir, la forma de peinar. Yo tenía un estudiante el año pasado que era de Cañar, él se sentía que tenía que ser parte de eso, "profe me voy a dejar el pelo largo", porque tenía descendientes [ascendientes] de Cañar, cañaris, entonces se sentía con esa identidad. Pero también detrás de esa identidad teníamos el mismo estudiante con una situación de tentativas de suicidio.[112]

La elaboración de una identidad 'entre dos mundos' puede ser compleja, y, aunque ocurre de forma muy diferente en cada contexto y por cada individuo, es una realidad frecuente y tal vez dramática. Intentar entender a la cultura como lugar de continuo sincretismo, sin que esto implique invisibilizar los procesos de fuerte dominio de una cultura hegemónica, puede ayudar a definir identidades que, incluyendo a lógicas y universos simbólicos diferentes, sepan superar las divisiones y las continuas producciones de diferencias y de confines identitarios aparentemente insuperables. Pueden negociarse otras formas de indigeneidad sin que esto signifique romper con las que se consideran las 'raíces' de cada pueblo. Superar la frontera étnica es también superar el círculo vicioso que encierra las identidades y que, en definitiva, rigen a este "universo morboso" del que hablaba Fanon:

> Es un hecho: los blancos se consideran superiores a los negros.
>
> Es también un hecho: los negros quieren demostrar a los blancos, cueste lo que cueste, la riqueza de sus pensamientos, la potencia igual de su mente.
>
> ¿Cómo salir de ahí? ([1952] 2009, 44).

---

[112] Entrevista a docente de escuela urbana, provincia de Azuay, octubre de 2018.

CAPÍTULO 4

# La ambigüedad del discurso étnico. La educación bilingüe entre memoria, olvido y construcciones identitarias

> ¿Qué hay de peligroso en el hecho de que las gentes hablen y de que sus discursos proliferen indefinidamente? ¿En dónde está, por tanto, el peligro?
>
> —Michel Foucault

## 1. De la reivindicación identitaria

Al principio del libro afirmé:

> El indígena, a quien en el mundo colonial se le negaba incluso la condición de ser humano, al luchar por su reconocimiento –para salirse de la invisibilidad, para existir– trata de entrar en la historia, de constituirse como sujeto, saliendo de la posición de objeto de explotación. [...] Esta lucha tomará la forma de reivindicaciones de tipo étnico.

¿Por qué, entonces, esta lucha por el reconocimiento y por la existencia ha tomado la forma de una reivindicación étnica?

A partir del análisis que he venido desarrollando, y retomando las varias temáticas que he tratado en este libro, cabe ahora acercarse a diferentes explicaciones para dar cuenta de la emergencia de este discurso y de sus consecuencias en la elaboración de una educación propia. Así analizaré, en lo posible, de manera global la EIB y trataré de cerrar algunas cuestiones abiertas planteadas en los capítulos anteriores. El surgimiento de este discurso étnico es imputable a al menos tres tendencias. La primera respondería a una propensión intrínseca al conflicto decolonial del movimiento indígena en la reivindicación de su rol dentro de la sociedad ecuatoriana, en aquella lucha por el reconocimiento que encuentra en sus propias raíces el camino para construir un nuevo protagonismo en la nación. La segunda tendría que ver con la construcción de una estrategia que, de forma análoga con los demás movimientos sociales indígenas latinoamericanos, encuentra en la etnicidad una manera de articular una lucha común a nivel local, nacional y global. La última tendencia está vinculada con una estrategia estatal ligada a la necesidad de debilitar un movimiento social que había sido capaz de movilizar al país entero (y no solo a la población indígena) contra las que parecían medidas neoliberales inevitables. Considero útil separar, para luego volver a integrar, el plano de la estrategia política y el plano de la cultura local en la formación del discurso étnico a partir de estas tres tendencias.

Las demandas de los pueblos indígenas en el cuadro de las reivindicaciones étnicas de las últimas décadas del siglo XX han reflejado la intención de estos a ser incorporados a la nación ecuatoriana. Las diferencias étnicas, sociales, culturales, lingüísticas e identitarias han sido, en este sentido, un modo de reivindicar derechos, y superar la exclusión y la marginalización a las que se encontraban sometidos. Reivindicar elementos culturalistas representaría una estrategia activa de los pueblos indígenas para entrar en la vida de los Estados nacionales y articular sus demandas con los organismos internacionales, dado lo atractivo que resulta el discurso étnico en el contexto global. En esto el movimiento ecuatoriano no representa una excepción con respecto a los demás movimientos sociales indígenas de la región, aunque la fuerza y la efectividad de su acción han sido particularmente importantes.

Este discurso esencialista puede concebirse como un momento necesario de reivindicación étnica también estratégica, puesto que permitió crear una amplia red de apoyo con otras organizaciones (antineoliberales, altermundistas) a nivel global. Lo que, sin embargo, ha sido el problema de la "deriva étnica" del movimiento, siguiendo el preciso análisis de Bretón (2013), es haber transformado la etnicidad desde un medio para captar fuerzas capaces de superar la crisis de la izquierda y demostrar una enorme capacidad de movilización en los lugares más golpeados por las reformas neoliberales, hacia un recurso estatal que, mediante medidas de reconocimiento cultural, ha cooptado las reivindicaciones del movimiento, volviéndolas inocuas en términos de poder.

Desde otra perspectiva, este renacimiento étnico puede también, al menos en parte, reconducirse a aquella necesidad de romper los vínculos con la cultura dominante que ha aplastado de manera sistemática las culturas locales, tendencia típica del momento decolonial, a pesar de algunas diferencias fundamentales. En América Latina el discurso concerniente a la revalorización de la cultura indígena, vivida como la recuperación y la reinvención de la tradición andina, no está elaborado a partir de la lucha de la Colonia para franquearse del dominador extranjero, sino desde un pueblo que busca liberarse de la Colonia interna para constituirse como grupo reconocido y titular de derechos. Así, se sustraen del proyecto nacional que los hubiera querido ver desaparecer fundiéndose en la mítica figura del 'ciudadano ecuatoriano mestizo'. De alguna manera, respecto a la nación, uno trataba de constituirla, el otro de hallar un lugar en su interior como ciudadano y ya no como 'sujeto' o 'sujeto para incorporar'.

Ambos movimientos decoloniales, sin embargo, trataban de constituir la nación sobre bases radicalmente nuevas. Si el movimiento indígena buscaba el reconocimiento, después del levantamiento de 1990 nadie dudaba ya de la existencia de un pueblo indígena que, a pesar de todo, todavía estaba allí, y quería rechazar todo lo que de él se había dicho, hacia una revalorización de sí mismo y de sus categorías. El rechazo de las imágenes de matiz colonial con las cuales había sido construido y reconstruido, y sobre todo imaginado y 'hablado constantemente', tenía necesariamente que pasar –y aquí retomo las reflexiones de Fanon en *Los condenados de la tierra*–, por una reafirmación del sí, tanto más genérica (por ejemplo, 'los negros' o 'los indígenas') cuanto más fuerte había sido la sistemática inferiorización por parte del colono (externo-que-se-vuelve-interno en el caso específico latinoamericano). La continua condena al salvajismo y a la brutalidad de lo indígena, análogamente al contexto analizado por el autor, "debían conducir lógicamente a una exaltación de los fenómenos culturales no ya nacionales sino continentales y singularmente racializados" (Fanon [1961] 1963, 107).

Esta tendencia a rechazar toda categoría proveniente del mundo blanco-mestizo se encuentra en sintonía con lo que Walter Mignolo ha llamado la lógica del "desprendimiento epistémico", es decir el acto de "'sacudirse' de todas las ideologías y formas de pensamiento eurocentradas para buscar formas de pensamiento propio" (citado en Bello 2016, 15). Según el autor, esa es una tendencia de los "intelectuales del Sur" que, de todas formas, reconocen la necesidad de no encerrarse en discursos identitarios que podrían volverse un instrumento más en la imposibilidad de romper con la frontera étnica que se continúa construyendo en ambos lados. A propósito de las obras de descolonización del conocimiento, Renault afirma que esta tendencia no ha de volverse una "mera inversión de la lógica binaria del colonialismo o el rechazo o la exclusión de las teorías nacidas en el Occidente". Reconoce, sin embargo, cómo "dicho rechazo podría ser un paso necesario. La descolonización epistémica ha de ser también distinta de la reapropiación o de la inversión del estigma, además de la (re)valorización de las ideas (des)valorizadas" (Renault 2013, 50).

Es importante concentrarse (teniendo en cuenta las derivas identitarias que responden a una lógica neoliberal) en la raíz del discurso étnico del movimiento indígena, que no se agota en las lógicas de cooptación del Estado, sino que se arraiga en el acto mismo de la entrada en la historia de aquellos que siempre fueron excluidos de ella. Saldrán así a la luz las tensiones que caracterizan un proyecto educativo en cuyos extremos se encuentran prácticas decoloniales capaces de cuestionar la matriz colonial del poder y una tendencia culturalista hacia lo que generalmente viene definido como 'lo indígena' o 'lo andino'. Es decir, una perspectiva en la que los grupos étnicos son entendidos como "entidades invariantes y eternas, cuya particularidad más conspicua consiste en flotar por encima de los procesos históricos" (Rivera Vélez 1998, 60).

Se irá delineando un panorama en el cual los proyectos antihegemónicos van de la mano con prácticas esencialistas, que, en nombre de una autenticidad cultural, corren el riesgo de traducirse en una enseñanza de una cultura ancestral, en unas ocasiones mineralizada y folclorizada, y, en otras, utilizada para motivar y fundamentar proyectos estatales de clara inspiración neocolonial. Es necesario, por tanto, explicar la discrepancia entre la reivindicación de una diferencia cultural basada en una resistencia al impulso asimilacionista del capitalismo neoliberal, y la tendencia a rechazar una indigeneidad que, al no sentirse como propia, caracteriza a la posición crítica de muchas familias y alumnos indígenas hacia una enseñanza de su cultura en un contexto de fuerte reafirmación identitaria. Sobre este último punto y sobre la tendencia a un uso culturalista de la cultura en la práctica de la EIB, recurro a una reflexión de Sánchez-Parga que considero fundamental.

> El culturalismo, al promover una cultura sin sociedad, sin un real sustento social y relación con los procesos y cambios sociales, se convierte en un instrumento político de la más amplia, pero también arbitraria instrumentalización. En este sentido, la cultura en cuanto reivindicación y derecho, como señal de diferencia y de confrontación, como algo que se posee y que puede ser usado como prueba de identidad, ha sido parte del programa político del movimiento indígena, de sus organizaciones y dirigencias, y ha servido tanto para unir, pues en una cultura común todos participan, como para enfrentar, ya que las diferencias culturales no podrían ser compartidas (2010, 101).

### 1.1. *La etnicidad que se hace memoria*

Es evidente cómo las categorías jerarquizadas y racializadas que rigen al sistema social latinoamericano radican en aquellas divisiones que fueron funcionales al régimen de dominación y explotación colonial. Es claro que la categoría 'indio' nace con la Colonia, antes externa y después interna.

> El indio nace con el establecerse del orden colonial europeo en América; antes el indio no existe, sino que hay pueblos con identidades propias. El indio es creado por el europeo, ya que la entera situación colonial exige la definición global del colonizado como diferente e inferior (Bonfil Batalla citado en Apostoli Cappello 2013, 69).

Por lo tanto, la población indígena ha estado sujeta durante siglos a estas categorías útiles para la legitimación de las diversas políticas de gobierno de la alteridad que, caso por caso, han inventado y reinventado al indígena en el proyecto colonial antes y en la constitución de la nación después. Desde la separación maniquea de la Colonia fanoniana hasta las prácticas para la incorporación forzada del mestizaje, la lógica siempre ha sido devaluar o erradicar las prácticas autóctonas: a partir de la lengua, todo lo relacionado con 'lo indígena' fue despreciado. No es de extrañar que, en el momento de la lucha por el reconocimiento, esta calificación se retome y lo que era un estigma se convierta en un emblema. A este propósito retomo las reflexiones de Fanon.

> En el contexto colonial, el colono no se detiene en su labor de crítica violenta del colonizado, sino cuando este último ha reconocido en voz alta e inteligible la supremacía de los valores blancos. En el periodo de descolonización, la masa colonizada se burla de esos mismos valores, los insulta, los vomita con todas sus fuerzas ([1961] 1963, 21).

El renacimiento identitario, según estas primeras consideraciones, se asocia con el desprecio sistemático de la clase dominante hacia la cultura indígena. Con la excepción de la apropiación del mítico pasado incaico, utilizado en la imaginación de la comunidad nacional, el indígena equivalía al *atrasado* y también a lo *diverso*, enemigo por definición de la nación uniforme, un obstáculo que debía eliminarse. Frente a la distorsión de la versión mestiza de la historia, se construye un contradiscurso indígena que, sobre la base de sus propias categorías, reivindica la legitimidad de la cultura y del conocimiento "ancestral".

Esto se ha implementado mediante una revalorización identitaria, caracterizada por reelaborar el pasado precolonial; reescribir la historia colectiva mediante la selección y recomposición de fragmentos de memorias y prácticas precolombinas; formar símbolos, y revitalizar el estudio y el uso de las lenguas autóctonas. Quishpe Bolaños subraya cómo la búsqueda de raíces culturales de los pueblos serranos, definida como "re-indigenización", se caracteriza, en su "continua búsqueda de fuentes" (2009, 109), por hacer

> una lectura anacrónica y poco crítica de la producción –vieja y nueva– de las ciencias sociales. Los grupos intelectuales y los dirigentes indígenas incorporan las representaciones producidas a lo largo de estos siglos sobre 'el indio' de forma mecánica de acuerdo con sus intereses mediatos. Esto se ilustra, por ejemplo, con la ya significativa celebración, en las comunidades, de las fiestas de equinoccio y solsticios en detrimento de las fiestas locales o la utilización de simbología y conceptualizaciones como: cuatripartición, hananpacha, kaipacha, ucupacha, pachamama, ayllu, chakana que están ausentes en los pueblos de Cañar, Azuay y Loja. En dichos pueblos, tanto esas fiestas como los elementos simbólicos y conceptualizaciones –en algunos casos– se viven de distintas maneras y sentidos por parte de adultos y ancianos, que mostrarían una forma local o propia de ver el mundo y que no son tomados en cuenta al privilegiar elaboraciones externas. Así mismo, la noción de 'panandino', manejada en las ciencias sociales, constituye de por sí un elemento que da legitimidad para asumir nociones elaboradas como pachasofía, el altar de *kurikancha*, *pachakutik* (109).

Quishpe Bolaños[1] y otros autores (como Pajuelo Teves 2007) no olvidan destacar esta recuperación selectiva del pasado, caracterizada por revalorizar las narraciones elaboradas en celebración de sus propios orígenes, que tocan tanto las hazañas del grandioso pasado precolonial, las revueltas y los levantamientos del periodo colonial como el pasado de vejación y de genocidio. Ambos cumplen la función de complejo ideológico que consolida el sentido de identidad común del pueblo indígena y su historia oficial.

Sin embargo, es necesario tomar una postura que vaya más allá de describir el carácter selectivo y construido de la identidad étnica y de los procesos de "renacimiento identitario", para comprender con mayor profundidad la portada de estos procesos, sus razones de existir, sus consecuencias y, eventualmente, sus riesgos. Ya que toda identidad es históricamente contingente y relacional, cualquier especulación sobre identidades 'originarias' y 'fabricadas' corre el riesgo de volverse insuficiente para restituir la complejidad del contexto que me he propuesto analizar. Lo único riguroso aquí sería, por lo tanto, como indica García Linera (1998), interrogarse sobre las condiciones de producción de esta u otra identidad y sobre su capacidad de movilización, no sobre su artificialidad, pues toda identidad es, a su tiempo, una invención social.

Investigar las condiciones de producción de las identidades étnicas es analizar al mismo tiempo la historia y sus acontecimientos. Es necesario adoptar una particular precaución, como indica Beneduce, cuando esta se relaciona con los conflictos y las reivindicaciones de las minorías (o de los grupos presentados como tales) y, como pienso que puede ser el caso en el que me encontré trabajando, cuando

> esta vehicula la irreducible persistencia de conflictos nacidos por violencias y abusos que no se quieren olvidar: la identidad étnica, *en hacerse memoria*, vuelve a proponer entonces verdaderas y propias *líneas de resistencia* que nada tienen de irracional salvo la obstinada voluntad de reafirmación de una cultura originaria (Beneduce 2004, 89).

La lucha indígena puede ser entendida, en este sentido, como una liberación de una identidad impuesta a través de construcciones continuamente

---

[1] Según Quishpe Bolaños, elaborar una identidad común a todo el pueblo indígena serrano puede consolidarse solamente a expensas de las memorias particulares y de las especificidades de cada pueblo. "Nobleza, hidalguía y pureza van de la mano con el énfasis en el pasado de humillación, genocidios y robo que poco contribuye a valorar una activa y cotidiana respuesta indígena a los dilemas de estos casi quinientos años de dominación; profundizando un deseo de revancha y reivindicación, para hacerse a la fuerza un espacio en la escena pública nacional. Este dilema, entonces, procura establecer con mayor claridad un proceso de identidad genérico para los pueblos indígenas de la Sierra: Kichwas, donde la memoria local y de cada pueblo tiene poco espacio para reconstituir lo que son" (2009, 109).

producidas y fijadas. Mediante un discurso fundado en la etnicidad y en la recuperación de aquellas categorías deshumanizantes que volvieron a ser propuestas como reivindicables y dignas, el movimiento ha querido llevar a cabo una lucha por el reconocimiento en la integración a la nación en cuanto ciudadanos. Desde esta perspectiva, la deriva etnicista puede leerse también como instrumento de demanda de un derecho de existencia y de ciudadanía frente a décadas de invisibilización.[2] Al transformar la indigeneidad de causa de exclusión y marginalización a medio de rescate social, el discurso étnico fue un instrumento capaz de proporcionar los elementos para crear un proyecto de lucha común. Este proyecto, que se fundamenta en crear un grupo de 'nosotros, los indígenas', fue capaz de dar cohesión y poner en conjunto grupos y comunidades con historias y tradiciones diferentes. El conjunto apuntó a socavar las bases de una sociedad caracterizada por un fuerte racismo y una discriminación persistente. Supo entrar en relación con los más amplios movimientos antineoliberales a nivel internacional, y negociar para obtener la plena ciudadanía dentro de un Estado definido como "plurinacional e intercultural".[3]

Construir una plataforma común de lucha ha implicado invertir el estigma y una recuperación cultural. Esta se tradujo en reapropiarse de la historia colectiva, revalorizar y sistematizar los idiomas autóctonos, así como escribir las memorias orales que fundamentaban el patrimonio cultural de los diferentes grupos, que en aquel entonces empezaban a llamarse 'nacionalidades indígenas'. Luego de superar un planteamiento más estrictamente vinculado al, de por sí presente, carácter inventivo de la elaboración de una identidad étnica, se puede hacer referencia a estos procesos también mediante el concepto acuñado por Spivak (1988) de "esencialismo estratégico". Así lo sugiere Apostoli Cappello (2013) en relación con el movimiento zapatista mexicano: "Un uso de la etnicidad para connotar los discursos del movimiento y la valorización de la diferencia con el fin de incluir como derechohabientes a la efectiva ciudadanía los sujetos discriminados en tanto que indígenas en un contexto de fuerte racismo y discriminación" (2013, 84).

Valorizar su propia indigeneidad es un aspecto que ha de ser leído en la óptica de una política identitaria de resistencia que se opone a la lógica de la integración y de la asimilación necesarias a la idea misma de Estado (por esto mencionaba que el movimiento no puede estar a favor de la reforma del Estado, sino de su *radical refundación*). Esta esencialización estratégica se implementa –según las consideraciones de la autora, que pueden aplicarse tomando en

---

[2] Esta interacción se resume en el lema de "unidos en la diversidad".
[3] Apostoli Cappello (2013, 72) hacía notar que "la etnicidad, como a menudo pasa, se reivindica por la ciudadanía" y que, "como fue puesto a la luz por los *Subaltern Studies*, en los contextos coloniales o postcoloniales las categorías de dominio se pueden transformar en un expediente para los colonizados que, reivindicando su propia ciudadanía con el lenguaje de la colonia, han encontrado un plan de discusión eficaz para negociar su propia emancipación".

cuenta las debidas diferencias entre los dos movimientos, también en el contexto ecuatoriano– para eliminar el poder hegemónico racista que conforma los discursos gubernamentales, así como sus instituciones (no solo escolares sino jurídicas, médicas, policiales), fundamentado en una colonización del imaginario, primero, y en la ya mencionada "forma implícita de subordinación llevada a efecto pragmáticamente" (Guerrero 2000, 13) después.

La forma que ha tomado el movimiento se arraiga en aquellos presupuestos marxistas transmitidos por la teología de la liberación, y por los primeros partidos y sindicatos comprometidos con la causa indígena.[4] Llega enseguida a elaborar un discurso étnico reivindicador de la diversidad planteada en las imaginaciones coloniales renovadas en clave positiva. Esta estrategia ha sacado a la luz, después de décadas de silencio, las oscuras dinámicas del colonialismo interno al país. Además, *haciéndose memoria*, ha representado una resistencia hacia la tendencia al olvido de prácticas y saberes, idiomas y valores en una sociedad en la cual "prevalecen valores que operan [...] una suerte de sistemática refutación, de silenciosa erosión" (Beneduce 2004, 94). Sin embargo, según algunos autores, esta no ha sabido salir de la clasificación binaria productora de diferencia y de exclusión.

Antes de adentrarme en las dificultades y en los riesgos del discurso étnico, quiero subrayar una vez más cómo la construcción culturalista de lo indígena por representantes de la intelectualidad ecuatoriana ha representado una fuerte esperanza política. Lentz (2000) recuerda cómo en los ochenta, durante su primer viaje a Ecuador, Bolivia y Perú, se sorprendió, aunque se mantuvo escéptica desde el principio hacia las visiones románticas sobre 'los indígenas', de cómo su alteridad cultural era evidente en la vida cotidiana, pero

> nadie *estaba realmente orgulloso* de ella. Los elementos sobre los que basaba la construcción de su dignidad más bien eran, entre otros, sus experiencias de migración, la construcción de escuelas en las comunidades y la posesión de aparatos de radio, es decir, símbolos visibles de la participación en la 'civilización' mestiza (Lentz 2000, 202; cursivas mías).

Lentz además evidenció la presencia de una frontera étnica. Lo más sorprendente, sin embargo, era la tendencia de los estudios andinos y del saber antropológico regional a quedarse vinculados a una perspectiva

---

[4] Después del primer levantamiento, los indígenas fueron activos en articular los principios 'clásicos' de la lucha sindical, con las nuevas necesidades del discurso étnico. Guerrero reporta en este sentido el testimonio de un sindicalista, presidente del Frente Unitario de Trabajadores: "Desde mi punto de vista, ha existido en el movimiento sindical una conmoción por este acto [el levantamiento] [...] Ahora, nos dicen [los indígenas]: 'no hablen solo de salarios, hablen también de cultura, de costumbres, de nacionalidades indígenas', y nos obligan a cambiar los esquemas que teníamos en la cabeza" (1996, 123).

"esencialista-culturalista", como si la idea de identidad étnica fuera constituida "en un verdadero fondo cultural e histórico común" (Lentz 2000, 203).

Se mantuvo implícita la idea de que existía una substancia intocable y fundamental de 'lo indígena': una manera específica de ver el mundo, entender la naturaleza y mantener determinadas prácticas sociales y rituales, propia exclusivamente de los indígenas. Ante esta imagen más o menos romántica de una vida indígena apegada a la naturaleza, orientada hacia la subsistencia, en comunidades culturalmente cerradas, la ya innegable integración de los indígenas al mercado y al Estado a través de la migración laboral, la educación y los proyectos de desarrollo, apareció como un paso hacia el mestizaje y la asimilación cultural, un paso aceptado o lamentado, de acuerdo con la posición política del autor.

A pesar de los estudios que habían comenzado a destacar la gran flexibilidad de las que en las diferentes épocas fueron construidas como la identidad y la historia indígenas, y pese a las nuevas atenciones sobre la historicidad y el carácter político de la concepción culturalista de la etnicidad, un sector importante de americanistas la seguía manteniendo en sus análisis. En esta elección de apoyar el movimiento indígena en su definición estratégica se puede encontrar, según Lentz, el sentido de los trabajos de estos autores. Porque, detrás de los conceptos esencialistas de 'lo indio' o de 'lo andino', como categoría ambigua, moraban a menudo las esperanzas políticas de la intelectualidad ecuatoriana. Esta, que en aquellos años abandonaba el proyecto de revolución proletaria tras la imposición de las dramáticas medidas neoliberales, veía en el discurso étnico indígena un modelo de organización política alternativo al Estado nación hegemónico, el punto de partida para una nueva sociedad más democrática y humana.

Se encuentra una 'perspectiva común' entre liderazgo indígena y la intelectualidad, y declaraciones como la de Quito se empapan de estas concepciones culturalistas. Como subraya Lentz, estas son compartidas por las bases comunales del movimiento porque se fundan en las vivencias reales de la discriminación diaria y de la continua resistencia, experiencias que se vuelven piedras angulares en la definición culturalista de lo indígena. De esta manera, desde el levantamiento de 1990, este nuevo discurso indigenista, desarrollado en el ámbito nacional y continental, y las estrategias cotidianas comunales de la construcción de la alteridad cultural y de la frontera étnica se han interrelacionado muy estrechamente.[5]

---

[5] Saberse apropiar de los elementos del discurso indigenista de la CONAIE, como ya he subrayado, quiere decir establecer relaciones ventajosas con las organizaciones de ayuda para el desarrollo y con las oficinas del gobierno. En cambio, esta es unas de las derivas del multiculturalismo neoliberal.

## 1.2. "*Cuando escucho la palabra cultura...*"

Es necesario dejar las consideraciones acerca de una agenda política basada en un discurso étnico, así como la presentan el movimiento y su liderazgo, para considerar cómo la experimentan en la vida cotidiana las personas que han de encarnar este ideal. En las discrepancias entre declaraciones y prácticas cotidianas, mora el riesgo de que un discurso liberador se traduzca en una imposición de imágenes esencializadas, que, más allá de su valor estratégico, pueden no encontrar la identificación de las personas que se supone describen.

Se empiezan a entrever las contradicciones entre las coyunturas históricas que han hecho de la reivindicación étnica un momento *necesario* en la formulación e implementación de la lucha indígena por el reconocimiento en la sociedad nacional, y el riesgo de que esta, especialmente aplicada al ámbito educativo, se traduzca en las ya citadas *obligaciones culturales* denunciadas por Sánchez-Parga (2007). Este discurso étnico-identitario fue necesario para formar un grupo que se reconociera como conjunto contra la opresión y la imposición del olvido que acompañaba la puesta en marcha de las políticas asimilacionistas. Además de haber proporcionado al movimiento social los instrumentos para volverse un actor fundamental desde los años noventa en la escena pública del país, permitió una serie de reconocimientos culturales fijados en los textos constitucionales. Sin embargo, trato de analizar las criticidades inherentes a la postura etnicista, sus límites y los peligros que residen precisamente en los reconocimientos gubernamentales, que llevan los efectos y las repercusiones imprevisibles y no deseadas del multiculturalismo neoliberal.

Algunos autores han destacado cómo estas categorías étnicas no son de por sí reivindicables, pues continuarían representando las diferencias producidas *dentro* y *en función* de los sistemas de dominación (Curiel 2009; Guerrero 1997). El problema de las demandas basadas en la diferencia –y con ello de las identidades a estas fijadas– se encontraría en el mismo hecho de que estas no atacan las bases reales de estos sistemas de dominación que producen diferencias e identidades. Más bien, van en el orden del reconocimiento social y civil, dejando intacta la lógica de dominación representada en la actualidad por el capitalismo mundial y, junto con él, el racismo, "que marchan de forma galopante incorporando incluso la diferencia" (Curiel 2009, 22). Estas reivindicaciones fortalecerían, en este sentido, el sistema racista, sexista, clasista, heterocentrado y neoliberal, en cuanto permitirían a los Estados erigirse como multiculturales y pluralistas en torno al reconocimiento de culturas y de grupos, sin modificar la exclusión y la marginación que estos viven cotidianamente. Como lo plantea Curiel (2009, 22),

> mientras se reconoce y 'tolera' la existencia de diferencias, la mundialización del capital y la globalización neoliberal provocan cada vez más una división racial y sexual del trabajo que está llevando a grupos sociales racializados y sexualizados a situaciones de miseria, exclusión y explotación.

Estas estrategias han permitido asumir una representación positiva de las clases marginales, y han representado una respuesta a la supremacía y a la hegemonía cultural que tienden a hacer desaparecer toda práctica y todo discurso que no sea aquel legitimado por el sujeto ilustrado. Sin embargo, la autora invita a prestar atención a la naturalización de estas identidades y diferencias, que pueden llevar a formar categorías casi biológicamente construidas, dando más elementos al racismo que se busca erradicar.

Finalmente, la crítica de Curiel al esencialismo permite cuestionar la autenticidad, la naturalización y la homogenización, ubicándolas en contextos históricos, sin olvidar el rol estratégico que estas asumen en momentos dados. Si se encuentra insuficientes a las políticas de la diferencia, si no se vinculan a una erradicación de las razones por las cuales se originan, un estudio más profundo de las raíces de las reivindicaciones indígenas puede arrojar luz sobre sus efectos paradójicos. En relación con la reflexión de Guerrero, las poblaciones indígenas, reivindicando sus derechos, construirían sus discursos dentro del mismo discurso de ciudadanía, ligado con la frontera étnica y con la matriz de producción de la diferencia. Así que el discurso indígena,

> si por un lado interrumpe las lógicas de exclusión de la vida cívica pidiendo que sus representantes sean recibidos y sus demandas escuchadas, para que eso pueda pasar [...] ha de ser codificado, comprendido por el Estado, así que en [el] trasfondo del modus operandi del movimiento, sigue funcionando la noción civilizatoria de ciudadanía [que establece], a través de matrices de clasificación binaria, los significados de la diferencia en términos de inferioridad (Guerrero 1997, 64).

Por lo tanto, las reivindicaciones indígenas, al plasmarse y volverse inteligibles por el Estado central, correrían perennemente el riesgo de no apartarse de la estructura primaria de la dominación y se ubicarían como inferiores en un sistema clasificatorio. En la medida en que la dominación no se aparte de la matriz (de producción de diferencias como de jerarquías), esta seguirá funcionando, entrelazada íntimamente –por el proceso histórico del contexto ecuatoriano– con la noción de ciudadanía.

Si se apela siempre a una completa y total alteridad, el riesgo sería, como destacan Curiel y Guerrero, no salirse de los discursos dominantes que reiteran las clasificaciones y los patrones de exclusión. Sin embargo, como reconocen ambos, la estrategia puesta en marcha por el movimiento ha tenido la virtud de llevar a una importante movilización, a logros antes impensables, y a un debate público acerca de la marginalidad y de la discriminación finalmente objeto de discusión (también) en ámbito jurídico. Además, ha sido vehículo de memorias y de resistencia que han traído de vuelta el diálogo sobre la violencia de la historia indígena, tantas veces silenciada e invisibilizada. Sin embargo, cabe preguntarse qué pasa cuando estas reivindicaciones basadas en la diferencia vienen adoptadas y englobadas por el discurso estatal, tomando la forma del multiculturalismo neoliberal y postneoliberal (que ha continuado siendo la única y sola estrategia, política, económica y de gestión, de la diferencia pese a las pretensiones de cambio radical del progresismo correísta).

En un balance crítico de estas políticas, Hale (2018) subraya los efectos inesperados e imprevistos de conceder derechos sobre bases culturales (como el Sumak Kawsay, la cooficialidad de los idiomas ancestrales, las cuotas indígenas y la escuela bilingüe), sin comprometer las desigualdades estructurales que están en la base del funcionamiento del sistema económico neoliberal. Conceder estos derechos se vincula, en los casos citados por el autor, a reforzar la "etnonormalización" (ligada a la facultad de la institución estatal de definir e individuar a los derechohabientes, que acaba imponiendo qué puede considerarse 'indígena' y qué no), del fenómeno del racismo a la inversa y de las políticas de deslegitimación hacia aquella parte de la población indígena que no se adapta a volverse receptora de derechos dentro de una lógica de clientelismo, llamada por el autor "síndrome del indio permitido". Los ejemplos que reporta Hale tienen que ver con las políticas puestas en marcha por el gobierno ecuatoriano: la definición del Sumak Kawsay, por un lado, y la implementación de una educación bilingüe sin los recursos necesarios, por el otro.

El derecho al Buen Vivir, como nueva orientación de las políticas estatales, en esta perspectiva se vuelve, más que una crítica radical al capitalismo y una real propuesta de cambio, una palabra clave para justificar su antítesis. El resultado –un extractivismo agresivo convertido en necesidad y condición fundamental para el Sumak Kawsay– ha llevado a criminalizar la protesta en la que quienes se oponen a este modelo ecocida son "racializados como atrasados" (Hale 2018, 499), y a regresar a la ventriloquía en la que un Estado (y su élite blanco-mestiza) habla en nombre de los pueblos indígenas y por sus mismos intereses. Esta actitud hacia el movimiento indígena se traduce de forma pausada en un conflicto abierto (recuerdo la criminalización y la detención del liderazgo, la campaña de difamación a propósito de sus objetivos y la revocación de la autonomía sobre la educación).

El segundo ejemplo de Hale, que está más directamente relacionado con mi objeto de estudio, se destaca –en referencia al caso mexicano que puede explicar, al menos en parte, fenómenos detectados en el contexto ecuatoriano– cómo conceder el derecho a una educación propia para implementar un proyecto de reconstrucción de la memoria indígena y recuperar saberes y prácticas se ha acompañado a menudo con una sistemática carencia de fondos y la marginalización de estas escuelas (en Ecuador este proceso se ha juntado debido al discurso sobre las "escuelitas de la pobreza", tan propagandeado por el gobierno de Correa para legitimar un modelo homologado de educación). Así, estos establecimientos educativos fueron reducidos a un emblema de la naturalización del vínculo entre indigeneidad y pobreza. La consecuencia de esta erosión sistemática del proyecto educativo indígena ha sido la tendencia a preferir inscribir a los y las estudiantes en establecimientos hispanos. Efectivamente, "muchos adhieren y buscan alivio en el mestizaje, encontrando el respeto cultural y el reconocimiento sin recursos como una especie de broma cruel" (Hale 2018, 500).

Si se toman en cuenta los efectos perversos de conceder derechos sin desmantelar las imágenes racistas (al contrario, reproduciéndolas), ni mucho menos de las bases de las estructuras de exclusión económica y política de la población indígena (y, a la inversa, revocando espacios de autonomías logrados o criminalizando su liderazgo), conviene citar la expresión que usa Hale para concluir, de forma provocativa, la frase con que he titulado este apartado: "Cuando escucho la palabra cultura…*busco la evasiva persistencia del racismo*" (Hale 2018, 504).

### 1.3. Olvido y memoria frente a la frontera étnica

> El Estado nacional dio la potestad [a los salesianos] sobre las personas. Éramos como pollos, podían disponer de nosotros, de la tierra para civilizarnos, porque éramos sin alma. Es mejor si *me olvido*.
>
> —Entrevista a una mujer de la comunidad de Sagrado Corazón, Morona Santiago, noviembre de 2018

En este apartado analizaré, desde la educación, la distinción fundamental entre un ideal de grupo, como lo plantean, por un lado, las normativas estatales y, por el otro, el discurso del movimiento indígena, que "utiliza elementos étnicos selectivos y se basa en reconstrucciones históricas casi mitológicas" (Lentz 2000, 215), y una autoidentificación, como la desarrollan las comunidades, junto con el proceso de transmisión identitaria y de la memoria en la vida comunitaria y familiar.

Con respecto a la educación, el discurso étnico ha tenido el objetivo de propiciar, al implantar las escuelas bilingües, una revolución epistemológica radical para redefinir las jerarquías de los saberes y rescatar los idiomas y las prácticas locales. Estos planteamientos se han de llevar a cabo, sin embargo, en lugares en los cuales por décadas se han desarrollado unas políticas asimiladoras que aún repercuten. Por consiguiente, cabe preguntarse cuáles han sido los efectos de construir un *proyecto de memoria*, así como lo plantea el movimiento, sobre lo que queda (y que está todavía muy presente) del *proyecto de olvido* impuesto por las tentativas de hacer de mujeres y hombres indígenas ciudadanos y ciudadanas del Ecuador. Este es el aspecto recurrente de mi investigación que más conflictivo y contradictorio me ha parecido, y, precisamente por eso, el más necesitado de una reflexión más profunda, que se entrelaza en torno a preguntas que todavía quedan pendientes.[6]

---

[6] ¿Cuáles son los riesgos de un discurso que, queriéndose hacer portador de una renovada dignidad del saber y de la historia indígena en abierta resistencia con las

La hipótesis que quiero plantear parte de la premisa de que las familias, aunque compartan el discurso del movimiento indígena y respalden sus propuestas y reivindicaciones, no pueden siempre e invariablemente responder de forma favorable a la aplicación del sistema de EIB. Las vacilaciones y el distanciamiento, al igual que el fomento y el apoyo de las familias hacia esta forma de hacer educación pueden sustentarse, a mi parecer, en aquellos conflictos irresueltos con las políticas integradoras aquí ampliamente tratadas. Mi intención es llamar la atención tanto sobre las causas evidentes que hoy en día hacen de la EIB una elección forzada, devaluada o temida, así como en las que se presentan con más opacidad ante nuestros análisis.[7] Estas últimas se relacionan con aquellas políticas y prácticas pasadas que, aspirando a una homogeneización mítica, han dejado desconfianza y recelo hacia los programas de revalorización de unas culturas tan reprimidas.

Este desafío a la educación intercultural bilingüe no se reduce a la sola cuestión de la eficiencia del sistema. Invita también a considerar la forma en la que este hace emerger aquellos conflictos arraigados en un pasado de prevaricación, como indica el ya mencionado y emblemático ejemplo proporcionado por Martínez Novo (2009, 185), en el cual una señora shuar, que no quería la EIB para sus hijos, afirmaba: "Y ahora los salesianos quieren que volvamos a nuestro pasado". Este reproche es, en mi opinión, una forma de subrayar la contradicción entre la revalorización de los idiomas locales, y el imponente despliegue de fuerzas y recursos puestos históricamente en marcha por el Estado y (en este caso) por los misioneros para, como recuerda Viveiros de Castro (2016, 17),

> desindianizarlos de alguna manera, transformarlos en "trabajadores nacionales", cristianizarlos, vestirlos, [...], prohibirles las lenguas que hablan o hablaban, las costumbres que los definían, someterlos a un régimen de

---

prácticas asimiladoras, se traduce en las aulas en repetición de aspectos folclorizados que poco tienen que ver con los planteamientos de una revolución epistemológica? ¿Cuál es el riesgo del esencialismo de una educación que, despolitizada y traducida en una política estatal estandarizada, se hace portadora de una imagen de 'lo indígena' que no es compartida con aquellos que la estudian que, se supone, encarnen esta construcción, en un contexto de racismo obstinado? ¿Cuáles son, en cambio, los resultados de este discurso en la experiencia educativa de estudiantes indígenas fuera del contexto de la EIB?

[7] Entre las cuales se encuentra el sistemático abandono estatal de estas escuelas, la amenaza de exclusión de los empleos más remunerados o de las carreras universitarias (a causa de las pruebas estandarizadas), y la presentación de formas culturales folclorizadas que complican el posible reconocimiento del estudiantado en el modelo ofrecido. En estas causas están incluidos también los reconocimientos retóricos típicos del multiculturalismo neoliberal.

trabajo, policía y administración. [...] cortarles de su relación con la tierra [...] esa separación vista como condición necesaria para transformar el Indio en ciudadano. En ciudadano pobre, naturalmente. Porque sin pobres no hay capitalismo, el capitalismo necesita de pobres, como necesitó (y todavía necesita) de esclavos.

Esta operación, o este trabajo de olvido, remite a abuelos y a padres de estudiantes bilingües a aquella negación sistemática de sus lenguas y de sus prácticas, muy vinculada a la institución educativa.[8] Desde estas premisas me parece evidente cómo, tanto la necesidad del movimiento indígena de tomar posesión del dispositivo educativo como la desconfianza de las familias no pueden estar más íntimamente ligadas a este pasado de dominación, en el cual un trabajo de memoria no se injerta siempre de forma exitosa. Esta reflexión podría, tal vez, aclarar la tendencia a rechazar la EIB, por cuanto su currículo sea, por lo general, similar al de las escuelas hispanas.[9] Este fenómeno, las escasas posibilidades de éxito en las pruebas nacionales y la fuerte tendencia, fuente de gran preocupación para profesores y profesoras con quienes me contacté, a la 'aculturación' de los estudiantes a la cultura dominante hispana pueden dar cuenta de la dificultad de implementar este proyecto nacido para proteger las lenguas y las memorias de los pueblos indígenas ecuatorianos. Sin embargo, es un proyecto, como los datos de las etnografías demuestran, que no cesan de abandonar.

En las conversaciones con estudiantes de la UNAE durante sus prácticas preprofesionales en la Amazonía, encontré que sus opiniones reflejaban las respuestas ambivalentes y contradictorias hacia la EIB que yo había notado en las comunidades. Estas reflexiones fueron muy interesantes para mi investigación sobre los efectos de una estrategia de la memoria en contextos marcados por décadas de políticas de asimilación. Algunos estudiantes expresaban juicios cortantes y, sin embargo, dotados de una buena dosis de realismo: los padres no querían la EIB porque era una educación que tal vez no les iba a permitir encontrar un buen trabajo y que no les iba a proporcionar los instrumentos para salir de sus situaciones de marginalidad. Otros planteaban que esta era una cuestión diferente, más bien ligada a lo que llamaron "un trauma que se transmite de generación en generación", un miedo de los padres a que sus hijos sean víctimas de la misma opresión y discriminación que ellos. Para todos, en definitiva, la EIB tomaba la forma de un proyecto que, lejos de ser uniforme, era interpretado y aplicado en cada contexto de forma muy diferente.

---

[8] Si en el contexto amazónico la referencia está claramente relacionada con el trabajo de los internados, en el contexto serrano he explicado cómo las escuelas tenían el mismo objetivo de impedir el empleo del kichwa. Véase, a este propósito, el estudio de De la Torre (1997).
[9] Es interesante, al contrario, notar cómo en un establecimiento hispano visitado, las vicerrectoras trataron de subrayar la completa diferencia entre su currículo y el de la EIB.

López (2006) ofrece una posible respuesta a estas problemáticas. A propósito de las consecuencias de esta ambivalencia hacia los saberes y prácticas indígenas, nota con perspicacia cómo la EIB, para ser eficazmente transmitida a las familias y a los alumnos en calidad de proyecto de reivindicación cultural, necesita una revisión en clave crítica de la biografía de los docentes. Si esto no pasa, estos pueden quedarse en sus experiencias pasadas (arraigadas en las escuelas asimilacionistas), tomando el rol de enviados del Estado nación homogeneizador.

> Para lograr sus objetivos (lucha contra la discriminación, inclusión de saberes ancestrales, politización, rescate de lenguas y prácticas en peligro de extinción) hay que considerar que no basta por ello que exista una [...] dirección de profesionales que se autorreconozcan como indígenas. [...] tampoco resulta suficiente que maestros y maestras hablen una lengua indígena o incluso que provengan de una comunidad indígena y ni siquiera que se autoidentifiquen como indígenas. Lo que parece estar en cuestión es precisamente el *posicionamiento de estos individuos respecto a las sociedades indígenas, sus manifestaciones culturales y lingüísticas, y, sobre todo, con la condición de subalternidad y opresión que marca su devenir*. [...] cabe recordar que, precisamente por haber pasado por al menos quince años de escolaridad, un maestro o maestra que hoy atiende educandos indígenas [...] debe vivir un conflicto permanente, al menos durante los primeros meses y años de su nuevo desempeño y mientras él o ella misma pasa por un proceso de *redescubrimiento personal y de reconstrucción biográfica que le permita superar los efectos de la invisibilidad y negación* que experimentó en su tránsito por una escuela negadora de la diferencia así como durante el período en el cual aprendió a asumir su condición de funcionario gubernamental, y, en tanto tal, asumió la ideología uniformizadora y asimiladora. [...] mientras la preparación de profesionales indígenas [...] descuide en el proceso la reconversión subjetiva del docente indígena, la recuperación crítica de su autobiografía, la construcción colectiva de una visión crítica de la opresión colonial de la cual son objeto las sociedades indígenas y sus miembros, así como, junto a todo ello, el desarrollo de una conciencia política igualmente crítica de la subalternidad, el racismo y la discriminación pero también alineada con el movimiento indígena y el proyecto de vida de las sociedades con las que trabaja, ese mismo maestro o maestra, *aun siendo indígena, privilegiará su condición de funcionario del Estado-nación homogeneizador, sin contribuir significativamente y desde el privilegiado espacio escolar a la transformación del Estado, tal como hoy lo anhelan los líderes y organizaciones indígenas* (López 2006, 238-239; las cursivas son mías).

Para que el proyecto EIB funcione, al hilo de lo que afirma López, es necesaria esta actividad de revisión biográfica (tal vez de todos los actores involucrados y no solamente de los docentes), que permita acoger una actividad de memoria, en contraste con una vivencia de olvido impuesto.

En estos últimos párrafos, he demostrado cómo el discurso étnico ha sido la estrategia del movimiento para reivindicar su espacio en una nación que desde hace siglos había negado al pueblo indígena una voz y un reconocimiento, invisibilizándolo o vinculándolo a los espacios rurales o 'salvajes' en una exclusión social hecha de servidumbre y abusos sistemáticos de todo tipo. Rechazadas las imágenes y los roles que veían en el indígena alguien destinado a desaparecer por las políticas desarrollistas (que no han parado de reinventarse en sus formas y en sus términos desde el nacimiento de los Estados republicanos), los indígenas han asumido el estatus, descrito por Colajanni (1998, 8) en el auge de los levantamientos, de "protagonistas de interés público".

Como he explicado, este acento en el nuevo sujeto panindígena ha concedido una inesperada visibilidad internacional a las injusticias históricas sufridas por estos pueblos, en las que la cultura se ha hecho medio de expresión de las reivindicaciones y de las demandas al Estado. Además, he ilustrado de qué manera esta tendencia se ha reflejado en el planteamiento de una educación propia, que se materializó en 1988 con la Dirección Nacional de Educación Intercultural Bilingüe (DINEIB). Finalmente, esta educación ha representado un ejemplo emblemático de los logros del movimiento indígena ecuatoriano. Sin embargo, como he destacado, el discurso étnico ha entrado a ser parte de una específica lógica gubernamental de despolitización de la organización indígena, mediante las lógicas del multiculturalismo neoliberal que han hecho de los reconocimientos étnicos por parte del Estado una medida para mantener intactas las desigualdades. Es decir, al centrarse solo sobre el discurso culturalista, que, sin embargo, es de origen indígena por las razones ilustradas, se han puesto en la sombra o se han impedido todas aquellas actividades que formaban parte de la 'agenda clasista' del movimiento, cuya portada subversiva ponía en entredicho la posibilidad de mantener en pie el sistema neoliberal.

Estas lógicas se han reproducido también en el periodo progresista, al que ha acompañado un fuerte conflicto con el movimiento indígena. Esto debilitó su sistema escolar y fue seguido de una estandarización del proyecto y de los textos, al que algunos estudiosos consideran un "desmantelamiento del proyecto bilingüe",[10] que hasta 2009 gozaba de autonomía de gestión del movimiento indígena. Sin querer afirmar con esto que el proyecto bilingüe autónomo estuvo libre de problemas también críticos, quiero subrayar cómo este

---

[10] Respecto a este punto, Tallé llama la atención sobre la responsabilidad estatal para elaborar identidades fijadas, a fin de permitir, mediante una escuela bilingüe elaborada desde el alto, ver la continuidad de la acción homogeneizadora de la escuela pluralista, que, limpiando "las prácticas indígenas de la 'relevancia del contexto'" (2010, 57), las estandariza y las uniformiza, transformándolas. Solo así, "bajo esta forma domesticada-escolarizada reconocible en las arenas nacionales pueden entrar en el imaginario nacional" (57). Esta reflexión se acompaña de un análisis de las formas de reapropiación de la escuela que han sido puestas en marcha en el contexto mexicano analizado por el autor.

dispositivo, en el momento en que no se contenta con un mero reconocimiento de su diferencia cultural en el país y se hace instrumento de lucha y plataforma política, es otra vez asimilado por la institución estatal. Estos acontecimientos pueden ilustrar cómo la escuela sigue siendo un dispositivo fundamental para elaborar un proyecto de nación, asimiladora o pluralista. En este, las desigualdades sociales continúan encubiertas por la otorgación de derechos culturales sin redistribución, en una sociedad que necesita, como indica Viveiros de Castro (2016), de una clase oprimida para reproducirse como tal.

En los panoramas que investigué existen múltiples niveles en juego. Por un lado, la cultura y lo cultural se utilizan en la retórica estatal para dar una apariencia de Estado 'intercultural', que se niega constantemente en la práctica. Por otro lado, al aplicarlos como resultado de rígidos códigos de conductas propuestos en los libros de texto o en las actividades escolares, se convierten en obligaciones culturales para el estudiantado. Además, son fuertemente apoyados por un movimiento social cuyo objetivo es la refundación radical de las jerarquías de personas y saberes. Los diferentes planes se contaminan entre sí. Mientras el trabajo de algunos establecimientos sabe cómo ir más allá de la reproducción de aquellos aspectos más llamativos de la cultura que enseñan, el discurso del movimiento no está exento de menciones a una identidad estática que quiere negar la contaminación de los modos de vida o el carácter multicultural de toda cultura (plan cuestionado por los y las jóvenes en sus formas de redefinición identitaria). Esta última tendencia, sin embargo, puede representar un momento necesario para articular una lucha de memoria.

En este modelo de escuela están presentes docentes que, en cambio, se hacen portadores vivos de aquellas prácticas culturales liberadas de las posiciones inmóviles a las cuales serían destinados por un cierto multiculturalismo –al que le gustaría verlas reproduciéndose siempre iguales a sí mismas y despojadas de todo contenido subversivo–. Ponen en práctica, al construir un conocimiento que se niega a limitarse a la categoría de 'ancestral' y que desafía las epistemologías que acostumbramos a considerar como 'datos naturales' de nuestra experiencia, haciéndose memoria y refugio para los estudiantes. Estos docentes se rehúsan a encarnar un discurso que tiene como característica flotar por encima de la Historia, y que, al concentrarse en revertir el estigma y afirmar lo que antes se discriminaba, corre el riesgo de volverse una jaula. Al lado de este proyecto de descolonización epistémica, y a pesar de este, la puesta en práctica de la EIB se caracteriza por una obstinada ambivalencia que encuentra sus raíces en ese proyecto de memoria, en cuanto se presenta frente a personas que han encarnado los imaginarios discriminatorios hacia ellas mismas, sus cuerpos, sus saberes y sus prácticas, y en lugares que han conocido la imposición del olvido.

# Conclusiones

En este libro he ilustrado algunas observaciones respecto al proyecto de EIB en Ecuador como lo han pensado las lideresas y los líderes del movimiento indígena, y tal como ha venido implementándose en la práctica, frente a dificultades, desafíos y carencias. He querido subrayar, al mismo tiempo, las raíces históricas que han permitido surgir a las reivindicaciones indígenas en la forma en la que se presentaron al país; las bases fuertemente jerárquicas que todavía impregnan las relaciones sociales en la realidad ecuatoriana, y los riesgos de la esencialización de la identidad indígena, que tal vez no permite la completa emancipación de las personas frente a las categorías en las que están confinadas. Estas categorías, lejos de ser puramente imaginarias, producen efectos reales en la medida en que fabrican los sujetos de los que hablan y los imbrican en un sistema de relaciones de poder y de explotación funcionales a la reproducción del sistema excluyente en el que vivimos.

Al analizar el programa de EIB en Ecuador, tracé, en primer lugar, una prospectiva histórica de la emergencia y del desarrollo del movimiento indígena, a partir de los años treinta del siglo pasado hasta el periodo correísta. Al hacerlo, me referí a su surgimiento como una toma de conciencia de la clase indígena de su propia especificidad étnica y cultural, que llega a rechazar las representaciones y las prácticas racistas de matriz colonial que habían permitido reproducir una sociedad excluyente y racista.

Además, evalué las políticas de administración de la alteridad que han llevado a cabo los distintos gobiernos, desde el mestizaje hasta el multiculturalismo neoliberal y postneoliberal. Así, delineé el proceso de construcción del movimiento indígena también respecto y en respuesta a estas políticas, construidas sobre unos imaginarios particulares de la figura del ciudadano y del indígena (que se influencian recíprocamente mediante flujos bidireccionales en los cuales se cuestionan los conceptos de 'periferia' y 'centro').

El análisis de estos imaginarios, con particular énfasis en las representaciones producidas sobre el indígena desde el amanecer de la República y con raíces en el pensamiento colonial (mediante una mirada hacia los textos constitucionales, la literatura y un enfoque detallado sobre los manuales escolares), me permitió sacar a la luz la correspondencia entre imaginarios y prácticas de administración en relación con las poblaciones autóctonas. A partir de esta consideración, ilustré cómo la construcción de una alteridad racializada, siempre culpable del 'atraso' del país, ha ido de la mano de una política de asimilación forzada, con una doble estrategia. En primer lugar, eliminar la heterogeneidad cultural que volvía problemática una unidad nacional basada en una unión y uniformidad ideales de todos sus miembros, que resultó en prácticas etnocidas y luego etnófagas. La segunda estrategia consistió, en cambio, en reiterar la inferioridad y la exclusión, mediante la herencia de imágenes coloniales. Estas permitieron construir una sociedad jerarquizada basada en una economía de 'colonias internas', fundamentada en el trabajo servil y orientada a la exportación.

He demostrado, de igual forma, cómo estas representaciones del indígena han plasmado los objetivos y la *raison d'être* de los institutos escolares estatales. Al mismo tiempo, han convertido el ingreso de estudiantes indígenas en el sistema escolar en un momento de fuerte violencia y discriminación. En respuesta a esto, se desarrolló primero un proyecto clandestino de escuelas indígenas y luego el programa intercultural bilingüe actualmente vigente.

Luego he presentado los debates actuales que marcan la EIB en Ecuador (de los cuales el 'dilema de la diferencia' es quizás uno de los más representativos) y una panorámica de la literatura etnográfica reciente, que presenta sus criticidades y sus puntos débiles, ambos reconsiderados a la luz de las informaciones recopiladas en las unidades educativas de Sisid y Bosco Wisuma. Estas primeras consideraciones me han permitido evidenciar cómo la EIB, a pesar de ser un refugio en contra de las prácticas discriminatorias en otras partes aún presentes, sufre todavía de un estigma relacionado con el concepto de 'educación de segunda clase'. Esto vuelve complejo aplicarla, y alimenta el malentendido entre movimiento y bases comunitarias. Este malentendido es rico en ambigüedades y contradicciones, y se basa en dos concepciones de escuela (de su rol, sus fines, de las consecuencias que debe producir y de su forma de operar), a menudo muy distantes una de la otra.

Si en la base de la EIB se encuentra un proyecto revolucionario orientado a la descolonización epistémica y del imaginario, al diálogo de saberes y a la interculturalidad crítica, con frecuencia en la escuela al mismo tiempo residen, en el ámbito comunitario, los deseos de las familias por una futura movilidad social de sus hijos e hijas (sin que esto implique desconocer el discurso del movimiento). Respecto a este tema –las dificultades que la EIB encuentra en las comunidades o al menos la ambivalencia que caracteriza las reacciones de los padres o de los estudiantes hacia este modelo educativo– he dedicado un amplio espacio al análisis de la experiencia de campo. En esta he retomado las temáticas de los capítulos precedentes, al interrogar, por ejemplo, el vínculo entre las políticas asimilacionistas dirigidas a cumplir la unidad nacional y el proyecto bilingüe que, al contrario, reivindica las diferencias en el interior de la nación: las lenguas, las prácticas y las memorias indígenas que se habían tratado de silenciar.

Antes de sumergirme en el terreno de investigación, di voz a una reflexión sobre las consecuencias de que el movimiento indígena perdiera la autonomía sobre el sistema de EIB; en particular, me enfoqué en la sustitución de los libros escolares autoproducidos por los textos ministeriales. Estas reflexiones han puesto de manifiesto cómo narrar la propia historia en sus propios términos, así como lo planteó el movimiento al redactar los *Kukayos*, permite desvelar la arbitrariedad de la que se ha llamado la 'historia engañada', de interrumpir su enunciación continua y de hacer emerger aquellas 'zonas de sombras', que son las memorias y las palabras de los olvidados, de los oprimidos y de los vencidos.

Sustituir los libros mediante los cuales el movimiento había vuelto a apropiarse de su propia historia y la historizaba generó la dramática consecuencia de reiterar aquella violencia de la representación ya tratada en el segundo capítulo, que a la vez legitima y naturaliza, en su monólogo histórico, la explotación de los cuerpos y de las mentes. La pérdida de la autonomía sobre la gestión del proyecto educativo bilingüe me impulsó a retomar el concepto de 'formas ventrílocuas de la representación'. En este sentido, la población indígena vuelve a ser sujeto pasivo de los proyectos políticos estatales que la afectan directamente, y se le usurpa su papel de promotora activa y líder de las políticas educativas en el sistema EIB.

Posteriormente, sobre la base de las consideraciones desarrolladas a partir del segundo capítulo, analicé la práctica discursiva presidencial en los *Enlaces Ciudadanos*. Estos, mediante un discurso desarrollista que construye la verdad –quien tiene la capacidad de decirla y cómo debe ser dicha–, no dejan de reproducir una imagen de los indígenas que recalca tenazmente aquella historia oficial que el movimiento ha tratado de reescribir con sus propios términos. Esta imagen los relega a la figura de los culpables del subdesarrollo del país, como aquella minoría casi sistemáticamente opuesta al bien común. He demostrado que el discurso continúa fabricando sujetos y produciendo consecuencias. Esto es especialmente cierto en el caso de la deslegitimación de los movimientos sociales e indígenas del país, que ha conducido, en el aspecto educativo, a un proyecto para una educación 'de la eficiencia y la excelencia' de consecuencias perjudiciales para el proyecto educativo del movimiento indígena (desde el cierre de las escuelas comunitarias y la hiperburocratización de la enseñanza, hasta el desarrollo de pruebas de evaluación desiguales y excluyentes).

A partir de estas premisas, he presentado los resultados de mi investigación en los Andes y en la Amazonía. Hablé primeramente de la Unidad Educativa Comunitaria Intercultural Bilingüe Sisid. Al participar en la vida de esta escuela, accedí a un testimonio de una práctica educativa que, por la fuerte presencia del movimiento en la zona, se pretende también, y sobre todo, que sea un medio de lucha para conquistar los derechos colectivos de los pueblos indígenas y al mismo tiempo una práctica de memoria, sin por eso estar exenta de obstáculos y desafíos en su aplicación cotidiana. Aquí, los *Kukayos* fueron escritos y utilizados, y siguen siendo un arma para hablar de sí mismos y de su propia historia, por fin en términos propios y en primera persona.

De Sisid destaqué la historia impregnada de racismo y discriminación, la frontera étnica que marca su cotidianidad y que marcó desde un principio la vida del proyecto de EIB. Señalé cómo la dificultad en su realización práctica no deriva solamente de la fuerte conflictividad que lo ha caracterizado desde su nacimiento, sino que reside en aquella serie de cuestiones ya discutidas en las etnografías presentadas. Estas asumen en Sisid una forma particular, que hace significativo su ejemplo dentro del panorama serrano por al menos dos razones. Si por una parte la vida en la comunidad está todavía fuertemente marcada por la frontera étnica que impregna su historia y configura sus relaciones sociales y difícilmente concuerda con un proyecto de revalorización de la historia y del saber indígena, en la zona hay otro elemento de resistencia, que tiene que ver con el fuerte impacto de los fenómenos migratorios en la provincia.

Efectivamente, la educación bilingüe, sus principios y sus objetivos a menudo no se ajustan a las aspiraciones de una generación de futuros migrantes (estudiantes que esperan alcanzar a sus padres en los Estados Unidos). Tampoco son suficientes para aquellas familias que, gracias a las remesas del extranjero, ahora tienen los medios para permitirse los costos de una 'educación hispana', tal vez incluso urbana, y así alejarse de la relegación a lo que fue construido como imaginario sobre lo indígena. Por último, he puesto de relieve cómo los desconocimientos y los conflictos que generan estas posturas –que sin embargo no indican forzosamente un rechazo de los objetivos del movimiento, sino que, por el contrario, ponen de manifiesto las debilidades de su discurso étnico– no permiten aún superar aquella doble alienación (del dominado y del dominador) a la cual he dedicado la última parte de mis reflexiones sobre mi experiencia en la Sierra.

El segundo sitio de mi investigación etnográfica, la Unidad Educativa Intercultural Bilingüe Guardiana de la Lengua Bosco Wisuma, representa un ejemplo emblemático de las consecuencias del Plan de Reordenamiento de la Oferta Educativa correísta. Al escribir sobre esta experiencia, he recordado cómo el territorio que hospeda a la escuela es uno de esos espacios 'nacionalizados' y, por lo tanto, moldeados como ecuatorianos solo a partir de mediados del siglo XX, con las diversas oleadas de colonización y con el encuentro y enfrentamiento de la población local con la sociedad nacional.

Además, he subrayado cómo esta zona, siendo un territorio de importancia estratégica indiscutible (así como el Oriente en general), es un lugar perennemente conflictivo. En este, desde la primera colonización hasta el neocolonialismo transnacional contemporáneo, se encuentran y enfrentan los objetivos de militares (con su imaginario de nación), religiosos, políticos, empresarios y, por supuesto, de los pueblos indígenas y de sus organizaciones. Un lugar donde se negocian y recrean identidades y en cuyos conflictos resuenan los conflictos e intereses locales, regionales e internacionales.

A continuación, he hablado de cómo esta zona se volvió una "frontera de los recursos" (Lowenhaupt Tsing 2003). En ella, han tomado cuerpo y espacio los ambiciosos proyectos de una nación que se alista para el inminente auge de la economía minera, con la entrada en función de las primeras minas a cielo abierto y a gran escala, junto a proyectos de segunda generación de talla multimillonaria. En este contexto, el de una zona conflictiva dominada por el estado de excepción, nació la escuela. Fruto del conflicto entre población y Estado (hemos visto cómo la escuela lleva el nombre de una víctima de los enfrentamientos que agravaron la criminalización de la protesta indígena), la Bosco Wisuma no deja de plantear cuestiones que remiten sistemáticamente a la historia violenta de la región. El difícil recibimiento del programa bilingüe es quizás la prueba más flagrante de ello.

En efecto, la dificultad de implementar la EIB en este contexto debe analizarse a partir de la consideración de que, hasta tiempos muy recientes, este se caracterizaba por la presencia de misioneros salesianos. Si bien estos, en un primer momento, contribuyeron por medio de sus internados a que se abandonaran la lengua y las prácticas autóctonas, posteriormente se revelaron defensores y promotores de estas últimas. La ambivalencia hacia el proyecto bilingüe reina hoy soberana en este territorio, donde, por turnos, el olvido y la memoria han sido impuestos por el otro y desde fuera.

Comparar los dos campos de investigación me ha llevado a interrogarme sobre el estado actual de la aplicación del EIB en Ecuador y a tratar de explicar, al menos en parte, la dificultad que esta sufre al proponerse en el seno de las comunidades. Aparte de recalcar que tanto la unidad educativa de Sisid como la Bosco Wisuma han demostrado sufrir las mismas dificultades a las que se refiere la literatura reciente, he querido detenerme, al final del capítulo, en dos aspectos que he considerado fundamentales para acercarme a una lectura profunda de esta realidad. El primero se refiere a la cuestión de la 'educación de la eficiencia y de la excelencia'. Este, vaciando de hecho la aspiración intercultural y plurinacional del país, se traduce en políticas excluyentes, como las pruebas estandarizadas del Ser Bachiller, que (re)producen desigualdades y en las que radica, al menos en parte, la ambivalencia de las familias hacia el proyecto educativo indígena. El segundo se refiere a la cuestión del punto de vista del estudiantado sobre el EIB, que interroga las dificultades de encarnar identidades definidas por saberes y prácticas denominadas ancestrales, y que requiere un análisis que sepa salir de la EIB para seguir los destinos de estos estudiantes 'entre dos mundos' afuera de estos centros, en las escuelas definidas como 'hispanas'. Una breve revisión de los establecimientos escolares urbanos no pertenecientes al sistema de EIB me ha permitido observarlo 'desde el exterior' y comprender cómo la interculturalidad, en cuanto eje transversal del sistema educativo ecuatoriano, se interpreta y aplica en las escuelas más allá del circuito bilingüe.

Por último, he decidido volver sobre algunos temas que abordé en los tres primeros capítulos del libro y sobre las problemáticas planteadas por la observación de la EIB en la práctica, para después entrelazar estos elementos con un análisis sobre los múltiples significados del discurso étnico del movimiento indígena. Al mismo tiempo, examiné el discurso sobre la etnicidad, sus fines y sus consecuencias, con la esperanza de delinear las motivaciones que han llevado la lucha por el reconocimiento del movimiento indígena a expresarse bajo la forma de una reivindicación étnica. Traté de identificar algunas consecuencias y tensiones que este fenómeno produce tanto a nivel estatal (entre lógicas revolucionarias y estrategias de cooptación por la despolitización de la lucha indígena) como específicamente en el campo educativo (entre enseñanza de culturas mineralizadas, tentativas de descolonización del conocimiento y estrategias estatales de asimilación de corte neocolonial justificadas por la vocación intercultural de la nación).

En conclusión, mediante un análisis basado en la experiencia de campo y manteniendo la mirada en la historia, con el objetivo de *conocer para reconocer* la influencia del pasado en el presente, he propuesto una lectura de las respuestas ambivalentes de las familias hacia la EIB. Esto, a través de un plan interpretativo adicional: la existencia de una dialéctica entre memoria y olvido, entre "conservación gradual y eliminación no aleatoria de la huella de una memoria de un grupo social" (Severi 2004, XV). A partir de este último punto, quiero concluir con una invitación a repensar y a identificar la complejidad que subyace en un proyecto como la EIB, un programa que pone de manifiesto la polifonía de una historia (con sus cuestiones irresueltas) que actúa como telón de fondo en la situación actual.

Conjuntamente a las diversas perspectivas que por turno evidencian las motivaciones culturalistas o economicistas detrás de las debilidades y las potencialidades, los riesgos y las consecuencias de la EIB en la práctica, sugiero dirigir la atención también sobre las experiencias vividas por las mujeres y los hombres que han representado y continúan representando los saberes y las prácticas que esta se propone valorizar y transmitir. De esta manera se podrá desvelar el impacto de los acontecimientos pasados sobre las inquietudes contemporáneas. Por medio de una mirada sobre cada contexto local, y sobre el carácter específico de las historias de las relaciones entre poblaciones autóctonas y sociedad blanco-mestiza, es posible relievar los lazos entre las tentativas históricamente puestas en marcha para integrar al múltiple –representado por las poblaciones indígenas en el ideal de homogeneidad de la nación– y las respuestas específicas hacia los proyectos para recuperar y revalorizar la memoria que se implementan en la actualidad.

A partir de esta perspectiva, invito a considerar que las respuestas ambivalentes de las familias hacia la EIB –un terreno problemático en sí mismo, al estar relacionado con el discurso entre asimilación o segregación desarrollado en torno a la cuestión– no siempre tienen que ver con la falta de conocimiento o la falta de adhesión al discurso del movimiento indígena, que, por el contrario, en muchos casos es apoyado por las comunidades. La actitud incierta (que consiste en respuestas contradictorias, en rechazos, en abandonos, así como en regresos y en apoyo) de las familias con respecto a este sistema educativo puede residir –más allá del justificado temor de exclusión de la vida económica del país y de la discriminación en el acceso a la educación superior– en esta contradicción de la EIB con las políticas de asimilación aplicadas a lo largo del proyecto de construcción nacional. Reconocer y mirar de frente las ruinas de los 'poemas y políticas' pasados pero nunca olvidados; ver el pasado en el presente y confrontarse con este y sus mil maneras de disfrazarse y esconderse, al mismo tiempo reconociendo y luchando contra las nuevas formas de explotación y discriminación; reescribir las propias biografías y valientemente trabajar, siempre, contra la alienación del ser humano es necesario si se quiere poner en práctica aquella pedagogía liberadora planteada por Freire: una que tenga como objetivo "la superación de la contradicción opresores-oprimidos que, en última instancia, *es la humanización de todos*" ([1970] 2002, 34).

# Sobre la autora

Elena Perino (Rivoli, Italia 1994). Máster en Antropología Cultural y Etnografía por la Università degli Studi di Torino. Doctoranda en Antropología Social y Etnología por la École des Hautes Etudes en Sciences Sociales (EHESS) de París, adscrita al Laboratoire d'Anthropologie Sociale (LAS). En sus primeros estudios, se concentró en las diferentes políticas educativas históricamente aplicadas en el Ecuador con relación a las poblaciones autóctonas, con un particular interés en el sistema de educación intercultural bilingüe. Actualmente, se dedica a analizar los impactos de las actividades extractivas en la Amazonía del sureste ecuatoriano y sus lazos con la historia colonial y poscolonial de la región. Sus mayores intereses se dirigen al estudio de las formas particulares de conciencia histórica y de trasmisión de la memoria en el suroriente del Ecuador.

# Referencias

Agamben, Giorgio. 2003. *Stato di eccezione*. Turín: Bollati Boringhieri.
Aime, Marco. 2011. Prefacio a *I fiumi profondi*, de José Arguedas. Turín: Einaudi.
Akkari, Abdeljalil. 1998. "Bilingual Education: Beyond Linguistic Instrumentalization". *Bilingual Research Journal* 22 (2-4): 103-125.
  doi: 10.1080/15235882.1998.10162718
Althusser, Louis. 1972. "Ideologia ed apparati ideologici di Stato". En *Scuola, potere e ideologia*, editado por Marzio Barbagli, 15-36. Bolonia: Il Mulino.
Altmann, Philipp. 2017a. "Una breve historia de las organizaciones del Movimiento Indígena del Ecuador". *Antropología. Cuadernos de investigación*, 12: 105-121. https://doi.org/10.26807/ant.v0i12.76
— 2017b. "La interculturalidad entre concepto político y One Size Fits All: acercamiento a un punto nodal del discurso político ecuatoriano". En *Repensar la interculturalidad*, editado por Jorge Gómez Rendón, 13-36. Guayaquil: UArtes Ediciones.
Anderson, Benedict. (1983) 1993. *Comunidades imaginadas: reflexiones sobre el origen y la difusión del nacionalismo*. México D.F.: Fondo de Cultura Económica.
Apostoli Cappello, Elena. 2013. *Tutti siamo indigeni! Giochi di specchi tra Europa e Chiapas*. Padua: CLEUP.
Appadurai, Arjun. 2014. *Il futuro come fatto culturale*. Milán: Raffaello Cortina Editore.
Barié, Cletus Gregor. 2003. *Pueblos Indígenas y derechos constitucionales en América Latina: un panorama*. Quito: Abya-Yala.
Becker, Marc. 2015. *¡Pachakutik!: movimientos indígenas, proyectos políticos y disputas electorales en el Ecuador*. Quito: FLACSO Ecuador / Abya-Yala.
Bello, Álvaro. 2016. "¿Pertenencia o identidad? Implicancias de dos categorías socioculturales para los derechos indígenas y la lucha contra el racismo". *Antropologías del Sur* 3 (6): 13-27. https://doi.org/10.25074/rantros.v3i6.798
Beneduce, Roberto. 2004. *Frontiere dell'identità e della memoria. Etnopsichiatria e migrazioni in un mondo creolo*. Milán: Franco Angeli.
— 2010a. *Corpi e saperi indocili. Guarigione, stregoneria e potere in Camerun*. Turín: Bollati Boringhieri.

Beneduce, Roberto. 2010b. *Archeologie del trauma. Un'antropologia del sottosuolo*. Roma-Bari: Laterza.
Bhabha, Homi K. 1990. "Introduction: narrating the nation". En *Nation and Narration*, editado por Homi K. Bhabha, 1-8. Londres: Routledge.
Boone, Elizabeth Hill, y Walter D. Mignolo, eds. 1994. *Writing Without Words: Alternative Literacies in Mesoamerica and the Andes*. Durham/Londres: Duke University Press.
Bottasso, Juan, comp. 1993. *Los salesianos y la Amazonía: Tomo II. Relaciones Etnográficas y Geográficas*. Quito: Abya-Yala.
— 2003. *Los salesianos y la lengua de los shuar, Discurso de incorporación de Juan Bottasso Boetti a la Academia Nacional de Historia del Ecuador*. Jueves 27 de marzo de 2003. Quito: Abya-Yala.
Bourdieu, Pierre. (1966) 1972. "La trasmissione dell'eredità culturale". En *Scuola, potere e ideologia*, editado por Marzio Barbagli, 131-162. Bolonia: Il Mulino.
— 2003. "Participant objectivation". *Journal of the Royal Anthropological Institute* 9 (2): 281-294. https://doi.org/10.1111/1467-9655.00150
Bourdieu, Pierre, y Jean-Claude Passeron. 1972. *La riproduzione: elementi per una teoria del sistema scolastico*. Rímini: Guaraldi.
Bretón, Víctor. 2009. "La deriva identitaria del movimiento indígena en los Andes ecuatorianos o los límites de la etnofagia". En *Repensando los movimientos indígenas*, compilado por Carmen Martínez Novo, 60-121. Quito: FLACSO Ecuador / Ministerio de Cultura del Ecuador.
— 2013. "Etnicidad, desarrollo y 'Buen Vivir': Reflexiones críticas en perspectiva histórica". *Revista Europea de Estudios Latinoamericanos y del Caribe*, 95: 71-95. https://bit.ly/3Aj858y
Bretón, Víctor, y Carmen Martínez Novo. 2015. "Políticas de reconocimiento neoliberales y posneoliberales en Ecuador: continuidades y rupturas". *Quaderns de l'Institut Català d'Antropologia,* 31: 25-49. http://hdl.handle.net/10459.1/59858
Calapaqui Tapia, Karla. 2016. *Criminalización de la protesta 2007-2015, las víctimas del correísmo*. Quito: Opción.
Canessa, Andrew. 2005. "Introduction: Making the nation on the margins". En *Natives Making Nation: Gender, Indigeneity, and the State in the Andes*, editado por Andrew Canessa, 181-193. Tucson / Londres: University of Arizona Press.
Cárdenas Vásconez, Ernesto William. 2012. "La construcción conflictiva de identidades infantiles en el proceso de socialización escolar. Caso del colegio hispano de educación básica de Ecuador". Tesis de licenciatura, Universidad Politécnica Salesiana del Ecuador. https://bit.ly/2VpCT8Z
Castro-Gómez, Santiago, y Ramón Grosfoguel. 2007. "Prólogo. Giro decolonial, teoría crítica y pensamiento heterárquico". En *El giro decolonial. Reflexiones para una diversidad epistémica más allá del capitalismo global*,

editado por Santiago Castro-Gómez y Ramón Grosfoguel, 9-24. Bogotá: Siglo del Hombre.
Chérrez, Cecilia. 2012. "Criminalización de la protesta social y derechos humanos". *Aportes Andinos. Revista electrónica de derechos humanos,* 30. http://hdl.handle.net/10644/3336
Colajanni, Antonino. 1998. *Le piume di cristallo. Indigeni, nazioni e Stato in America Latina.* Roma: Meltemi.
— 2004. "L'attività missionaria salesiana tra gli shuar dell'Ecuador. Interessi antropologici e strategie di promozione del cambiamento socio-culturale". En *In nome di Dio: l'impresa missionaria di fronte all'alterità,* editado por Flavia G. Cuturi, 155-205. Roma: Meltemi.
Comaroff, John, y Jean Comaroff. 1992. *Ethnography and the Historical Imagination.* Boulder: Westview Press.
Conaghan, Catherine M. 2015. "Surveil and Sanction: The Return of the State and Societal Regulation in Ecuador". *European Review of Latin American and Caribbean Studies* 98 (abril): 7-27. https://www.jstor.org/stable/43279244
Cruz Rodríguez, Edwin. 2014. "De la autonomía fáctica a la política: Un acercamiento a la génesis de los movimientos indígenas en el Oriente boliviano y la Amazonia ecuatoriana". *Perspectivas Internacionales* 8 (2): 90-119. https://bit.ly/2U1Pn5Z
Cucurella, Leonela. 2001. "Entrevista a Ricardo Ulcuango". En *"Nada solo para los indios": el levantamiento indígena del 2001: análisis, crónicas y documentos,* compilado por Kintto Lucas y Leonela Cucurella, 13-26. Quito: Abya-Yala.
Cuozzo, Gianluca. 2009. *L'angelo della melancholia. Allegoria e utopia del residuale in Walter Benjamin.* Milán-Údine: Mimesis Edizioni.
Curiel, Ochy. 2009. "Las paradojas de la política de la identidad y de la diferencia". En *Derecho, Interculturalidad y Resistencia étnica,* editado por Diana Carrillo González y Nelson Santiago Patarroyo Rengifo, 21-28. Bogotá: Universidad Nacional de Colombia.
Cuturi, Flavia G. 2010. "La scuola: chi non ce l'ha, chi ce l'ha, chi non la vuole. Storie amerindiane". En *Antropologia ed educazione in America Latina,* editado por Francesca Gobbo y Cristiano Tallé, 69-106. Roma: CISU.
Dávalos, Pablo. 2002. "Movimiento indígena ecuatoriano: Construcción política y epistémica". En *Estudios y otras prácticas intelectuales latinoamericanas en cultura y poder,* compilado por Daniel Mato, 89-98. Buenos Aires: CLACSO.
— 2013. "'No podemos ser mendigos sentados en un saco de oro': Las falacias del discurso extractivista". En *El correísmo al desnudo,* editado por Alberto José Acosta, 190-215. Quito: Arcoíris.
De l'Estoile, Benoît, Federico Neiburg y Lygia Sigaud, eds. 2005. *Empires, Nations, and Natives: Anthropology and State-Making.* Durham / Londres: Duke University Press.

De la Cadena, Marisol. 1992. "Las mujeres son más indias: Etnicidad y género en una comunidad del Cuzco". *Revista Isis Internacional*, 16: 25-46.
De Martino, Ernesto. 1949. "Intorno a una storia del mondo popolare subalterno". *Società* 5 (3): 411-435.
Douglas, Mary. 1993. *Purezza e pericolo*. Bolonia: Il Mulino.
Escobar García, Alexandra. 2008a. "Tras las huellas de las familias migrantes del cantón Cañar". En *América Latina migrante: Estado, familias, identidades*, editado por Gioconda Herrera y Jacques Paul Ramírez, 243-258. Quito: FLACSO Ecuador.
— 2008b. *Niñez y migración en el cantón Cañar*. Quito: Observatorio de los Derechos de la Niñez y Adolescencia (ODNA).
Esteban, Ángel. 2014. "Introducción". En *Cumandá*, editado por Ángel Esteban, 9-78. Reimpresión, Madrid: Cátedra.
Esteva, Gustavo, y Wolfgang Sachs. 2003. *Des ruines du développement*. París: Le Serpent à Plumes.
Fanon, Frantz. (1952) 2009. *Piel negra, máscaras blancas*. Madrid: Akal.
— (1961) 1963. *Los condenados de la tierra*. México D. F.: Fondo de Cultura Económica.
Fassin, Didier. 1999. "El hombre sin derechos. Una figura de antropología de la globalización". *Maguaré*, 14: 179-190.
Fletcher, Nataly. 2003. "Más allá del cholo: Evidencia lingüística del racismo poscolonial en el Ecuador". *Sincronía*, 10 (3). http://sincronia.cucsh.udg.mx/fletcher03.htm
Foucault, Michel. (1971) 2005. *El orden del discurso*. Traducido por Alberto González Troyano. Buenos Aires: Fabula Tusquets Editores.
— 1976. *Sorvegliare e punire: nascita della prigione*. Torino: Einaudi.
Freire, Paulo. (1970) 2002. *La pedagogia degli oppressi*. Turín: Edizioni Gruppo Abele.
Freyssinet, Jacques. 1966. *Le concept de sous-développement*. París / Le Haye: Mouton.
García Linera, Álvaro. 1998. "Narrativa colonial y narrativa comunal. Un acercamiento a la rebelión como reinvención de la política". En *Memoria de la XI Reunión Anual de Etnología*. La Paz: Museo Nacional de Etnografía y Folklore (MUSEF).
Gnerre, Maurizio. 2012. "Los salesianos y los shuar construyendo la identidad cultural". En *La Presencia Salesiana en Ecuador: Perspectivas históricas y sociales*, coordinado por Lola Vázquez, Juan Fernando Regalado, Blas Garzón, Víctor Hugo Torres y José E. Juncosa, 567-628. Quito: Abya-Yala / UPS.
Goffman, Erving. (1963) 2018. *Stigma. Note sulla gestione dell'identità degradata*. Verona: Ombre Corte.
Gondard, Pierre, y Hubert Mazurek. 2001. "30 años de reforma agraria y colonización en el Ecuador: 1964-1994: dinámicas espaciales". *Estudios de Geografía*, 10: 15-40. https://bit.ly/3yv4W4Y

González Casanova, Pablo. 1963. "Sociedad plural, colonialismo interno y desarrollo en América Latina". *América Latina*, 3: 15-32.
— 1965. *La democracia en México*. México D.F.: Ediciones Era.
González Terreros, María Isabel. 2012. *Movimiento indígena y educación intercultural en Ecuador*. Buenos Aires: CLACSO.
— 2015. "Las escuelas clandestinas en Ecuador. Raíces de la educación indígena intercultural". *Revista Colombiana de Educación* 69 (julio-diciembre): 75-95. https://bit.ly/3fZpw6z
Goody, Jack. 1988. *La logica della scrittura e l'organizzazione della società*. Turín: Einaudi.
Gramsci, Antonio. 1916. "Socialismo e cultura". *Il Grido del popolo*, 29 de enero.
Granda Merchán, Sebastián. 2003. *Textos escolares e interculturalidad en Ecuador*. Quito: Abya-Yala.
— 2018. "Transformaciones de la educación comunitaria en los Andes ecuatorianos". *Sophia. Colección de Filosofía de la Educación* 24 (1): 291-311. doi: 10.17163/soph.n24.2018.09.
Granda Vega, María Paula. 2016. "El macho sabio. Racismo y sexismo en el discurso sabatino del presidente ecuatoriano Rafael Correa". Informe de investigación, Universidad Central del Ecuador.
Grijalva, Ximena. 2003. "La construcción del otro indio en dos momentos de la literatura ecuatoriana". Tesis de maestría, Universidad Andina Simón Bolívar, sede Ecuador. https://bit.ly/3jOfKVZ
Guerrero, Andrés. 1996. "El levantamiento indígena de 1994. Discurso y representación política en Ecuador". *Nueva Sociedad*, 142: 32-43.
— 1997. "'Se han roto las formas ventrílocuas de representación'. Conversación con Andrés Guerrero". Por Felipe Burbano de Lara. *Íconos. Revista de Ciencias Sociales*, 1: 60-66. doi: 10.17141/iconos.1.1997.7
— 2000. "El proceso de identificación: sentido común ciudadano, ventriloquía y transescritura". En *Etnicidades*, compilado por Andrés Guerrero, 9-56. Quito: FLACSO Ecuador.
Hale, Charles. 2005. "Neoliberal Multiculturalism: The Remaking of Cultural Rights and Racial Dominance in Central America". *PoLAR: Political and Legal Anthropology Review* 28 (1): 10-19. doi: 10.1525/pol.2005.28.1.10.
— 2018. "When I hear the word culture…". *Cultural Studies* 32 (3): 497-509. doi: 10.1080/09502386.2017.1420089.
Hendricks, Janet Wall. 1993. *To Drink of Death: The Narrative of a Shuar Warrior*. Tucson / Londres: University of Arizona Press.
Hernández Cruz, Omar. 2000. "Los rituales de la patria en una escuela caribeña costarricense". *Anuario de Estudios Centroamericanos* 26 (1-2): 79-112. https://www.jstor.org/stable/25661332
Herrera, Gioconda. 2013. *"Lejos de tus pupilas". Familias transnacionales, cuidados y desigualdad social en Ecuador*. Quito: FLASCO Ecuador.
Ibarra Illanez, Alicia. 1992. *Los indígenas y el Estado en el Ecuador*. Quito: Abya-Yala.

Icaza, Jorge. (1934) 2015. *Huasipungo*. Editado por Teodosio Fernández. Reimpresión, Madrid: Cátedra.
Illicachi Guzñay, Juan. 2014. "Desarrollo, educación y cosmovisión: una mirada desde la cosmovisión andina". *Universitas. Revista de Ciencias Sociales y Humanas* 21 (julio-diciembre): 17-32. doi: 10.17163/uni.n21.2014.09.
Jaramillo Alvarado, Pío. 1922. *El indio ecuatoriano. Contribución al estudio de la sociología nacional*. Quito: Casa de la Cultura Ecuatoriana.
Kohn, Eduardo. 2005. "Persona, religión y jerarquía (Comentarios al dossier de *Íconos* 22)". *Íconos. Revista de Ciencias Sociales*, 23: 111-114.
https://www.redalyc.org/articulo.oa?id=50902312
Larrea Maldonado, Ana María. 2004. "El movimiento indígena ecuatoriano: participación y resistencia". *Observatorio Social de América Latina* 13 (5): 67-76. https://bit.ly/3rYrpVN
Larson, Brooke. 2005. "Capturing Indian Bodies, Hearths, and Minds: The Gendered Politics of Rural School Reform in Bolivia, 1920s-1940s". En *Natives Making Nation: Gender, Indigeneity, and the State in the Andes*, editado por Andrew Canessa, 32-59. Tucson / Londres: University of Arizona Press.
Lentz, Carola. 2000. "La construcción de la alteridad cultural como respuesta a la discriminación étnica. Caso de estudio en la Sierra ecuatoriana". En *Etnicidades*, compilado por Andrés Guerrero, 201-234. Quito: FLACSO Ecuador.
Levinson, Bradley A., y Dorothy C. Holland. 1996. "The Cultural Production of the Educated Person: An Introduction". En *The Cultural Production of the Educated Person. Critical Ethnographies of Schooling and Local Practise*, editado por Bradley A. Levinson, Douglas E. Foley y Dorothy C. Holland, 1-56. Albany: State University of New York Press.
López, Luis Enrique. 2006. "Desde arriba y desde abajo. Visiones contrapuestas de la educación intercultural bilingüe". En *Être indien dans les Amériques. Spoliations et résistance. Mobilisations ethniques et politiques du multiculturalisme*, compilado por Christian Gros y Marie-Claude Strigler, 235-250. París: Éditions de l'Institut des Amériques.
Lowenhaupt Tsing, Anna. 2003. "Natural resources and capitalist frontiers". *Economic and Political Weekly* 38 (48): 5100-5106.
https://www.jstor.org/stable/4414348
Madrid Tamayo, Tito. 2019. "El sistema educativo de Ecuador: un sistema, dos mundos". *Revista Andina de Educación* 2 (1): 8-17.
doi: 10.32719/26312816.2019.2.1.2.
Martínez Novo, Carmen. 2004. "Los misioneros salesianos y el movimiento indígena de Cotopaxi, 1970-2004". *Ecuador Debate*, 63: 235-268.
http://hdl.handle.net/10469/5323
— 2009. "La crisis del proyecto cultural del movimiento indígena". En *Repensando los movimientos indígenas*, compilado por Carmen Martínez Novo, 173-198. Quito: FLACSO Ecuador / Ministerio de Cultura del Ecuador.

Martínez Novo, Carmen. 2016a. "Conocimiento occidental y saberes indígenas en la educación intercultural bilingüe en el Ecuador". *ALTERIDAD. Revista de Educación* 11 (3): 206-220. https://bit.ly/3iwQeVq
— 2016b. "El desmantelamiento del Estado multicultural en el Ecuador". *Ecuador Debate*, 98: 35-50. http://hdl.handle.net/10469/12168
Mbembe, Achille. 2005. *Postcolonialismo*. Roma: Meltemi.
Meníndez Martínez, Rosalía, y Víctor Gómez Gerardo. 2011. "Clima, raza y civilidad en los textos escolares del siglo XIX". Ponencia presentada en el XI Congreso Nacional de Investigación Educativa, Ciudad de México, del 7 al 11 de noviembre de 2011.
Mera, Juan León. (1879) 2014. *Cumandá*. Editado por Ángel Esteban. Reimpresión, Madrid: Cátedra.
Mignolo, Walter D. 2007. "El pensamiento decolonial: desprendimiento y apertura. Un manifiesto". En *El giro decolonial. Reflexiones para una diversidad epistémica más allá del capitalismo global*, editado por Santiago Castro-Gómez y Ramón Grosfoguel, 25-46. Bogotá: Siglo del Hombre.
Mignolo, Walter D., y Catherine E. Walsh. 2018. *On Decoloniality: Concepts, Analytics, Praxis*. Durham / Londres: Duke University Press.
Ministerio de Educación del Ecuador. 2010. *Actualización y Fortalecimiento Curricular de la Educación General Básica*. Quito: Ministerio de Educación del Ecuador.
https://educacion.gob.ec/wp-content/uploads/downloads/2012/08/AC_2.pdf
Minow, Martha. 1985. "Learning to Live with the Dilemma of Difference: Bilingual and Special Education". *Law and Contemporary Problems* 48 (2): 157-211. doi: 10.2307/1191571.
Molinié, Antoinette. 2019. "'Indian' identity and indigenous revitalization movements". En *The Andean World*, editado por Linda J. Seligmann y Kathleen S. Fine-Dare, 373-388. Oxon / Nueva York: Routledge.
Muratorio, Blanca. 1994. "Discursos y silencios sobre el indio en la conciencia nacional". En *Imágenes e Imagineros. Representaciones de los Indios ecuatorianos, Siglos XIX y XX*, editado por Blanca Muratorio, 9-24. Quito: FLACSO Ecuador.
Núñez Muñoz, Carmen Gloria, Camila Solís Araya y Rodrigo Soto Lagos. 2013. "¿Qué sucede en las comunidades cuando se cierra la escuela rural? Un Análisis Psicosocial de la Política de Cierre de las Escuelas Rurales en Chile". *Universitas Psychologica* 13 (2): 615-625. doi:10.11144/Javeriana.UPSY13-2.qscc
Oliart, Patricia. 2018. "Education, Power, and Distinctions". En *The Andean World*, editado por Linda J. Seligmann y Kathleen S. Fine-Dare, 539-552. Oxon / Nueva York: Routledge.
Olivier de Sardan, Jean-Pierre. 2009. "La politica del campo. Sulla produzione di dati in antropología". En *Vivere l'etnografia*, compilado por Francesca Cappelletto, 27-63. Firenze: SEID.

Ortiz Batallas, Cecilia. 2006. "La influencia militar en la construcción política del indio ecuatoriano en el siglo XX". *Íconos. Revista de Ciencias Sociales*, 26: 73-84. doi: 10.17141/iconos.26.2006.184
— 2019. "Shuar, salesianos y militares. La formación del Estado en el suroriente ecuatoriano 1893-1960". Tesis de doctorado, FLACSO Ecuador. http://hdl.handle.net/10469/15538
Ortiz Lemos, Andrés. 2015. "Taking Control of the Public Sphere by Manipulating Civil Society: The Citizen Revolution in Ecuador". *European Review of Latin American and Caribbean Studies* 98 (abril): 29-48. http://www.jstor.org/stable/43279245
— 2016. "El fin del mundo de los shuar de Nankints". *Revista Plan V*, 26. https://bit.ly/3lHHyhi
Ossenbach Sauter, Gabriela, y José Miguel Somoza Rodríguez, comps. 2001. *Los manuales escolares como fuente para la historia de la educación en América Latina*. Madrid: UNED.
Pajuelo Teves, Ramón. 2007. *Reinventando comunidades imaginadas: movimientos indígenas, nación y procesos sociopolíticos en los países centroandinos*. Lima: Institut Français D'études Andines / Instituto de Estudios Peruanos.
Paulston, Roland G. 1972. "Colonialismo interno e sistema scolastico in Perù". En *Scuola, potere e ideologia*, editado por Marzio Barbagli, 109-130. Bolonia: Il Mulino.
Porras, María Elena. 1994. "Nuevas perspectivas sobre la historia territorial del Ecuador y Perú: crítica de los textos escolares de historia de límites". *Procesos. Revista Ecuatoriana de Historia* 5 (1): 117-123. https://revistas.uasb.edu.ec/index.php/procesos/article/view/2213/1994.
Presidencia de la República de Ecuador. 2013. "1300 alumnos arrancan el año lectivo en la Unidad del Milenio Bosco Wisuma". https://bit.ly/3uPelFv.
Quijano, Aníbal. 2007. "Colonialidad del poder y clasificación social". En *El giro decolonial. Reflexiones para una diversidad epistémica más allá del capitalismo global*, editado por Santiago Castro-Gómez y Ramón Grosfoguel, 93-126. Bogotá: Siglo del Hombre.
Quishpe Bolaños, Jorge Marcelo. 2009. "Educación e interculturalidad en los pueblos indígenas de la Sierra ecuatoriana". En *Derecho, interculturalidad y resistencia étnica*, editado por Diana Carrillo González y Nelson Santiago Patarroyo Rengifo, 107-132. Bogotá: Universidad Nacional de Colombia.
Radcliffe, Sarah A., y Sallie Westwood. 1999. *Rehaciendo la nación. Lugar, identidad y política en América Latina*. Quito: Abya-Yala.
Rahier, Jean Muteba. 2019. "The Multicultural Turn, the New Latin American Constitutionalism, and Black Social Movements in the Andean Sub-Region". En *The Andean World*, editado por Linda J. Seligmann y Kathleen S. Fine-Dare, 389-402. Oxon / Nueva York: Routledge.
Remotti, Francesco. 2011. *Cultura. Dalla complessità all'impoverimento*. Roma / Bari: Laterza.

Renault, Matthieu. 2013. "Fanon e la decolonizzazione del sapere. Teorie in viaggio nella situazione (post)coloniale". En *Fanon Postcoloniale. I dannati della terra oggi*, compilado por Miguel Mellino, 49-61. Verona: Ombre Corte.
Rist, Gilbert. 1996. *Le développement. Histoire d'une croyance occidentale*. París: Presse de la fondation nationale de Science Politique.
Rival, Laura. 1994. "Los indígenas huaorani en la conciencia nacional: alteridad representada y significada". En *Imágenes e Imagineros. Representaciones de los Indios ecuatorianos, Siglos XIX y XX*, editado por Blanca Muratorio, 253-292. Quito: FLACSO Ecuador.
— 1996. "Formal Schooling and the Production of Modern Citizens in the Ecuadorian Amazon". En *The Cultural Production of the Educated Person. Critical Ethnographies of Schooling and Local Practise*, editado por Bradley A. Levinson, Douglas E. Foley y Dorothy C. Holland, 153-168. Albany: State University of New York Press.
Rivera Cusicanqui, Silvia. 2010. *Violencias (re)encubiertas en Bolivia*. La Paz: Piedra Rota.
Rivera Vélez, Fredy Patricio. 1998. "Los indigenismos en Ecuador: de paternalismos y otras representaciones". *América Latina Hoy*, 19: 57-63. http://hdl.handle.net/10366/72392
Rodríguez Cruz, Marta. 2017. "Unidades educativas del Milenio, educación intercultural bilingüe y (des) igualdad en el acceso a la educación en Ecuador. Un análisis desde la investigación etnográfica". *Runa* 38 (1): 41-55. https://hdl.handle.net/11441/74336
Rojas, Cristina. 2002. *Civilization and Violence: Regimes of Representation in Nineteenth-Century Colombia*. Minneapolis: University of Minnesota Press.
— 2018. "Construir la interculturalidad. Políticas educativas, diversidad cultural y desigualdad en Ecuador". *Íconos. Revista de Ciencias Sociales*, 60: 217-236.
https://doi.org/10.17141/iconos.60.2018.2922
Rubenstein, Steve. 2005. "La conversión de los shuar". *Íconos. Revista de Ciencias Sociales*, 22: 27-48. https://doi.org/10.17141/iconos.22.2005.99
Sayad, Abdelmalek. 2002. *La doppia assenza. Dalle illusioni dell'emigrato alle sofferenze dell'immigrato*. Milán: Raffaello Cortina.
Salazar, Ernesto. 1977. *An Indian Federation in Lowland Ecuador*. Copenhagen: IWGIA (International Work Group for Indigenous Affairs).
Sánchez-Parga, José. 2007. "¿Por qué es un error enseñar la cultura y la interculturalidad?". *Universitas. Revista de Ciencias Sociales y Humanas* 7 (1): 183-208. https://bit.ly/3jxiTcp
— 2010. *El movimiento indígena ecuatoriano*. Quito: Abya-Yala.
— 2011. "Discursos retrovolucionarios: Sumak Kausay, derechos de la naturaleza y otros pachamamismos". *Ecuador Debate*, 84: 31-50.
http://hdl.handle.net/10469/3515

Severi, Carlo. 2004. *Il percorso e la voce. Un'antropologia della memoria*. Turín: Einaudi.
Sinardet, Emmanuelle. 1999a. "La pedagogía al servicio de un proyecto político: El Herbartismo y el liberalismo en el Ecuador (1895-1825)". *Procesos. Revista Ecuatoriana de Historia* 13 (1): 25-41. doi: 10.29078/rp.v1i13.330
— 1999b. "La preocupación higienista en la educación ecuatoriana en los años treinta y cuarenta". *Bulletin de l'Institut Français D'études Andines* 28 (3): 411-432. https://bit.ly/37tqeUW
— 2000. "Nación y educación del Ecuador de los años treinta y cuarenta". *Íconos. Revista de Ciencias Sociales*, 9: 110-125. https://doi.org/10.17141/iconos.9.2000.735
Smith Belote, Linda, y Jim Belote. 2000. "Fuga desde abajo: Cambios individuales de identidad étnica en el sur del Ecuador". En *Etnicidades*, compilado por Andrés Guerrero, 201-234. Quito: FLACSO Ecuador.
Soler Castillo, Sandra. 2009. "La escuela y sus discursos. Los textos escolares como instrumentos de exclusión y segregación". *Sociedad y Discurso*, 15: 107-124.
Spivak, Gayatri Chakravorty. 1988. *In Other Worlds. Essays in Cultural Politics*. Nueva York / Londres: Routledge.
Stutzman, Ronald. 1981. "El mestizaje: An All-Inclusive Ideology of Exclusion". En *Cultural transformations and ethnicity in modern Ecuador*, compilado por Norman E. Whitten, 45-94. Champaign: University of Illinois Press.
Suárez Cantos, Jonathan Patricio. 2017. "Superar el extractivismo con extractivismo: las narrativas de la penetración estatal en Morona Santiago". Tesis de maestría, Universidad Andina Simón Bolívar, sede Ecuador. http://hdl.handle.net/10644/6210
Taliani, Simona, y Francesco Vacchiano. 2006. *Altri corpi. Antropologia ed etnopsicologia della migrazione*. Milán: Unicopli.
Tallé, Cristiano. 2009. *Scuola, costumbre e identità. Un'etnografia dell'educazione nella comunità indigena di San Mateo del Mar (Messico)*. Roma: CISU.
— 2010. "La scuola, gli indigeni e lo Stato in America Latina, ovvero Bourdieu e la riproduzione inceppata". En *Antropologia ed educazione in America Latina*, compilado por Francesca Gobbo y Cristiano Tallé, 43-68. Roma: CISU.
Terán Najas, Rosemarie. 2016. "Laicismo y educación pública en el discurso liberal ecuatoriano (1897-1920): una reinterpretación". *Historia Caribe* 30 (12): 81-105. https://doi.org/10.15648/hc.30.2016.4
Torre, Carlos de la. 1996. *El racismo en Ecuador. Experiencias de los indios de clase media*. Quito: CAAP.
— 1997. "Rituales racistas en las escuelas: la letra con sangre entra". *Íconos. Revista de Ciencias Sociales*, 3: 114-129.
— 2011. "Corporatism, Charisma, and Chaos: Ecuador's Police Rebellion in Context". *NACLA Report on the Americas* 44 (1): 25-32. doi:10.1080/10714839.2011.11725526
Trujillo Montalvo, Patricio. 2001. *Salvajes, civilizados y civilizadores: la Amazonia ecuatoriana: el espacio de las ilusiones*. Quito: Abya-Yala.

Tuaza Castro, Luis Alberto. 2016. "Los impactos del cierre de las escuelas en el medio rural". *Ecuador Debate*, 98: 83-95. http://hdl.handle.net/10469/12170

Uzendoski, Michael. 2009. "La textualidad oral napo kichwa y las paradojas de la educación bilingüe intercultural en la Amazonía". En *Repensando los movimientos indígenas*, compilado por Carmen Martínez Novo, 147-172. Quito: FLACSO Ecuador / Ministerio de Cultura del Ecuador.

Vignola, Marta. 2016. "Una genealogia dei movimenti sociali latinoamericani: esperienze di resistenza e produzione di nuove pratiche". *Cartografie sociali. Rivista di sociologia e scienze umane* 2 (1): 287-306.

Viveiros de Castro, Eduardo. 2016. *Gli involontari della patria*. Roma: Asociación Cultural Myrtò.

Vom Hau, Matthias. 2009. "Unpacking the School: Textbooks, Teachers, and the Construction of Nationhood in Mexico, Argentina, and Peru". *Latin American Research Review* 44 (3): 127-154. http://www.jstor.org/stable/40783673

Von Gleich, Ute. 2008. "Conflictos de ideologías lingüísticas en sistemas educativos: tres décadas (1975-2005) de observación y análisis en los países andinos, Bolivia, Ecuador y Perú". En *Lengua, nación e identidad. La regulación del plurilingüismo en España y América Latina*, editado por Peter Masson, Ulrike Mühlschlegel y Kirsten Süselbeck, 341-366. Madrid / Frankfurt am Main: Iberoamericana / Vervuert.

Walsh, Catherine. 2007a. "Interculturalidad y colonialidad del poder. Un pensamiento y posicionamiento 'otro' desde la diferencia colonial". En *El giro decolonial. Reflexiones para una diversidad epistémica más allá del capitalismo global*, editado por Santiago Castro-Gómez y Ramón Grosfoguel, 47-62. Bogotá: Siglo del Hombre.

— 2007b. "¿Son posibles unas ciencias sociales/culturales otras? Reflexiones en torno a las epistemologías decoloniales". *Nómadas*, 26: 102-113.

— 2008. "Interculturalidad, plurinacionalidad y decolonialidad: las insurgencias político-epistémicas de refundar el Estado". *Tabula rasa*, 9: 131-152. https://bit.ly/3CpENXG

— 2010. "Interculturalidad crítica y educación intercultural. Construyendo interculturalidad crítica". Ponencia presentada en el seminario Interculturalidad y Educación Intercultural, organizado por el Instituto Internacional de Integración y el Convenio Andrés Bello, La Paz, del 9 al 11 de marzo de 2009.

Weismantel, Mary. 2001. *Cholas and pishtacos: Stories of race and sex in the Andes*. Chicago / Londres: University of Chicago Press.

— 2005. "Afterword: Andean Identities: Multiplicities, Socialities, Materialities". En *Natives Making Nation: Gender, Indigeneity, and the State in the Andes*, editado por Andrew Canessa, 181-193. Tucson / Londres: University of Arizona Press.

Wikan, Unni. 1999. "Culture: A new concept of race". *Social Anthropology* 7 (1): 57-64. https://doi.org/10.1017/S096402829900004X

# Índice de nombres y temas

**A**

Agamben, Giorgio  148
alfabetización  21, 70, 73, 75, 77, 106, 156
Alfaro, Eloy  50, 68, 78
Althusser, Louis  65-66, 68, 71
Altmann, Philipp  84-86, 88-89, 165
Anderson, Benedict  3, 12, 51, 58
Apostoli Cappello, Elena  180, 183
Appadurai, Arjun  106
asimilación  3, 11, 17, 24-25, 45, 61, 66, 89, 91, 106, 115-116, 165, 175, 180, 183, 185-186, 191-192, 196, 200

**B**

Barié, Cletus Gregor  49, 51, 53-54
Becker, Marc  34, 37-38, 122
Bello, Álvaro  7, 179
Belote, Jim  137
Beneduce, Roberto  4, 27, 73, 138, 150, 152, 168, 171, 182, 184

Bhabha, Homi K.  3, 34
Bottasso, Juan  151-152, 156
Bourdieu, Pierre  3, 9, 55, 66, 125, 162, 164
Bretón, Víctor  18-19, 30-31, 35-36, 38-39, 42-43, 90, 94, 113, 143, 163, 178

**C**

Cacuango, Dolores  1, 75, 78-79, 113, 117
Canessa, Andrew  13-14, 17, 25, 94
capital simbólico  125, 136, 169
capitalismo impreso  3, 58-59, 90, 122
castellanización  71-72, 75, 157
Castro-Gómez, Santiago  87
Centro(s) Shuar  23, 28, 53, 106, 141, 145, 147, 155
ciudadanía  2-4, 12, 16-18, 26, 42-43, 46, 50-52, 55, 59, 65, 69-72, 74, 76, 81, 84, 91, 99, 143, 183, 187

Colajanni, Antonino 149, 150, 155, 193
colonización 19, 21-25, 27-28, 35, 38, 51, 66, 68, 75-76, 80, 120, 134, 149-152, 154, 184, 198
colonialismo interno 66, 184
Comaroff, John y Jean 75
Conaghan, Catherine M. 37, 39-43
CONAIE 28, 31, 33, 37-38, 42, 84-85, 88, 112-113, 122, 143, 145, 185
concertaje 60, 69, 76-77
CONFENIAE 28
Cruz Rodríguez, Edwin 23, 84
culturalismo 95, 180
Cumandá 60-61
Curiel, Ochy 186-187
Cuturi, Flavia 5

### D

Dávalos, Pablo 76-78, 144
decolonialidad 84, 86-87, 89-92, 94, 100-101, 140, 177-179
De la Cadena, Marisol 17
De Martino, Ernesto 11, 91
derecho(s) cultural(es) 35, 96, 194
desarrollo 17-18, 20-21, 27, 31, 33-39, 51, 62-63, 68, 70, 74-75, 80, 87, 89, 99, 107, 113, 116, 123, 163, 185, 192, 197
descolonización 3, 38, 87, 106, 140, 179, 181, 194, 196, 200
desreconocimiento 96, 98, 169, 171
dilema de la diferencia 94, 196
DINEIB 41, 80, 85, 90, 100, 108, 111, 134, 193
discriminación 45, 54, 58, 62-63, 80-87, 91-92, 94, 98, 101-104, 106, 111, 116, 122, 124, 134, 136, 140, 154, 158-160, 162, 165-166, 168-169, 173-175, 183, 185, 187, 191-192, 194, 196-197, 200-201
discurso étnico 6, 12, 32, 168, 174, 177-179, 183-186, 189, 193, 198-199
Douglas, Mary 57

### E

EBI 132
ECUARUNARI 28, 41-42, 122
EIB 1, 2, 4-5, 8, 12, 61, 75, 80, 84-85, 88, 91-96, 98-103, 106-110, 112-119, 121, 124, 129-130, 133-134, 138-140, 143, 149, 153, 157-163, 165-166, 169, 173, 177, 180, 190-200
Enlace Ciudadano 40, 122-123, 147
esencialismo estratégico 6, 174, 183
Escobar García, Alexandra 139
escuela(s) 1, 4, 5-6, 8, 46, 51, 54, 57, 65, 67-76, 78-85, 91-94, 96, 99-111, 114-119, 121-122, 124-126, 128-130, 132-134, 136-137, 139-142, 145, 147-148, 151-152, 155, 157-169, 171-176, 183, 188-194, 196-199
  clandestina(s) 71, 75, 78-80
  comunitaria(s) 101, 108, 114-116, 122, 125-126, 141, 147, 197
  del milenio 108, 114-116, 124-125, 141, 145, 147-148
  predial(es) 72, 75, 78
  rural(es) 72-76, 107, 167
estado de excepción 143-144, 148-149, 199
estigma 47, 62, 81-82, 84, 94, 137, 140, 154, 175, 179, 181, 183, 194, 196
evaluación(es) 122, 124-125, 128, 162-163, 165-166, 197

## F

Fanon, Frantz 103-104, 176, 179, 181
Fassin, Didier 2, 25-27, 32
Federación Shuar 31, 145, 147, 155
FEI 79, 143
FEINE 33
FENOCIN 33
formas ventrílocuas de (la) representación 14, 18, 80, 112, 121-122, 197
Foucault, Michel 14, 50, 76, 122, 124, 150, 177
Freire, Paulo 79, 98, 201
frontera étnica 5, 31, 132, 137, 141, 168, 175-176, 179, 184, 187, 189, 197-198

## G

Gnerre, Maurizio 150
Goffman, Irving 82, 137
Gondard, Pierre 20, 23
González Terreros, María Isabel 78-80, 99, 108, 116, 119, 165
Goody, Jack 118
Gramsci, Antonio 29
Granda Merchán, Sebastián 58, 61-63, 114
Granda Vega, María Paula 122-123
Grijalva, Ximena 57-58, 60
Grosfoguel, Ramón 87
GTZ 84, 132
Guerrero, Andrés 12, 14-16, 18-19, 28, 30-31, 50, 56, 64, 81, 121, 184, 186-187

## H

hacienda 1, 15-17, 20-23, 25, 30, 49-50, 53, 67, 70, 77-78, 83
Hale, Charles 35, 188-189
Hendricks, Janet Wall 24
herbartismo 69
herencia cultural 13, 162, 164
huasipungo 21, 77
Holland, Dorothy C. 4, 8

## I

Ibarra Illanez, Alicia 20-22, 26-27
Icaza, Jorge 60-61
identidad 1-4, 6, 11-14, 16-17, 19-20, 22, 30-32, 34, 39, 47-48, 52, 54, 57-62, 69-71, 75, 83-84, 86, 88, 91-93, 96, 98, 102, 105, 119, 128, 137-139, 155, 168-169, 171, 174-176, 180, 182-183, 185-187, 193-195, 198-199
indigenismo 18, 30-31, 47, 60, 89
interculturalidad crítica 1-2, 87, 89, 101, 196
internado(s) 4, 6, 30, 52, 71, 106, 149-154, 156-157, 161, 191, 199

## K

Kohn, Eduardo 151
Kukayo(s) (Pedagógico) 116-119, 197

## L

Larrea Maldonado, Ana María 11, 14, 32
Larson, Brooke 73-75
Lentz, Carola 5, 27, 77, 137, 175, 184-185, 189
levantamiento(s) 1, 28, 30-33, 38, 54, 56-57, 83, 85-86, 94, 106, 116, 119-121, 145, 179, 184-185, 193
Ley de Comunas 14-15, 19, 51
LOEI 112, 118, 163
LOPC 40
Levinson, Bradley A. 4, 8
López, Luis Enrique 192

## M

Madrid Tamayo, Tito  162-165, 167
Martínez Novo, Carmen  28, 30, 35-36, 77-78, 84, 90, 94, 100-101, 106-108, 110, 112, 114-115, 123, 141, 157, 163, 190
Mazurek, Hubert  20, 23
Mbembe, Achille  93, 152
memoria  2-3, 5-67, 14-15, 75-76, 83-84, 88, 98, 120-121, 138, 148-149, 155-157, 161-162, 169, 171, 177, 180-184, 187-189, 191-194, 196-197, 199-200
Mera, Juan León  60-61
mestizaje  4, 16-18, 34, 47, 53, 60-62, 70, 81, 137, 168, 181, 185, 188, 195
migración  5, 19, 24, 27, 30, 47, 59, 109, 132, 138, 166, 169-170, 174-175, 184-185
Ministerio de Educación del Ecuador (MEC)  63, 71, 84-85, 110, 113, 115-116, 118-119, 164
Misión Andina  16, 30-31
misiones culturales  4, 73
MOSEIB  107, 113
movimiento indígena  1-3, 5-6, 11-14, 17, 20, 23-24, 26-29, 31-35, 37-42, 45-46, 57, 64, 76, 81, 84, 87-92, 94, 99, 105-106, 112- 113, 116, 118-119, 121-123, 126, 128, 138, 140-141, 144-145, 157, 159, 162, 167-168, 177, 179-180, 185, 188-193, 195-197, 199-200
multiculturalismo  1, 6, 31, 34-35, 37, 90, 113, 185-186, 188, 190, 193-195
  neoliberal  6, 31, 35, 37, 113, 185-186, 188, 190, 193, 195
  postneoliberal  90, 188, 195

Mignolo, Walter D.  86-87, 167, 169
Minow, Martha  94
Molinié, Antoinette  30, 38
Muratorio, Blanca  11

## N

neoliberalismo  25, 31, 38, 61, 87

## O

objetivación participante  9
Oliart, Patricia  46, 79
Olivier de Sardan, Jean-Pierre  9
olvido  2, 6-7, 15, 23, 56, 98, 147, 155, 177, 184, 186, 189, 191-192, 194, 199-200
Ortiz Batallas, Cecilia  15, 18, 53
Ortiz Lemos, Andrés  38, 40, 42, 144

## P

Pachakutik  33, 123, 138, 181
Passeron, Jean-Claude  66
Pajuelo Teves, Ramón  128, 182
Paulston, Roland G.  66-68, 133
periferia  13, 16, 195
Plan de Reordenamiento de la Oferta Educativa  114, 141, 198

## Q

Quijano, Aníbal  63
Quishpe Bolaños, Jorge Marcelo  94-95, 168-169, 181-182

## R

racialización  62-63, 87, 105, 172
racismo  14, 16, 25, 30, 35, 54, 81, 84, 105, 108, 134, 136-138, 161, 183, 186-190, 192, 197
Radcliffe, Sarah A.  3, 15, 46-48, 51, 54, 59, 60, 63-64, 90-91
Rahier, Jean Muteba  16, 30, 34-35
reforma(s) agraria(s)  19-24, 27, 51, 77, 150, 152

régimen(es) de representación  3, 48, 58, 63, 86, 159
renacimiento identitario  91-92, 149, 181-182
Renault, Matthieu  87, 179
revalorización identitaria  159, 178, 181, 190, 198
revolución  5-6, 20, 37-42, 46, 50-51, 68-69, 73, 75, 78, 112, 116, 121-122, 124-125, 144-145, 167, 185, 189-190
    Ciudadana  6, 37-42, 112, 116, 121-122, 124-125, 144-145
    epistemológica  5, 46, 167, 189-190
    Liberal  50-51, 68-69, 73, 75, 78
ritual de la patria  128
Rival, Laura  59, 102, 157
Rivera Vélez, Fredy Patricio  17, 179
Rodríguez Cruz, Marta  88, 94, 114, 116
Rojas, Cristina  48-49, 120-121
Rubenstein, Steve  51, 151-152, 155

## S

Sayad, Abdelmalek  4, 54-57, 63
Salazar, Ernesto  24
Sánchez-Parga, José  14, 19, 25-27, 29, 35, 38, 84, 94-96, 98, 129, 136, 171, 180, 186
SEIB  112
Ser Bachiller  163, 199
Sinardet, Emmanuelle  69-74
Smith Belote, Linda  137
Spivak, Gayatri Chakravorty  183
Stutzman, Ronald  61-63
Sumak Kawsay  37-38, 143, 188

## T

Taliani, Simona  139
Tallé, Cristiano  3-4, 54-55, 94, 102, 193
teología de la liberación  28, 30, 184

teoría crítica latinoamericana  5, 101
Torre, Carlos de la  58, 81-82, 84, 122, 134, 136, 143, 191
transculturación  137
Trujillo Montalvo, Patricio  52, 143

## U

UNE  41, 145, 148

## V

violencia  7, 19, 24-27, 48-49, 54, 66, 74, 76, 81-82, 87, 92, 108, 115, 117-120, 123, 132, 138, 143, 147, 157, 168, 174, 182, 187, 196-197
    simbólica  66
    de la representación  48-49, 92, 197, 120
Vacchiano, Francesco  139
Viveiros de Castro, Eduardo  190, 194
Vom Hau, Matthias  61, 64
Von Gleich, Ute  102

## W

Walsh, Catherine  86-87, 90, 99, 167, 172
Weismantel, Mary  3, 7-8, 12-13, 15, 25, 43, 62, 64, 105
Westwood, Sallie  3, 15, 46-48, 51, 54, 59, 63-64, 90-91

# Sobre Latin America Research Commons

Latin America Research Commons (LARC) es el sello editorial de la Asociación de Estudios Latinoamericanos (LASA). Se fundó con el objetivo de tender puentes entre ámbitos académicos y contribuir a la difusión del conocimiento a través de la publicación de libros inéditos en español y portugués y de traducciones en todas las disciplinas relacionadas con los estudios latinoamericanos.

**Directora ejecutiva de LASA**
Milagros Pereyra Rojas

**Editores Principales**
Natalia Majluf
Francisco Valdés Ugalde

**Comité Editorial**
João Jose Reis
Alejo Vargas V.
Velia Cecilia Bobes León
María Rosa Olivera-Williams

**Comité Editorial Honorario – Premiados Kalman Silvert**
Sueli Carneiro
Wayne A. Cornelius
Lars Schoultz
Carmen Diana Deere
Julio Cotler ✝
Richard Fagen
Manuel Antonio Garretón
June Nash
Marysa Navarro
Peter Smith

**Productora editorial**
Julieta Mortati

# Sobre FLACSO Ecuador

La Editorial FLACSO Ecuador contribuye a los debates contemporáneos ofreciendo libros de Ciencias Sociales, principalmente sobre temas de la región andina. Sus libros aparecen en formato impreso y digital. A fin de ampliar el acceso a las publicaciones y contribuir a democratizar la ciencia, las obras se colocan en acceso abierto luego de un lapso de circulación comercial. Con el acento puesto en el cuidado de cada título, ofrecemos una lectura placentera de los libros en idioma español.

**Director de FLACSO Ecuador**
Felipe Burbano de Lara

**Coordinadora de Investigación**
Margarita Manosalvas

**Coordinadora de la Editorial**
María Cuvi Sánchez

**Comité Editorial**
María Fernanda López
Margarita Manosalvas
María Cuvi Sánchez
Marco Córdova Montúfar
Alfredo Santillán Cornejo

# Sobre la colección Región Andina

La colección fue creada en conjunto por Latin America Research Commons (LARC) y FLACSO Ecuador. El objetivo es publicar en acceso abierto obras académicas monográficas e inéditas, producidas en el campo de las ciencias sociales y las humanidades sobre los países de la región andina: Bolivia, Chile, Colombia, Ecuador, Perú y Venezuela.

Se priorizan aquellos trabajos que trascienden las historias nacionales, en los que se propone un marco de referencia amplio o se establecen, ya sea a partir de casos puntuales o de debates generales, propuestas teóricas de interés para los estudios sobre América Latina.

La convocatoria está abierta todo el año. Las propuestas son revisadas por pares doble ciego y avaladas por un prestigioso comité editorial compuesto por Natalia Majluf y Alejo Vargas Velásquez por LARC, María Cuvi S. y Margarita Manosalvas por FLACSO Ecuador y Mariana Mora como investigadora independiente de estas dos editoriales.